"十四五"职业教育国家规划教材

金融基本技能

(第三版)

黎旭坚　主编

中国财经出版传媒集团
中国财政经济出版社
·北京·

图书在版编目（CIP）数据

金融基本技能 / 黎旭坚主编. -- 3 版. -- 北京 :
中国财政经济出版社，2024.4
“十四五”职业教育国家规划教材
ISBN 978 -7 -5223 -2780 -8

Ⅰ. ①金… Ⅱ. ①黎… Ⅲ. ①金融学 - 职业教育 - 教
材 Ⅳ. ①F830

中国国家版本馆 CIP 数据核字（2024）第 011888 号

责任编辑：王佳欣　　责任校对：徐艳丽
封面设计：卜建辰　　通　　读：杨　波

金融基本技能（第三版）
JINRONG JIBEN JINENG（DISANBAN）

中国财政经济出版社 出版
URL：http：//www. cfeph. cn
E - mail：cfeph@ cfeph. cn

社址：北京市海淀区阜成路甲 28 号　邮政编码：100142
营销中心电话：010 - 88191522
天猫网店：中国财政经济出版社旗舰店
网址：https：//zgczjjcbs. tmall. com
北京密兴印刷有限公司　各地新华书店经销
成品尺寸：185mm×260mm　16 开　16.75 印张　375 000 字
2024 年 4 月第 3 版　2024 年 4 月北京第 1 次印刷
定价：49.00 元
ISBN 978 - 7 - 5223 - 2780 - 8
（图书出现印装问题，本社负责调换，电话：010 - 88190548）
本社质量投诉电话：010 - 88190744
打击盗版举报热线：010 - 88191661　QQ：2242791300

编写 说明

本书是“十四五”职业教育国家规划教材，作为全国中等职业学校财经类教材使用。

目前，全国财经类大中专院校金融等专业及相关专业的课程设置，都开设有“金融基本技能”课程。“金融基本技能”是与金融财经类专业课程相配套的实训课程，在开设金融财经类专业课程的同时，开设“金融基本技能”实训课程，进行技能训练，对于从事金融行业的人员尤为必要。其宗旨是，学生通过动手操作训练，可以检验所学的理论与方法是否掌握，在实践中进行总结、研究和提高。培养学生的专业素质，使他们养成吃苦耐劳、沉稳踏实、严谨细致、一丝不苟、精益求精的精神品质和作风。

本次教材修订，贯彻落实党的二十大精神，把习近平新时代中国特色社会主义思想和马克思主义思想精髓同中华优秀传统文化精华贯通起来，融入教材中作为新视点和新思路，坚定历史自信、文化自信，坚持古为今用、推陈出新。同时，结合课程特点和教材内容的设置，将劳动创造价值、民族自信、勇毅创新、中华传统美德、未成年人思想道德、人民道德水准和文明素养等党的二十大精神贯穿教材十个项目任务之中，充分挖掘教材的育人作用，实现价值塑造、知识传授和能力培养的有机融合，形成育人合力。

教材在修订过程中选用具有较强现实感新时期典型案例为引领，抽丝剥茧，以小见大，在学生的脑海中种下守正创新、自强不息的种子；精选【课前导读】内容，让学生在学习中感受到时代发展的强音，体会幸福生活的源泉，从内心深处激发学生学懂、学通、学精专业知识，掌握专业技能，立身时代潮头的愿望；从而实现教材应有的铸魂育人实效。

金融基本技能教学目标是培养优秀杰出金融行业技术技能型专业人才，推动金融业高质量发展，以及将团队协作、爱岗敬业、诚实守信等思想政治元素与金融基本技能教学内容结合起来。教育青年学生坚定不移听党话、跟党走、感恩党的责任和使命。怀抱梦想又脚踏实地，敢想敢为又善作善成，立志做有理想、敢担当、能吃苦、肯奋斗的新时代好青年。要立足岗位，不断优作风、强担当，敢于“解难题”“担重任”，自觉扛旗在肩，为党育人，为国育才，引领青年学生以实际行动助力实现中国梦，书写青春绚丽篇章。

本教材按照《中等职业学校金融事务专业教学标准（试行）》中的“金融基本技能课程”教学要求，坚持“必须、够用、可行”的原则，注重学用结合，理论联系实际，突出体现培养技能型人才的特点，使学生具备成为高素质劳动者和中初级金融财经类专业人才所必需的汉字及数字的书写、珠算、点钞、翻打传票、银行票据录入技术等基本技能，并达到规定的技能等级标准；掌握计算器功能和鉴别人民币真伪的方法。

本教材以实务内容为导向，突出易读、易理解、易操作性，以活动为引领，以实际操作为切入点，着重培养学生的实际操作能力，充分体现理论知识够用，技能训练为主的思路。教材中的每一项目都是以活动为主线组织教材内容，每个任务都是以深入浅出的活动实例引导教学过程，更体现出教学的趣味性和互动性的教材特色，培养和锻炼学生的自学能力和理解能力及实际动手操作能力。

《金融基本技能》第三版在前两版的基础上做了以下修改：

（1）遵循认知规律，丰富教学过程。按照职业院校学生的年龄特征和认知规律安排教学内容和教学方式。例如，在财会数字书写时，要求学生初步理解行楷书写后，再逐步掌握行书书写。

（2）更新案例材料，推进课程建设。编者对教材的活动、相关知识驿站中的材料和数据进行重新审核，对于滞后于现实的某些观点和提法，材料不够精练、不够典型或不够确切的数据进行更新，作出科学准确的表述，力求增强材料的时代感。例如，更新了鉴别人民币真伪的方法，增加2020年版第五套人民币5元纸币的主要防伪特征等。

本教材由广西梧州财经学校高级讲师黎旭坚担任主编，负责制定编写大纲并对全书总纂定稿。

根据本课程教学基本要求，建议教学课时计划分配如下：

目录	序号	课程内容	学时数
第一篇 财会数字和汉字书写技能	项目一	财会数字书写规范	22
	项目二	财会文字书写规范	6

续表

目录	序号	课程内容	学时数
第二篇 金融计算基本操作技能	项目三	珠算基础知识	6
	项目四	珠算加减法操作技能	12
	项目五	珠算乘法操作技能	8
	项目六	珠算除法操作技能	20
第三篇 电子计算工具的操作与应用技能	项目七	银行票据录入技能	16
	项目八	电子计算器的功能应用	6
第四篇 金融实务操作技能	项目九	金融计算实务操作技能	12
	项目十	点钞与鉴别人民币真伪技能	18
总　　计		126	

上述课时安排建议，在执行中各学校可根据不同专业，结合本校实际情况适当调整教学方案，使用项目时各有所侧重。

本教材为用书学校任课老师提供了电子课件，如有需求，请以电子邮件形式向中国财政经济出版社索取（请注明：学校、全书名、版次），Email：caijingjiaocai@163. com，也可登录以下网址下载：http：//jiaocai. cfeph. cn。

限于编者水平，书中疏漏与不足之处在所难免，恳请专家、同仁及广大读者批评指正，以便在使用中不断修改完善。

编　者

2024 年 4 月

目　录

第一篇　财会数字和汉字书写技能

第二篇　金融计算基本操作技能

第三篇　电子计算工具的操作与应用技能

第一篇
财会数字和汉字书写技能

项目一 1 财会数字书写规范

项目描述	本项目主要介绍财会数字的书写规范与书写方法。通过对本项目的教学和学习，使学生熟悉财会数字书写技能的基本知识，认识规范书写数字的重要性，培养学生对数字的敏感性；熟练掌握大小写金额数字的书写规则和规范写法
项目任务	任务一　小写金额数字书写规范 活动一　阿拉伯数字的书写 活动二　小写金额数字的书写 任务二　汉字大写金额数字书写规范 活动一　汉字大写金额数字书写的种类和要求 活动二　汉字大写金额数字书写技巧 活动三　正确填写支票和发票等票据中的开票日期 活动四　正确填写支票和发票等票据中的大小写金额数字 活动五　审查结算凭证时应注意的问题 任务三　财会数字书写错误更正方法 活动一　财会数字书写错误的类型和更正方法 活动二　小写金额数字书写错误的更正方法 活动三　在分位格及账簿中小写金额数字书写错误的更正方法 活动四　汉字大写金额数字书写错误的更正方法
德育目标	1. 培养学生的数感，让学生感知数码字的美，提高对财会数字书写的认识 2. 培养学生优美情感和高尚的情操 3. 培养学生认真严谨的金融工作作风和工作态度 4. 培养学生良好的创造思维和金融职业行为习惯
建议学时数	22

任务一
小写金额数字书写规范

课前导读

当前，在金融行业的实际工作中，财会数字的书写形式有两种：一种是阿拉伯数字书写技能；另一种是汉字大写数字书写技能。

从范围上看，财会数字的书写包括小写金额数字和汉字大写金额数字的书写。在表示金额时，用阿拉伯数字表示称为小写金额；阿拉伯数字的书写是根本，而汉字大写数字书写是防止在实际工作中因阿拉伯数字的人为涂改给相关当事人带来不必要的麻烦或经济损失，在一定程度上可以堵塞漏洞，既能预防经济犯罪，也能避免财产遭受重大损失。

从字面上看，很多人认为财会数字书写中的阿拉伯数字就是平时在日常生活中不规范书写的阿拉伯数字，其实这是误解。

从内涵上看，即使和日常生活中书写的数字相同，也不一定就是财会数字书写中的阿拉伯数字，还要看其是否符合财会数字书写规范的要求。数字的计算与书写往往是联系在一起的，一切计算过程和结果都要通过数字来表示。

财会数字书写是金融等专业学生应该具备的一项重要基本功，是巩固金融知识的主要手段。许多学生忽视财会数字的书写，造成实际工作失误的现象时有发生。

财会数字书写得正确和规范与否，不仅是衡量金融从业人员工作质量和综合素质的重要标准，而且会直接影响金融工作的质量和效率及金融信息的正确性和真实性。

因此，金融专业学生只有按照规范要求认真书写财会数字，做到把数字写得正确、整齐、清晰、规范、美观，在今后的实际工作中才能有效地提高工作质量和效率。

任务目标

1. 掌握阿拉伯数字的书写要求及技巧。
2. 掌握小写金额数字的书写要求及技巧。

活动一　阿拉伯数字的书写

活动小伴读

随着现代计算机的广泛应用，我国许多金融行业的金融会计工作虽然已使用会计电算化，但在填写凭证、票据、记账、算账和编制金融会计报表时，都离不开阿拉伯数字的书写。

在当今世界各国的金融会计记录中，通常采用的金额数字记录大多数都使用“阿拉伯数字”。它不仅可以表现日常使用的众多数字，而且可以表示数额巨大的会计数额。其不同排列和组合，能显示出千差万别的数字变化，使人有“眼花缭乱”“目不暇接”之感，似乎这些数字被赋予了神奇的力量。这些数字首先被应用在数学领域，后来才被引进到金融会计核算领域。在有金额分位格的凭证和账表上，尤其是在账簿上，阿拉伯数字的书写和一般写法是不同的，结合记账规则的需要，有特定的书写规格和要求。凭证和账表上阿拉伯数字的书写要求非常严格，书写技能训练不仅体现在填制会计凭证上，还体现在以后的记账、算账及编制报表过程中，金融会计人员必须重视和认真对待。

一、阿拉伯数字的规范书写

阿拉伯数字的规范书写是指要符合财会数字手写体书写的规范要求。阿拉伯数字的写法，过去只有印刷体字形，手写体是根据人们的习惯和爱好去写，没有统一的标准字体。随着社会经济的发展，金融、财政和商业等部门逐步采用一种适合其记数和计算需要的阿拉伯数字手写体，见图 1－1。

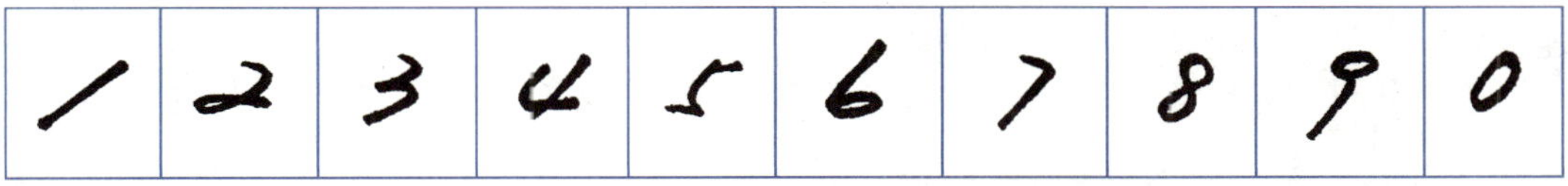

图 1－1　阿拉伯数字规范书写字样

知识驿站

根据金融业务的需要，金融从业人员在会计记账过程中要经常书写阿拉伯数字。你知道它为什么叫“阿拉伯数字”吗？无论是一年的 365 天，还是地球到月亮的平均距离 384,401 千米，用阿拉伯数字都可以表达出来。阿拉伯数字是古代印度人在生产和实践中创造出来的。后来，阿拉伯人在实践中对印度数字加以修改完善，使之更便于书写，变成今天的 1、2、3、4、5、6、7、8、9、0 十个数码的书写方式。

因此，阿拉伯数字起源于印度，由阿拉伯人掌握和改进并传到欧洲，欧洲人将这些数字称为“阿拉伯数字”，这就是被称为阿拉伯数字的真正原因。由于阿拉伯数字字数少，笔画简单、清晰，易写易认且美观大方，为世界各国通用。

提示：按照符合财会数字书写规范要求，数字书写要掌握正确的笔顺，一定的书写体和字间距。书写时握笔要正确，握笔姿势正确与否直接影响数字书写的速度。

二、阿拉伯数字书写要求及书写方法

金融会计工作离不开阿拉伯数字书写，在有金额分位格的账表凭证上，结合记账规则的需要，有特定的书写要求，形成一定的特殊式样。因此，阿拉伯数字也称“标准数码字”。阿拉伯数字的手写体与印刷体是不同的，书写时要遵循总体的书写要求和各个数字的具体要求。

下面讲解阿拉伯数字书写要求和方法。

（一）阿拉伯数字书写的总体要求

提示：阿拉伯数字的书写，必须坚持长期不懈地认真训练，才能达到理想效果。初学阿拉伯数字书写时，应对照标准要求，仔细观察数字的高度、斜度和运笔顺序，不能连笔书写，应放慢速度，切勿求快。

1. 字体（字形）要求

阿拉伯数字的书写要求正确、规范、清晰、美观、流利、整体效果好。书写时，手必须平行移动，动作连贯，写出的数字大小匀称，高低一致，笔画流畅，独立有型。每个数字应一个一个地认真书写，不得连笔写，数字之间要清晰可见，要让使用者一目了然。不要出现跳跃或时停时动的动作，同时要避免混用，防止篡改。

知识驿站

财政部颁布的《会计基础工作规范》中规定：阿拉伯数字应当一个一个地写，不得连笔写。

2. 书写顺序

在凭证和账表上，对阿拉伯数字的书写要求很严格。在凭证和账表上书写阿拉伯数字时，应将数字与位数结合在一起书写，书写顺序应是自上而下、由高位到低位、从左到右依次写出各个数字，不能潦草，不能回笔，各自独立；数字之间不能模棱两可和连写，以免分辨不清。

3. 高度要求

书写每个数字时，数字的底部都要紧贴横格底线书写，不要悬空在横格中间，其高度不超过全格 1/2 的位置，这样既美观又为改错更正数字留有余地。在高度上，除 6、7、9 数字外，其他数字高低要一致，“6”“7”“9”三个数字较特殊，其中“6”上端比其他数字要略高出约 1/3，“7”和“9”下端比其他数字要低出约 1/3，而且底部要破底线。

4. 角度要求

书写数字时，每个数字的倾斜度要一致，自右上方向左下方倾斜 45°～60°为宜，这样可避免上下数字重叠。

5. 间距要求

每个数字要大小一致，数字排列应保持同等距离，每个数字上下左右要对齐。

提示：在印有数位线的凭证、账簿及报表上，每一格只能写一个数字，不得几个数字挤在一个格里，也不得在数字中间留有空格。

6. 墨水要求

用蓝黑色墨水或碳素墨水书写，字迹要规范、清楚。

知识驿站

根据财政部颁布的《会计基础工作规范》中规定：登记账簿要用蓝黑色墨水或碳素墨水书写，不得使用圆珠笔（银行的复写账簿除外）或铅笔书写。

（二）阿拉伯数字书写的具体方法

书写数字时，要保持个人的独特字体和书写特色，以防止人为模仿或涂改。除“4”和“5”以外的数字，必须一笔写成，不能人为地增加数字笔画。

1. “1”的书写方法

“1”的竖要写直，上下一样粗细，下端应紧靠分位格的左下角落在底线上，要保持倾斜度，将格子占满。

提示：“1”不能写得太小太短，不出底线，不能上下带钩，下部勿拐尾，避免写得像分节号，更不能写成印刷体。要合乎斜度要求，以防止改为“2”“4”“6”“7”“9”。

2. “2”的书写方法

写“2”时，起笔时上半圈要略大一点，收笔时下半圈稍小一点，且下部要绕圈并相连。

提示：写“2”时的绕圈不要超过字的一半，不能写成类似英文字母“Z”的形状。

3. “3”的书写方法

“3”和“8”为上下对称的数字，书写时应上半圈略小于下半圈，且上下半圈中点基本保持在一条倾斜的直线上，在横向1/2处起笔，使数字结构看上去更为稳固。

提示：上半部分略小，下半部分略大，或上下部分相等，上下半圈中间一笔回锋不能过长，且末笔收笔时不能下垂，以防“3”改为“8”的可能。

4. “4”的书写方法

写“4”时，其顶部不封口，两竖要平行，注意中间的竖是最关键的一笔，右边一条竖线略长一点，并穿过左边竖线折过来的横线，即上至上半格右边线，下至下半格的1/4处。也就是说，右边的竖线在横线上下部分的分配比例为：上半部分约占字的3/4，下半部分约占字的1/4。

提示：顶部不能封口，不能写成印刷体的“4”。斜度应为45°~60°，否则“4”就写成正体了，并防止改“1”为“4”。

5. “5”的书写方法

写“5”时，起笔时要有一定的倾斜度，相似于画小括弧的形状，即“(”；末笔顺势向左边上挑弯一点即可。

提示：在十个阿拉伯数字中，“5”字是最难写的。因此，在书写时，上端的一横要平，不能封顶，要与起笔相连，不留空隙，也不能穿过起笔。右横略高出，以防改为“8”。

6. “6”的书写方法

写“6”时，其上半部分比其他数字的高度向右上方约高出1/4。起笔时要写成一个斜竖；斜竖下再向右画圈，收笔时与左侧的斜竖圈成向左倾斜的椭圆。

提示：写“6”时要顶满格子，下部的斜椭圆要明显，不能穿过左侧的斜竖，也不能与左侧斜竖之间留下空隙。以防改“6”为“8”，改“1”为“6”。

7. “7”的书写方法

写“7”时，其上端比其他数字低约1/3，落笔要超出底线，下端要比其他数字伸出约1/3。

提示：起笔时要注意与其他数字的宽窄基本一致，宽度要写够，末笔收笔不能带钩拐尾，以防“7”改为“2”。

8. “8”的书写方法

写“8”时，上边稍小，下边稍大，起笔从右向左转圈，然后向右下运笔，再向左转圈，笔顺类似于英文字母成斜“S”形，最后向上运笔收笔，要用弯圆圈连接。

提示：写“8”字时，注意上圈略小，下圈略大，收笔不能出头或留下空隙；终笔与起笔交接处应略微成棱角，以防将“3”改为“8”的可能性。

9. “9”的书写方法

与“7”一样，写“9”时，起笔略低1/3，末笔出底线约为字的1/3，上部写圈后向下划一斜竖，使斜竖与左侧圆圈相接。

提示：写圈时不要露头，写完后向左下侧弯时要圆滑，不能有棱角，底线部分不能拐尾，以防改“9”为“8”。“9”的上部应是封口的“0”，以防改“9”为“5”。

10. “0”的书写方法

写“0”时，起笔后应由左向右转圈，写成上下倾斜的扁椭圆形。起笔和收笔要封口。其高度、宽度和斜度与其他数字相同，“6”“7”“9”除外。

提示：在连写几个“0”时，不要加连档线，不要写得太小，不能头上长角和有缺口及留有尾巴，更不要张开口和写成扁长形；不得偏高或偏低和出现连接线，以防改为“2”“3”“6”“8”“9”。

小贴士

在书写阿拉伯数字时，对于易混淆且笔顺相近的数字，尽可能地按标准字体书写，区分笔顺，避免混同，以防涂改。写“6”“8”“9”“0”时，都必须把圆圈笔画写顺，且一定要封口；写“2”“3”“5”“8”时，应自成体，避免混同，不要把“0”和“6”；“1”和“7”；“3”和“8”；“7”和“9”写混。

总之，书写每个数字时，字体、笔顺、宽窄与长短比例要匀称，字形、圆韵要一致，不要多笔或少笔，笔画间相接要吻合、自然、柔软。

课后练习

0～9 十个阿拉伯数字反复书写 30 遍，且符合金融会计书写规范标准。要求金融会计专业达到三级标准，非金融会计专业达到四级标准。试试看你达到了几级？

一级：2 分钟以内完成；

二级：3 分钟以内完成；

三级：3 分钟以内完成；

四级：4 分钟以内完成。

活动二　小写金额数字的书写

活动小伴读

小写金额数字的书写除具有与一般阿拉伯数字书写的相同点外，还有其特殊要求。如小写金额前应冠以货币币种符号，小数点后的角位和分位没有数额时要用 0 补位等。

一、人民币符号“¥”的正确书写

“¥”是人民币基本单位“元”的符号，它有两个意义：一是说明金额的币制，既表示了人民币币制，又表示了人民币“元”的单位；二是为了防止增添和涂改数字。

知识驿站

财政部颁布的《会计基础工作规范》中规定：阿拉伯金额数字（简称小写金额，下同）前面应当书写货币币种符号（如人民币符号“¥”）或者货币名称简写和币种符号。币种符号与阿拉伯金额数字之间不得留有空白。凡阿拉伯数字前写有币种符号的，数字后面不再写货币单位（如人民币“元”）。

（1）当填制凭证时，如填写支票、发票、收据和借据、报销单及记账凭证等，在小写金额数字前应冠写货币币种符号，人民币符号用“¥”；美元符号用“$”；英镑符号用£等。

提示：人民币符号“¥”主要应用于填写支票、发票等票证的小写金额，在登记账簿和编制报表时，不能使用“¥”符号。因为在账簿和报表上不存在金额数字被涂改而造成损失的情况，如账簿和报表上使用“¥”符号，反而会增加出现错误的可能性。

想一想

为什么填制凭证时小写金额前面要写上人民币符号“¥”，而在登记账簿和编制报表时却不能使用“¥”符号呢？

【活动实例】汉字大写金额数字读成：人民币柒仟玖佰伍拾捌元肆角伍分，小写金额数字应写为：¥7,958.45。

提示：小写金额前填写人民币符号“¥”后，小写金额数字¥7,958.45之后就不必再写人民币单位“元”了。

想一想

汉字大写金额数字读成：人民币捌万陆仟伍佰玖拾捌元贰角捌分，小写金额数字应写为：¥86,598.28元，对吗？为什么？

【活动实例】汉字大写金额数字读成：人民币柒仟玖佰伍拾捌万零壹佰元伍角整，小写金额数字应写为：¥79,580,100.50。

提示：上例小写金额数字不能写为79,580,100.50，也不能写为79,580,100.50元。

想一想

汉字大写金额数字应读成：人民币壹拾捌万柒仟伍佰贰拾捌元玖角捌分，小写金额数字应写为：187,528.98，对吗？为什么？

（2）在书写小写金额数字时，按《会计基础工作规范》规定，在人民币符号“¥”与数字之间不得留有空位，也不能任意添加冒号，主要是防止金额数字被人增添涂改。

提示：在书写人民币符号“¥”，尤其是草写“¥”时，要注意与阿拉伯数字有明显的区别，不要写成阿拉伯数字的“7”或“9”，以防被篡改。

【活动实例】汉字大写金额数字读成：人民币伍拾玖万捌仟陆佰柒拾叁元整，其小写金额数字应写为：¥598,673.00。

提示：上例其小写金额数字不能写为：¥　598,673.00。

想一想

汉字大写金额数字读成：人民币壹仟叁佰捌拾捌万伍仟捌佰零伍元零捌分，小写金额数字应写为：¥　13,885,805.08，对吗？为什么？

【活动实例】 汉字大写金额数字为：人民币伍万柒仟元整，小写金额数字应写为：¥57,000.00；但不能写为：¥57,000。

想一想

根据上例读写方法，请同学们自己试一试，看谁说得正确。汉字大写金额数字为：人民币壹拾玖万捌仟元整，小写金额数字写为：¥：198，000.00，对吗？为什么？

二、小写金额数字用三位分节制的规范读写法

写数时，每一个数字都占据一个位置，每一个位置分别表示不同的单位。数字所在的位置表示的单位称为“数位”。数位是按照个、十、百、千、万、十万、百万、千万、万万的顺序，由小到大、从右向左的顺序排列的，但读数的习惯顺序，却是由大到小、从左到右的顺序进行的。

国际上不用分节号“,”，而是以空位代替；我国会计工作中通常采用分节号“,”的办法，分节号“,”的使用，对财会人员的珠算定位和读数等仍十分必要。当财会人员遇到一些大的数目，采用分节制能快速地辨认数字的数位，方便读数。有利于数字的书写、阅读和计算工作，提高准确性和工作效率。四位及四位以上的整数部分，可采用国际通行的“三位分节制”，即从个位起，向左每三位数作为一节，节与节之间用分节号“,”分开，也可以用空位分开。分节号、小数点是阿拉伯数字书写必不可少的组成部分，绝不能错写和漏写。只要记住第一个分节号左边是“千位”（右边是“百位”），第二个分节号左边是“百万位”（右边是“十万位”），第三个分节号左边是“十亿位”（右边是“亿位”）。

我国的数位排列见表1－1。

表1－1

数位	万万万位	千万万位	百万万位	十万万位	万万位	千万位	百万位	十万位	万位	千位	百位	十位	个位	十分位	百分位	千分位	万分位	十万分位	百万分位
读法	兆	千亿	百亿	十亿	亿	千万	百万	十万	万	千	百	十	个	分	厘	毫	兰	忽	微

提示： 分节号是个逗点，不能标高，否则被误认为1；也不能标成小数点，造成错误。一般账表凭证的金额栏内由于印有分位格，元位前每三位之间印有一粗线代表分节号，元位与角位之间的粗线已代表小数点。因此，记数时不需要再另加分节号或小数点。

（1）对于万位（含万位）以下的小写数额中，从最高位读起，顺着位次每读一个数字就接着读出这个数字所对应的数位名称。

【活动实例】

万　千　百　十　个
位　位　位　位　位
8　5,　2　9　6（用分节号）
8　5　2　9　6（用空位）

汉字大写金额数字应读成：人民币捌万伍仟贰佰玖拾陆元整。

小写金额数字规范写法为：¥85,296（用分节号）

¥85 296（用空位）

【课堂比一比】

十
万　万　千　百　十　个
位　位　位　位　位　位
7　9　0,　3　8　5（用分节号）
7　9　0　3　8　5（用空位）

汉字大写金额数字应读成：________________

小写金额数字的规范写法应写为：____________

（2）对于万位以上到亿位以下的小写数额中，只读出数字和数位上开头的第一个字，数位名称的第二个字可以省略不读。

【活动实例】

十
万　万　千　百　十　个
位　位　位　位　位　位
7　8　8,　6　9　4（用分节号）
7　8　8　6　9　4（用空位）

汉字大写金额数字应读成：人民币柒拾捌万捌仟陆佰玖拾肆元整。

小写金额数字规范写法为：¥788,694（用分节号）

¥788 694（用空位）

【课堂比一比】

十
万　万　千　百　十　个
位　位　位　位　位　位
9　3　5,　6　0　8（用分节号）
9　3　5　6　0　8（用空位）

汉字大写金额数字应读成：____________

小写金额数字规范写法为：______________

（3）在同一个数额中，若中间有零时，只读出数字的“0”，而不读出数位的名称。

【活动实例】

						十	百
万	千	百	十	个		分	分
位	位	位	位	位		位	位
8	0,	0	6	5	.	0	8（用分节号）
8	0	0	6	5	.	0	8（用空位）

汉字大写金额数字应读成：人民币捌万零陆拾伍元零捌分。

小写金额数字规范写法为：¥80,065.08（用分节号）

¥80 065.08（用空位）

【课堂比一比】

十							十	百
万	万	千	百	十	个		分	分
位	位	位	位	位	位		位	位
7	5	0,	0	0	9	.	0	5（用分节号）
7	5	0	0	0	9	.	0	5（用空位）

汉字大写金额数字应读成：________________________

小写金额数字规范写法为：_____________________________

（4）若同一个小写数额中，最后有一个零或连续有几个零时，既不读“0”也不读出数位的名称。

【活动实例】

十					
万	万	千	百	十	个
位	位	位	位	位	位
5	8	8,	0	0	0（用分节号）
5	8	8	0	0	0（用空位）

汉字大写金额数字应读成：人民币伍拾捌万捌仟元整。

小写金额数字规范写法为：¥588,000（用分节号）

¥588 000（用空位）

【课堂比一比】

十					
万	万	千	百	十	个
位	位	位	位	位	位
1	8	0,	0	0	0（用分节号）
1	8	0	0	0	0（用空位）

汉字大写金额数字应读成：_______________________________

小写金额数字规范写法为：________________________

三、小写金额数字角位和分位的书写方法

在金额计量中，所有以元为单位的小写金额数字，一般只保留两位小数，即角位和分位。无论小写金额数字的最后一位有效数字在分位以前或者在分位以后，一律写到分位为止。

在填制会计凭证时，在无金额分位格的凭证上，所有以元为单位的阿拉伯数字，除表示单价等情况外，一律写到角分。在以元为单位的小数点后面，如果分位没有或分位和角位都没有“1～9”的金额数字，不能让它空位，应用“0”占位。

提示：在印有数位分隔线的凭证或账表上书写小写金额数字时，只有角和分位金额的，在“元”位上不写“0”字；只有“分”位金额的，在元和角位上均不写“0”字；对于有“角”无“分”的，在分位上写“0”；对角和分位均无金额的，即角位和分位均无有效数字，在角和分位均写一个“0”字。

（1）到元为止无角分的金额数字，角位和分位可写“00”或用符号“－”表示。

【活动实例】汉字大写金额数字为：人民币伍万柒仟玖佰捌拾元整，小写金额数字应写为：“￥57,980.00”；也可以写为：“￥57,980.－”。

【课堂比一比】

如汉字大写金额数字为：人民币玖拾伍万柒仟捌佰陆拾叁元整，小写金额数字写为：“￥957,863.－”对吗？

（2）有角无分的金额数字，分位应当写“0”，不得用符号“－”代替。

【活动实例】汉字大写金额数字为：人民币捌拾肆万伍仟陆佰肆拾伍元叁角整，小写金额数字应写为：“￥845,645.30”，不能写为：“￥845,645.3－”或“￥845,645.3”。

【课堂比一比】

如汉字大写金额数字为：人民币伍佰零玖万肆仟捌佰叁拾柒元捌角整，小写金额数字写为：“￥ 5,094,837.8－”，对吗？写为：“￥5,094,837.8”呢？应怎样写？

四、小写金额数字在分位格中的书写方法

小写金额数字在分位格中书写时，应从最高位起，后面各分位格数字必须写完整。

（1）如果是在印有金额分位格的账表凭证上，一般在金额栏内已经标出了数位及金额单位。因此，在书写小写金额时，只需将数字填入相应数位栏中即可，不需要书写分节号及小数点。

（2）小写金额数字后几位是零的，在金额的最后一位有效数字之后，一律用“0”补齐，不能留有空格。而且无论何种情况，均不能用短横线即“－”代替。

（3）如果是填写票据或凭证的小写金额合计栏，还应在金额数字前第一个分位格中写人民币符号“￥”。如果是记账凭证或会计分录，则在凭证分录借贷方合计金额前填写人民币符号“￥”。

提示：若在登记账簿或编制报表时，则在分位格中不需要书写人民币符号“¥”，但报表的表头应该注明金额单位（如元、万元）。

【活动实例】小写金额数字为¥85,004,950.00，其在票据分位格合计栏中的填写样式见表1－2。

表1－2

	亿	千	百	十	万	千	百	十	元	角	分
正确书写	¥	8	5	0	0	4	9	5	0	0	0
错误书写	¥	8	5	0	0	4	9	5	0	0	
错误书写	¥	8	5	0	0	4	9	5	0		

【课堂比一比】

请在表1－3票据分位格合计栏中填写¥20,580,070.00。

表1－3

亿	千	百	十	万	千	百	十	元	角	分

【活动实例】小写金额数字为¥39,000，在票据分位格合计栏中，正确的填写形式见表1－4。

表1－4

	亿	千	百	十	万	千	百	十	元	角	分
正确书写				¥	3	9	0	0	0	0	0
错误书写				¥	3	9	0	0	0		
错误书写			¥		3	9	0	0	0	0	0

【课堂练习】

（1）在表1－5票据分位格合计栏中填写¥456,000.00。

表1－5

亿	千	百	十	万	千	百	十	元	角	分

（2）在表1－6票据分位格合计栏中填写￥98,050,000.00。

表1－6

亿	千	百	十	万	千	百	十	元	角	分

（3）在表1－7票据分位格合计栏中填写￥30,068,000.00。

表1－7

亿	千	百	十	万	千	百	十	元	角	分

（4）在表1－8账簿或报表分位格中填写￥30,068,000.00。

表1－8

亿	千	百	十	万	千	百	十	元	角	分

（5）按表1－9所示的汉字大写金额数字的读法，写出正确规范的小写金额数字，并加注三位一节的分节号。

表1－9

序号	应读成的汉字大写金额数字	小写金额数字
1	人民币伍仟捌佰陆拾柒万壹仟捌佰玖拾叁元整	
2	人民币壹拾陆万零壹佰零伍元零捌分	
3	人民币柒仟玖佰陆拾肆万玖仟捌佰柒拾贰元整	
4	人民币壹亿叁仟伍佰零伍万柒仟叁佰玖拾伍元捌角整	
5	人民币玖万捌仟伍佰零陆元零肆分	
6	人民币柒仟元零玖分	
7	人民币捌仟叁佰贰拾壹万陆仟伍佰肆拾元整	
8	人民币贰仟叁佰柒拾捌元零伍分	
9	人民币玖仟零贰万零柒佰零伍元零陆分	
10	人民币肆仟伍佰陆拾柒万玖仟捌佰零伍元叁角整	

课后练习

1. 在表1－10中练习没有数位栏的小写金额的书写。

表 1－10

¥8, 569, 267. 15	¥7, 358, 219. 82	¥8, 906. 34	¥59, 816. 00	¥76, 835. 25	¥9, 580, 283. 60

2. 将下列汉字大写金额数字写成小写金额数字。

(1) 人民币叁仟捌佰陆拾壹万零贰拾肆元伍角贰分　　应写成________

(2) 人民币玖亿伍仟贰佰万零叁仟玖佰肆拾捌元整　　应写成________

(3) 人民币陆亿柒仟万零贰拾元整　　应写成________

(4) 人民币壹拾捌万零伍拾肆元整　　应写成________

(5) 人民币贰亿伍仟玖佰万零伍元陆角捌分　　应写成________

(6) 人民币陆亿柒仟零玖万肆仟伍佰零贰元捌角伍分　　应写成________

(7) 人民币陆仟玖佰零贰万叁仟壹佰元零伍角整　　应写成________

(8) 人民币壹亿陆仟捌佰贰拾肆万零捌佰零壹元零叁分　　应写成________

(9) 人民币柒万玖仟壹佰伍拾元零壹分　　应写成________

(10) 人民币玖亿壹仟叁佰贰拾伍万零陆佰元整　　应写成________

3. 按表 1－11 所示的汉字大写金额数字的读法，写出正确规范的小写金额数字，并加注三位一节的分节号。

表 1－11

序号	应读成的汉字大写金额数字	小写金额数字
1	人民币玖仟捌佰零伍万叁仟贰佰陆拾壹元整	
2	人民币壹拾贰万零叁佰零陆元零捌分	
3	人民币贰仟玖佰陆拾肆万捌仟捌佰陆拾贰元整	
4	人民币叁亿壹仟伍佰零陆万柒仟贰佰叁拾伍元捌角整	
5	人民币壹佰捌拾万陆仟贰佰零贰元零叁分	
6	人民币玖亿贰仟壹佰零叁万柒仟元零捌分	
7	人民币陆仟叁佰贰拾壹万陆仟叁佰肆拾元整	
8	人民币柒仟伍佰零肆万贰仟叁佰柒拾捌元零伍分	
9	人民币玖仟零伍万零捌佰零贰元零叁分	
10	人民币壹亿贰仟伍佰陆拾柒万玖仟捌佰零叁元贰角整	

任务二
汉字大写金额数字书写规范

课前导读

前面我们虽然已学习了小写金额数字的书写，但在金融会计工作中，开具支票、发票、结算票据、账单和存折等重要票证，一切收款和付款凭证以及合同等正式凭证时，为了弥补阿拉伯数字容易涂改的不足，除用小写数字表示金额外，还要经常用汉字大写数字表示金额，用汉字大写数字表示的金额称为汉字大写金额数字。汉字大写金额和小写金额相结合，构成了我国完整的数字记账体系。

汉字大写数字可以防伪、防弊、不易被篡改，其读法和小写金额数字的读法相同，但书写方法不同。在有金额分位的凭证和账表上，尤其是在账簿上，大写数字的写法结合记账规则的需要，有特定的书写规格和要求，要遵循在金额计量方面的特定要求和应用。

汉字大写金额数字书写规范与否，要看其是否符合金融会计书写规范要求。书法有很多种字体，如楷书、行楷、行书、草书等，汉字大写金额数字一般用行楷或行书书写，用草书书写虽然写得快，但由于其书写较潦草，不易辨认，故草书在财会数字书写中不宜采用。

任务目标

1. 掌握汉字大写金额数字的书写要求和技巧。
2. 掌握人民币单位在固定格式凭证中的书写。
3. 掌握正确填写支票和发票等的开票日期及大小写金额的方法。

活动一　汉字大写金额数字书写的种类和要求

活动小伴读

为了预防涂改数字的情况，根据财政部颁布的《会计基础工作规范》中规定：汉字大写金额数字如零、壹、贰、叁、肆、伍、陆、柒、捌、玖、拾、佰、仟、万、亿、元、角、分等，一律用行楷或者行书体书写，不得用0（代替“零”）、一、二（两）、三、四、五、六、七、八、九、十、毛（代替“角”）、园（代替“圆”）等简化字代替，不得任意自造简化字。如果金额数字中使用繁体字，也可以受理。

一、汉字大写金额数字的种类

（一）汉字大写金额数字包括数量用字和数位用字

（1）用于表示数量（数值）用字的有：壹、贰、叁、肆、伍、陆、柒、捌、玖。

（2）用于表示数位用字的有：个、拾、佰、仟、万、亿。

（二）用于表示金额用字的类型

（1）用于表示金额辅助单位的用字有：元、角、分。

（2）用于表示金额类别的用字有：人民币、港元、英镑、欧元、日元等。

（3）用于表示截止符号的用字有：整（正）。

对于数量用字，每个字单独存在时能表示一定意义；而数位用字单独存在时往往不能完整和准确地表达其意义。

知识驿站

明朝洪武十八年（公元1385年），发生了一起重大事件“郭桓贪污案”，即户部侍郎郭桓及其同伙通过涂改财会凭证数字的手段，大肆侵吞国家钱粮，累计贪污高达两千四百多万石精粮，这个数字几乎和当时全国秋粮实征数相当。朱元璋对此大为震怒，下令将郭桓等案犯数万人斩首示众，同时制定了惩治经济犯罪的严格法令，并在财务管理上进行技术防范——把记载钱粮的财会凭证数字“一、二、三、四、五、六、七、八、九、十、百、千”，分别改为难以涂改的汉字大写数字“壹、贰、叁、肆、伍、陆、柒、捌、玖、拾、陌、阡”。后来人们逐渐用“佰、仟”代替“陌、阡”二字，该项规定有效地堵塞了财务管理上的漏洞。武则天承袭了民间的写法，大量使用大写数字，使之广泛化、普及化；朱元璋出于国家对经济领域的整治，下令在全国范围内大规模强制实施完整的大写数字，从而完善并规范了大写数字的应用。汉字大写数字起源于公元4世纪前后（约东晋末年），人们已开始有意识地在券契中使用大写数字。因此，汉字大写数字的来源距今已有1,600多年的历史了。

二、汉字大写金额数字的文字书写要求

（1）汉字大写金额数字的文字书写一定要规范，以行楷或行书体为宜，字迹整齐、清晰、正确、书写流畅、美观、大方，不可随意简化汉字或擅自造字。

（2）靠左线、贴底线书写，字体高度占行格高度的1/2或2/3并预留改错的空间。

（3）账簿的书写应循序进行，不得跳行、空格。

（4）书写顺序：由于某种原因数量用字和数位用字是结合在一起使用的。因此，书写时应由高位到低位，先写数量用字再写数位用字。但数的位数不同，其写法也不同。

（5）在书写汉字大写金额数字时，数量用字和数位用字是结合在一起使用的。书写顺序是从高位到低位，先写数量用字，再写数位用字。但数的位数不同，其写法也不同。

课后练习

汉字大写金额数字的文字书写有哪些要求？

活动二　汉字大写金额数字书写技巧

活动小伴读

汉字大写金额数字要以正楷或行书字体书写，不得连笔写。不允许使用未经国务院公布的简化字、自造简化字或谐音字。金融从业人员在编写记账凭证，登记账簿和编制金融会计报表，书写大写金额数字时，应注意“零、壹、整”三字在大写数字中的用法，特别是行书，一定要符合公认的规范笔画和笔顺。

一、用行楷和行书体书写汉字大写数字（见图 1－2、图 1－3）

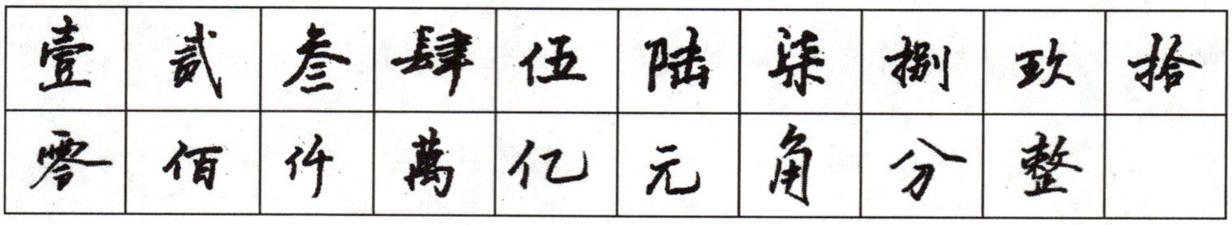

图 1－2　行楷书写汉字大写数字

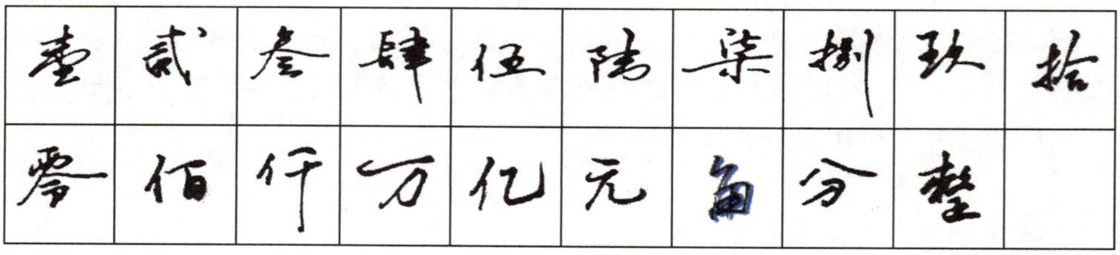

图 1－3　行书书写汉字大写数字

二、“整（正）”字的写法

（1）金额数字是以“0”结尾的，汉字大写金额数字末尾必须写“整”（正）字。

【活动实例】 小写金额数字为￥945,000.00，其汉字大写金额数字应写为：人民币玖拾肆万伍仟元整（正）。

想一想

小写金额数字为￥3,150,800.00，其汉字大写金额数字应写为？

（2）汉字大写金额数字到元或者角为止的，在“元”或者“角”字之后应当写“整（正）”字；大写金额数字有“分”的，“分”字后面不写“整（正）”字。

【活动实例】 小写金额数字为￥60, 543.00，其汉字大写金额数字应写为：人民币陆万零伍佰肆拾叁元整（正）。

想一想

小写金额数字为￥930, 752.00，其汉字大写金额数字应写为？

【活动实例】 小写金额数字为￥48, 900.50，其汉字大写金额数字应写为：人民币肆万捌仟玖佰元零伍角整（正）。

提示： 若小写金额有“分”，则“分”字后不写“整（正）”字。小写金额如为￥48, 900.56，其汉字大写金额数字应写为：人民币肆万捌仟玖佰元零伍角陆分，不能写为：人民币肆万捌仟玖佰元零伍角陆分整（正）。

【课堂比一比】

小写金额数字为￥35, 006.20，其汉字大写金额数字应写为？

小写金额数字如为￥35, 006.28，其汉字大写金额数字应写为？

三、“零”字的写法

对于小写金额数字中的“0”字，汉字大写金额的书写要根据“0”所在的位置来确定。汉字大写应按汉语语言规律和金额数字构成和防止涂改的要求进行书写。

（1）数字结尾是“0”时，不管是一个“0”还是连续几个“0”，汉字大写到非零数位后，用一个“整（正）”字结尾，不需用“零”字来表示。

【活动实例】 小写金额数字为￥6, 359.70，其汉字大写金额数字应写为：人民币陆仟叁佰伍拾玖元柒角整（不能写为：人民币陆仟叁佰伍拾玖元柒角零分）。

【课堂比一比】

小写金额数字为￥367, 895.20，其汉字大写金额数字写为：叁拾陆万柒仟捌佰玖拾伍元贰角零分，对吗？若写错应该怎样写？

【活动实例】 小写金额数字为￥908, 200.00，其汉字大写金额数字应写为：人民币玖拾万零捌仟贰佰元整（不能写为：人民币玖拾万零捌仟贰佰元；也不能写成：人民币玖拾万零捌仟贰佰元零分）。

【课堂比一比】

小写金额数字为￥82, 630.00，其汉字大写金额数字写为：人民币捌万贰仟陆佰叁拾元零分，对吗？若写为：人民币捌万贰仟陆佰叁拾元，对吗？若写错应该怎样写？

（2）小写金额中间连续有几个“0”时，汉字大写金额中可以只写一个零字，而且不用写出其所在数位（包括小数部分的“0”字）。

【活动实例】小写金额数字为￥80,002.03，其汉字大写金额数字应写为：人民币捌万零贰元零叁分（不应写为：人民币捌万零零贰元零叁分）。

【课堂比一比】

小写金额数字为￥7,009,008.05，其汉字大写金额数字应写为？

（3）如果连续几个“0”同时在元位和角位时，不能漏写人民币单位“元”字，且在“元”后，再写上“零”字。

【活动实例】小写金额数字为￥850,000.08，其汉字大写金额数字应写为：人民币捌拾伍万元零捌分（不能写为：人民币捌拾伍万零捌分）。

【课堂比一比】

小写金额数字为￥919,000.03，其汉字大写金额数字应写为？

（4）小写金额数字元位是“0”或者数字中间连续有几个“0”，元位也是“0”，但角位不是“0”时，汉字大写金额可以只写一个“零”字，也可以不写“零”字。

【活动实例】小写金额数字为￥590,000.20，其汉字大写金额数字应写为：人民币伍拾玖万元零贰角整；或者写成：人民币伍拾玖万元贰角整。

【课堂比一比】

小写金额数字为￥4,009,000.80，其汉字大写金额数字应写为？

（5）小写金额数字角位是“0”，而分位不是“0”时，汉字大写金额数字“元”后应写“零”字。

【活动实例】小写金额数字为￥1,856.05，其汉字大写金额数字应写为：人民币壹仟捌佰伍拾陆元零伍分。

【课堂比一比】

小写金额数字为￥59,600.08，其汉字大写金额数字应写为？

（6）小写金额数字万位是“0”，但千位不是“0”时，汉字大写金额可以写“零”，也可以不写“零”。

【活动实例】小写金额数字为￥51,804,953.25，其汉字大写金额数字应写为：人民币伍仟壹佰捌拾万零肆仟玖佰伍拾叁元贰角伍分；或者写为：人民币伍仟壹佰捌拾万肆仟玖佰伍拾叁元贰角伍分。

提示：如果亿位（或兆位）是“0”，且千万位（或千亿位）不是“0”，则中间的“0”可以写“零”，也可以不写。

【课堂比一比】

小写金额数字为￥3,509,006.85，其汉字大写金额数字应写为？

（7）印有大写金额万、仟、佰、拾、元、角、分位置的凭证，在书写大写金额数字时，金额前如有空位，可划“⊗”注销，阿拉伯金额数字中间有几个“0”（含分位），汉字大写金额数字就要写几个“零”字。

【活动实例】小写金额数字为￥9,000.05，在印有大写金额万、仟、佰、拾、元、角、分位置的凭证上书写大写金额数字时，其汉字大写金额数字应写为：人民币⊗万玖仟零佰零拾零元零角伍分。

【课堂比一比】

小写金额数字为￥580,000.03，在印有大写金额拾、万、仟、佰、拾、元、角、分位置的凭证上书写大写金额数字时，其汉字大写金额数字应写为：人民币　拾　万　仟　佰　拾　元　角　分。

四、“壹”字的写法

汉字大写金额数字中的最高是“1”的，汉字大写金额加写“壹”字。由于人们习惯把“壹拾几、壹拾几万”，说成“拾几”“拾几万”，所以在书写大写金额数字时很容易将“壹”字漏掉。但“拾”字仅代表数位，不代表数字。“壹拾”既代表位数，又代表数字。因此，壹拾几的“壹”字必须写上而不能遗漏，因数位字前必须有数量字。汉字大写金额“拾”“佰”“仟”“万”等数位字前必须冠有数字壹、贰、叁、肆、伍、陆、柒、捌、玖等，不能省略。

【活动实例】小写金额数字为￥160,000.00，其汉字大写金额数字应写为：人民币壹拾陆万元整；而不能写为：人民币拾陆万元整。

提示：如在数位前不加“壹”字，既不符合书写要求，又容易被改成“贰拾几”“叁拾几”等；如果书写不规范，“人民币”与金额数字之间留有空位，就很容易被改成“人民币叁（肆、伍……）拾陆万元整”等。

【课堂比一比】

小写金额数字为￥190,000.00，其汉字大写金额数字应写为？

课后练习

（一）用行楷和行书书写汉字大写金额

将汉字大写金额数字从零到拾和佰、仟、万、亿、元、角、分、整（正）书写20遍。是否正确、清晰、整齐、流畅、标准、规范和美观？试试看40分钟以内你写完了吗？（分别用行楷和行书两种书体书写）

（二）练习汉字大写金额数字书写

1. 练习目的

掌握汉字大写金额数字的标准写法，做到要素齐全、数字正确、字迹清晰、不错漏、不潦草。

2. 汉字大写金额数字的标准写法

汉字大写金额数字（包括数位）：零、壹、贰、叁、肆、伍、陆、柒、捌、玖、拾、佰、仟、万、亿、元、角、分、整（正）。

3. 汉字大写金额数字的书写要求

（1）正确运用“整”字。

汉字大写金额到“元”为止的，应当写“整”或“正”字。

练习：¥15, 680. 00，应写成：____________

（2）汉字大写金额到“角”为止的，可以在“角”之后写“整”或“正”字，也可以不写。

练习：¥7, 689, 521. 60，应写成：____________

（3）汉字大写金额到“分”位的，不写“整”或“正”字。

练习：¥873, 946. 78，应写成：____________

4. 正确书写中间的“零”

（1）汉字大写数字中间有“0”时，汉字大写金额也要写“零”字。

练习：¥28, 905. 68，应写成：____________

（2）汉字大写数字中间连续有几个“0”时，汉字大写数字只写一个“零”字。

练习：¥190, 008. 34，应写成：____________

（3）汉字大写数字万位或元位是“0”，或者数字中间连续有几个“0”，万位、元位也是“0”，但千位、角位不是“0”时，汉字大写金额中可以只写一个“零”字，也可以不写“零”字。

练习：¥705, 100. 29，应写成（三种写法）：____________ ____________ ____________

¥805, 000. 63，应写成（两种写法）：____________ ____________

（4）汉字大写数字角位是“0”，而分位不是“0”时，汉字大写金额元后面应写“零”字。

练习：¥89, 168. 02，应写成：____________

¥70, 508. 01，应写成：____________

5. “壹”开头的别丢“壹”

当汉字大写数字首位是“1”时，前面必须写上“壹”字。

练习：¥18. 52，应写成：____________

¥180, 000. 00，应写成：____________

活动三　正确填写支票和发票等票据中的开票日期

活动小伴读

在金融会计工作中，经常要填写支票、发票、汇票和本票，这些票据的出票日期必须使用汉字大写。支票和发票上金额、出票或签发日期、收款人名称不得更改，更改的票据一律无效。支票和发票是以汉字大写数字和小写数字同时记载的，二者必须一致，否则票据无效，银行不予受理。支票和发票上一旦写错或漏写了数字，必须重新填写单据，不能在原凭单上改写数字，以保证所提供数字真实、准确、及时、完整。

知识驿站

根据银行有关规定，若票据出票日期是用小写填写的，银行不予受理。大写日期未按要求规范填写的，银行可予受理，但由此造成损失的，由出票人自行承担。作废的支票不得撕去，应由签发单位自行注销，并与存根一起保存。

为防止变造票据的出票日期，支票、发票等票据的出票日期必须使用汉字大写，在填写年、月、日时，应按下列要求进行书写：

（1）年：年份应按阿拉伯数字表示的年份所对应的汉字大写数字书写。

（2）月：1 月和 2 月前“零”字必写，3 月至 9 月前零字可写也可不写；10 月写成“零壹拾月”，11 月和 12 月必须写成“壹拾壹月”和“壹拾贰月”（其前面多写了“零”字也认可，如零壹拾壹月。）。

（3）日：日为 1 日至 9 日、10 日、20 日、30 日前应加“零”字，11 日至 19 日必须写为“壹拾 × 日”（其前面多写了“零”字也认可，如零壹拾叁日），21 日至 29 日必须写成“贰拾 × 日”，31 日必须写成“叁拾壹日”。

【活动实例】

（1）支票出票日为 2 月 20 日，应写成：零贰月零贰拾日。

（2）支票和发票出票日为 10 月 10 日，应写成：零壹拾月零壹拾日。

（3）支票和发票出票日为 1 月 30 日，应写成：零壹月零叁拾日。

【课堂比一比】

（1）支票出票日为 1 月 1 日，应写为：________________

（2）支票出票日为 2 月 3 日，应写为：________________

（3）支票出票日为 3 月 2 日，应写为：________________

（4）支票出票日为 4 月 5 日，应写为：________________

（5）支票出票日为 5 月 19 日，应写为：________________

（6）支票出票日为 6 月 28 日，应写为：________________

（7）支票出票日为 7 月 31 日，应写为：________________

（8）支票出票日为 8 月 16 日，应写为：________________

（9）支票出票日为 9 月 30 日，应写为：________________

（10）支票出票日为 10 月 4 日，应写为：________________

（11）支票出票日为 11 月 10 日，应写为：________________

（12）支票出票日为 12 月 20 日，应写为：________________

【课堂练习】

要求：采用金融会计规范的书写方法写出支票的签发大写日期，年份为 2019 年，请同学们自己在课堂上练一练，练习内容见表 1－12。

表 1－12

序号	日期	汉字大写出票日期
1	1 月 17 日	出票日期　　年　　月　　日
2	2 月 9 日	出票日期　　年　　月　　日
3	3 月 10 日	出票日期　　年　　月　　日
4	4 月 25 日	出票日期　　年　　月　　日
5	5 月 30 日	出票日期　　年　　月　　日
6	6 月 15 日	出票日期　　年　　月　　日
7	7 月 20 日	出票日期　　年　　月　　日
8	8 月 12 日	出票日期　　年　　月　　日
9	9 月 26 日	出票日期　　年　　月　　日
10	10 月 31 日	出票日期　　年　　月　　日
11	11 月 27 日	出票日期　　年　　月　　日
12	12 月 6 日	出票日期　　年　　月　　日

课后练习

要求：采用金融会计规范的书写方法写出支票的签发大写日期（见表 1－13），年份为 2019 年，请同学们自己课后练一练。

表 1－13

序号	日期	汉字大写出票日期
1	1 月 29 日	出票日期　　年　　月　　日
2	2 月 11 日	出票日期　　年　　月　　日
3	3 月 21 日	出票日期　　年　　月　　日
4	4 月 18 日	出票日期　　年　　月　　日
5	5 月 7 日	出票日期　　年　　月　　日
6	6 月 8 日	出票日期　　年　　月　　日
7	7 月 13 日	出票日期　　年　　月　　日

续表

序号	日期	汉字大写出票日期
8	8 月 22 日	出票日期　　　年　　　月　　　日
9	9 月 16 日	出票日期　　　年　　　月　　　日
10	10 月 23 日	出票日期　　　年　　　月　　　日
11	11 月 14 日	出票日期　　　年　　　月　　　日
12	12 月 24 日	出票日期　　　年　　　月　　　日

活动四　正确填写支票和发票等票据中的大小写金额数字

活动小伴读

金融业务离不开支票和发票的填开，正确地填写支票和发票可以为金融行业免去很多不必要的麻烦和错误。但是，实际工作中，往往会在发票填写方面发生疏忽和遗漏。填写支票和发票，必须做到标准化、规范化，要素齐全、数字正确、字迹清晰、不错漏、不潦草，防止涂改。为了防止作弊，银行、单位和个人填写的支票和发票的汉字大写金额一律不许涂改，一旦写错，该张支票和发票作废，需要重新填写。因此，金融会计人员在填写支票和发票时必须认真，以减少书写错误的发生。

（1）支票和发票的大写金额栏内，按规定不得预印固定的大写金额数位，一般只印有“人民币”字样。在有固定格式的重要凭证中，汉字大写金额数字必须冠以“人民币”字样。书写时，金额数字应紧接在“人民币”后面，写数与读数顺序要一致，不得留有空格或添加冒号。大写金额栏没有印“人民币”字样的，应在大写金额数字前填写“人民币”三个字。凡数字前写有币种符号的，数字后不再写货币单位。

【活动实例】小写金额数字为￥51,802,679.25，其汉字大写金额数字应写为：“人民币伍仟壹佰捌拾万零贰仟陆佰柒拾玖元贰角伍分。”不能写为：“人民币　伍仟壹佰捌拾万零贰仟陆佰柒拾玖元贰角伍分”；也不能写为：“人民币：伍仟壹佰捌拾万零贰仟陆佰柒拾玖元贰角伍分。”

【课堂比一比】

小写金额数字为￥58,068,100.57，其汉字大写金额数字应写为：＿＿＿＿＿＿＿＿

（2）在支票、发票、收据等凭证的大写金额栏内，一般印有“人民币”字样和固定的大写金额数位，即“拾、万、仟、佰、拾、元、角、分”字样。填写大写金额时，只需填入数量用字即可。

【活动实例】晋江美登鞋服有限公司于 2020 年 10 月 15 日购买 3 个打印机，单价 300 元，共 900 元，增值税专用发票上注明进项税额为 117 元，如表 1－14 所示。

表 1－14

福建增值税专用发票

3500163130　　　　发票联　　　　No. 38053970

开票日期 2020 年 10 月 15 日

购货单位	名　　称：晋江美登鞋服有限公司 纳税人识别号：91350582082682278F 地 址 、电 话：晋江青阳新华街 0595－82007110 开户行及账号：农行晋江支行 531401888816005			密码区	50＋＊＜731246＊－88＜2＊/5＜＋054＊＜28＊815＜17＞785182＋054＊＜28＊815＜17＞78596＋5＞52＊471＋＞104＊7182523＊/96＋5＞52＊471＋＞104＊75946＞＞2＋82523＊＊87＞510＞46/96＞46996＋5＞52＊471＋		
货物或应税劳务名称	规格型号	单位	数量	单价	金　额	税率	税　额
科华打印机		个	3	300.00	900.00	13%	117.00
合 计					￥900.00		￥117.00
价税合计（大写）	⊗壹仟零壹拾柒元整				（小写）￥1017.00		
销货单位	名　　称：一品文化用品有限公司 纳税人识别号：913508245520201535 地 址、电 话：晋江市新华街 88 号　85628718 开户行及账号：建行新华支行 38100024019855416			备注	一品文化用品有限公司 913508245520201535 发票专用章		

现金付讫

收款人：　　　　复核：　　　　开票人：张飞　　　　销售方：（章）

第三联 发票联 购货方记账凭证

【课堂练习】

晋江美登鞋服有限公司于 2020 年 10 月 28 日，以存款购买专利权 300,000 元，增值税专用发票上注明进项税额为 39,000 元，请为该公司开具一张发票，如表 1－15 所示。

表 1－15

福建增值税专用发票

3500102531　　　　发　票　联　　　　No. 01580262

开票日期：2020 年 10 月 28 日

购货单位	名　　称：晋江美登鞋服有限公司 付款方识别号：91350582082682278F 地 址 、电 话：晋江青阳新华街 0595－82007110 开户行及账号：农行晋江支行 531401888816005			密码区	8＜2＊－7348/1＜/56＜8＊8＊15＜17＞8＋12＊＜＊47857＊717－7＊75＊87＞510＞2＋＊282＋5＞＞5＊47＊466＜/431087#2＊15＜1＋8＊8＊15＜17＞847857＊71828＊835＊＜946＞80＞2＊/96		
货物或应税劳务名称	规格型号	单位	数 量	单 价	金 额	税率	税 额
合　计							
价税合计（大写）					（小写）￥		
销货单位	名　　称：石狮市华阳科技有限公司 纳税人识别号：913505810258910359 地 址 、电 话：石狮市南岸路 901 号 52270216 开户行及账号：建设银行南区 38002200555014101			备注	石狮市华阳科技有限公司 913505810258910359 发票专用章		

收款人：　　　　复核：　　　　开票人：　　　　销售方：（章）

第三联 发票联 购买方记账凭证

提示： 如果金额数字中含有“0”，则应该在大写相对应数位处填写“零”，并在大写金额栏前端未用部分用规定符号划销。

（3）关于记账单位的书写要求。汉字大写金额数字中，应在个位数字后写明人民币单位“元”；如有小数在金额计量中一般只保留两位小数，小数部分不仅要写出数字，还必须写出相应数位的金额单位，即人民币单位中的“角”和“分”。

【活动实例】 小写金额数字为￥2, 678. 58，其大写金额数字应写成：人民币贰仟陆佰柒拾捌元伍角捌分（不能写成：人民币贰仟陆佰柒拾捌点伍捌元）。

【课堂练习】

1. 小写金额数字为￥10, 785, 008. 25，其汉字大写金额数字写成：人民币壹仟零柒拾捌万伍仟零捌元点贰伍，对吗？如写错，应该怎样写？

2. 小写金额数字为￥500, 003, 006. 08，其汉字大写金额数字写成：人民币伍亿零叁仟零陆点捌，对吗？如写错，应该怎样写？

3. 将表 1 – 16 所示的小写金额数字加注三位一节分节号后，写出正确的汉字大写金额数字。

书写要求：

（1）汉字大写金额数字前加“人民币”字样，并且与第一个大写数字之间不能留有空格。

（2）写数与读数顺序要一致。

表 1 – 16

序号	小写金额数字	小写金额加注分节号	汉字大写金额数字
1	￥478500. 00		
2	￥8005100. 08		
3	￥2089005. 70		
4	￥180000. 06		
5	￥3500820. 00		
6	￥6720005. 35		
7	￥73500080. 00		
8	￥4894568. 53		
9	￥315007. 09		
10	￥90060503. 16		

课后练习

1. 将表 1 – 17 所示的小写金额数字加注三位一节分节号后，写出正确的汉字大写金额数字。

书写要求：

（1）汉字大写金额数字前加“人民币”字样，并且与第一个大写数字之间不能留有空格。

（2）写数与读数顺序要一致。

表 1－17

序号	小写金额数字	小写金额加注分节号	汉字大写金额数字
1	¥578900.50		
2	¥6805300.04		
3	¥9689007.80		
4	¥190000.06		
5	¥2500890.09		
6	¥8730008.80		
7	¥56200090.00		
8	¥7898574.69		
9	¥8315009.05		
10	¥64070601.03		

2. 请按大小写金额的财会标准写法书写表 1－18 中的金额栏。

表 1－18

金融会计凭证小写金额栏										原始凭证的大写金额栏
没有数位分割线	有数位分割线									
	百	十	万	千	百	十	元	角	分	
¥0.09										人民币　佰　拾　万　仟　佰　拾　元　角　分
¥180.08										人民币　佰　拾　万　仟　佰　拾　元　角　分
¥30070.00										人民币　佰　拾　万　仟　佰　拾　元　角　分
¥18000.00										人民币　佰　拾　万　仟　佰　拾　元　角　分
¥8709.05										人民币　佰　拾　万　仟　佰　拾　元　角　分
¥30040.10										人民币　佰　拾　万　仟　佰　拾　元　角　分
¥6800900.07										人民币　佰　拾　万　仟　佰　拾　元　角　分
¥2030800.80										人民币　佰　拾　万　仟　佰　拾　元　角　分

活动五　审查结算凭证时应注意的问题

活动小伴读

银行、单位和个人填写的各种结算凭证是办理支付结算和现金收付的重要依据，直接关系到支付结算的准确、及时和安全。结算凭证是银行、单位和个人凭以记载账务的会计凭证，是记载经济业务和明确经济责任的一种书面证明。因此，填写结算凭证，必须做到标准化、规范化，要素齐全、数字正确、字迹清晰、不错漏、不潦草，防止涂改。

银行在审查各种结算凭证时，在大小写金额数字方面，除中国人民银行总行已有明确规定的外，还应注意以下几个问题：

（1）汉字大写金额数字，规定不得自造简化字，但有的单位书写中用繁体字的，也可以受理。

（2）汉字大写金额数字到"角"为止，如果在"角"位后没写"整"字的，可以通融受理。

（3）汉字大写金额数字有"分"位的，"分"字后面多写了"整"字的，也可以通融受理。

（4）关于"零"字的写法，阿拉伯金额数字连续有几个"0"时，可以只写一个"零"字。

（5）各单位在银行结算凭证的大写金额栏内，不得预印固定的"仟、佰、拾、万、仟、佰、拾、元、角、分"等字样。

知识驿站

银行主要在日常业务中填写凭证时使用汉字大写金额数字，特别是开户单位向银行提交的各种结算凭证，是明确经济责任的书面证明。

【活动实例】 小写金额数字为￥96,005.80，其汉字大写金额数字应写成：人民币玖万陆仟零伍元捌角整。

【课堂练习】

1. 根据上例的书写要求，小写金额数字为￥8,340,007.50，其汉字大写金额数字应写成：________________

2. 将表1－19中小写金额数字书写成规范的汉字大写金额数字，请同学们自己练一练。

表1－19

序号	小写金额数字	汉字大写金额数字的书写
1	￥205,006.50	
2	￥8,005,000.00	
3	￥35,600,000.00	
4	￥485,679,500.28	
5	￥67,500,350.80	
6	￥590,300.36	
7	￥1,600,008.05	
8	￥2,864,940.00	
9	￥3,567,408.68	
10	￥65,308,040.60	
11	￥8,509,006.35	
12	￥185,605,490.30	

续表

序号	小写金额数字	汉字大写金额数字的书写
13	¥98,000.50	
14	¥6,985,600.62	
15	¥7,895,600.62	
16	¥60,002,080.00	
17	¥8,007.05	
18	¥35,679.00	
19	¥150,000.00	
20	¥495,005.70	

课后练习

将表1－20中小写金额数字书写成规范的汉字大写金额数字，请同学们课后自己练一练。

表1－20

序号	小写金额数字	汉字大写金额数字的书写
1	¥705, 106.80	
2	¥9, 006, 400.50	
3	¥135, 809, 200.00	
4	¥585, 689, 300.23	
5	¥468, 500, 750.40	
6	¥2, 590, 870.53	
7	¥51, 800, 007.01	
8	¥32, 861, 570.00	
9	¥63, 467, 498.08	
10	¥95, 708, 030.20	
11	¥68, 502, 004.32	
12	¥185, 605, 490.30	
13	¥198, 000.30	
14	¥36, 985, 406.53	
15	¥27, 891, 300.67	
16	¥460, 009, 020.00	
17	¥39, 508, 087.08	
18	¥9, 735, 879.03	
19	¥170, 005.00	
20	¥6, 495, 005.90	

任务三
财会数字书写错误更正方法

课前导读

对于如何正确、规范和流利地书写财会数字的问题，是金融从业人员应掌握的基本功。重视财会数字的训练，有助于金融从业人员素质的提高，结合当前金融从业人员财会数字书写的现状，不仅存在大量不规范书写，而且存在书写不整齐以及在书写过程中出现错误，就随便改动，没有按照规范化要求去更正的情况。

总之，在金融从业工作中，尤其是金融会计记账过程中，如果发现书写错误应按照规范化的要求更正。

任务目标

掌握财会数字错误的更正方法。

活动一　财会数字书写错误的类型和更正方法

活动小伴读

金融从业人员在填写单据、登记账簿和编制财务报表时，必须使用碳素墨水或蓝黑色墨水书写；字迹必须清晰、工整、规范。不得使用圆珠笔或铅笔书写。在书写时，要认真细致，以免发生书写错误。如果发生书写错误，不得涂改、刮擦、挖补或用褪色药水更改字迹，应根据错误的情况，按规定的方法进行更正。

一、对于会计凭证、账簿记录中所发生的错误，应视其错误的具体情况，采用不同的方法更正

（一）原始凭证书写错误

1. 错误的情形

（1）原始凭证中数字书写不符合有关记账规范要求，乱涂乱改，导致字迹不清、数目不详、内容不明。

（2）一些重要的凭证要素，如金额、摘要、单位价格等发生错误。

提示：原始凭证出现以上错误，既不能用挖、补、刮、擦等方法进行改错，也不能用划线更正方法更正。收据、支票等由于书写错误的原始凭证，不能毁掉。

2. 正确的更正方法

需要重新填写一张新的原始凭证。在错误的原始凭证上注明“作废”字样，并与重新写好的凭证订在一起保存，以便备查。

（二）记账凭证书写错误

（1）如果还没有记账，应当重新填制记账凭证。

（2）如果已经记账，但尚未进行年度结账时，可以用红字填写一张与原内容相同的记账凭证，同时再用蓝字重新填制一张正确的记账凭证，但不得撕掉重填。

（3）如果会计科目没有错误，只是金额错误，也可以将正确数字与错误数字之间的差额，另编制一张调整的记账凭证，调增金额用蓝字，调减金额用红字。

（4）如果已经进行了年度结账，即以前年度记账凭证有错误的，应当用蓝字填制一张更正的记账凭证。

（三）在结账前发现账簿记录有小写或大写数字错误，而记账凭证没有错误

（1）用划线更正方法。更正时，在错误的小写或大写数字上划一条红线，在错误的小写或大写数字上方填写正确的小写或大写数字。

（2）记账人员在更正处盖章，以明确经济责任。

二、对于金融财务报表在报出前后发现小写或大写金额数字错误的，采用不同的方法更正

（1）对于金融财务报表在报出前发现小写或大写金额数字错误的，应当重新填制后报出。

（2）在报出后发现小写或大写金额数字错误。

正确的更正方法：

①在金融部门留存的金融财会报表上，将错误的小写或大写数字划红线注销，然后在划线上方填写正确的小写或大写金额数字。

②制表人和金融部门负责人签名盖章。

③将错误更正情况及时以书面形式上报金融财务报表的报送对象。

知识驿站

《会计基础工作规范》中规定：账簿记录发生错误，不准涂改、挖补、刮擦或者用药水消除字迹，不准重新抄写，必须按照下列方法进行更正：

（1）登记账簿时发生错误，应当将错误的文字或者数字划红线注销，但必须使原有字迹仍可辨认；然后在划线上方填写正确的文字或者数字，并由记账人员在更正处盖章。对于错误的数字，应当全部划红线更正，不得只更正其中的错误数字。对于文字（汉字大写数字除外）错误，可只划去错误的部分。

（2）由于记账凭证错误而使账簿记录发生错误，应当按更正的记账凭证登记账簿。

课后练习

财会数字书写错误的类型有哪几种？怎样更正？

活动二　小写金额数字书写错误的更正方法

活动小伴读

小写金额数字写错需要更正时，应该按规定方法改正或作废重新填写。无论写错的数字是一个，还是几个，都不能在原来数字上单独更改。其更正方法是：应采用划线更正法进行更正，将错误的整笔数字从左至右划一条红线进行注销，然后重新把正确的数写在被注销的错误数字上方的空白处，并在更正红线左端加盖经办人的印章，以明确经济责任。

提示：若财会数字的书写发生了错误，就要进行更正，更正数字要求规范化，不能随意在原来数字上涂改、挖补、刮擦、粘贴，或者用涂改液、消字药水等化学方法消字，以保证数字的真实性，明确经济责任。

（1）小写金额数字合计数发生错误时，不能只改其中的错误数字。

【活动实例】将小写金额数字¥1,896.35，错写为¥1,869.35，更正方法如表1－21所示。

表1－21

错误的更正方法	正确的更正方法
96 ¥1,~~869~~.35	经办人盖章　¥1,896.35 ~~¥1,869.35~~

提示：对小写金额数字错误进行更正时，应全部划红线更正一个完整的数字，不能只改一半；更不能在原来数字上涂改其中一个数字，以免混淆不清，一个数字最多只能修改两次。

【课堂练习】

在表1－22中填写小写金额数字合计数¥27,653.68时，错写为¥27,356.68，请练习其更正方法。

表1－22

错误的更正方法	正确的更正方法
653 ¥27~~356~~.68	

（2）小写金额数字合计数书写时，未写完发现有错时，不能只改写错的数字，应把数字写完，然后用划线更正法更正。

【活动实例】 小写金额数字为￥6,879.56元，写到￥86时发现写错，更正方法如表1－23所示。

表1－23

错误的更正方法	正确的更正方法
￥6,879.56 ~~￥86~~	经办人盖章　￥6,879.56 ~~￥8,679.56~~

【课堂练习】

（1）小写金额数字￥385,940.37，写到￥3589时发现写错，请将正确的更正方法填在表1－24中。

表1－24

错误的更正方法	正确的更正方法
￥385,940.37 ~~￥3,589~~	

（2）小写金额数字为￥956,803.05，错写为￥956,808.05，请将正确的更正方法填在表1－25中。

表1－25

错误的更正方法	正确的更正方法
803 ￥956,~~808~~.05	

（3）小写金额数字￥2,168,080.30，写到￥2186时发现写错，请将正确的更正方法填在表1－26中。

表1－26

错误的更正方法	正确的更正方法
￥2,168,080.30 ~~￥2,186~~	

课后练习

1. 小写金额数字为￥458,795.08，错写为￥458,759.08，请将正确的更正方法填在表1－27中。

表 1－27

错误的更正方法	正确的更正方法
95 ¥458,7~~59~~.08	

2. 小写金额数字 ¥39,273,584.60，写到 ¥39237 时发现写错，请将正确的更正方法填在表 1－28 中。

表 1－28

错误的更正方法	正确的更正方法
¥39,273,584.60 ~~¥39,237~~	

3. 在填写小写金额数字合计数 ¥89,675.08 时，错写为 ¥89,567.08，请将正确的更正方法填在表 1－29 中。

表 1－29

错误的更正方法	正确的更正方法
675 ¥89,~~567~~.08	

活动三　在分位格及账簿中小写金额数字书写错误的更正方法

活动小伴读

对于金融从业人员来说，书写数字时会偶然发生错误，如错列、错行、错位或写错数字等。一旦出现差错，要使用正确的改错方法更正。如发现当日的数字记录有错误时，应采用划线更正法进行更正。其更正方法与活动二相同。

一、在分位格中小写金额数字书写错误的更正方法

（1）如果在填写票据或凭证时发现一笔金额数字中只写错一个或几个数字，不能只更改写错的数字，而应将该数字全部用红线划销后，再将正确的数字写在上半格上。

【活动实例】 在填写票据或凭证合计数时发现一笔小写金额数字应为 ¥758,000.68，而错写为 ¥785,000.68，其更正方法见表 1－30。

表 1－30

		亿	千	百	十	万	千	百	十	元	角	分
正确的更正方法	经办人盖章			¥ ~~¥~~	7 ~~7~~	5 ~~8~~	8 ~~5~~	0 ~~0~~	0 ~~0~~	0 ~~0~~	6 ~~8~~	8 ~~8~~
错误的更正方法				¥ ~~¥~~	7 ~~7~~	5 ~~8~~	8 ~~5~~	0	0	0	6	8

【课堂练习】

在填写票据或凭证合计数时发现一笔小写金额数字应为¥6,059,400.76，错写为¥6,095,400.76，请同学们在表1－31分位格中练一练更正方法。

表1－31

		亿	千	百	十	万	千	百	十	元	角	分
错误的更正方法			¥	6	0	5 ~~9~~	9 ~~5~~	4	0	0	7	6
正确的更正方法												

（2）如果在填写票据或凭证合计数时一笔小写金额数字未写完便发现有误，则要把数字写完，或用“0”把剩余空位补齐，不能留空格，然后再用划线更正法更正。

【活动实例】在填写票据时发现一笔小写金额数字为¥3,487,658.35，写到¥3478时发现写错，运用两种更正方法进行更正（见表1－32）。

表1－32

		亿	千	百	十	万	千	百	十	元	角	分
正确的更正方法	经办人盖章		¥ ~~¥~~	3 ~~3~~	4 ~~4~~	8 ~~7~~	7 ~~8~~	6 ~~6~~	5 ~~5~~	8 ~~8~~	3 ~~3~~	5 ~~5~~
正确的更正方法	经办人盖章		¥ ~~¥~~	3 ~~3~~	4 ~~4~~	8 ~~7~~	7 ~~8~~	6 ~~0~~	5 ~~0~~	8 ~~0~~	3 ~~0~~	5 ~~0~~
错误的更正方法			¥ ~~¥~~	3 ~~3~~	4 ~~4~~	8 ~~7~~	7 ~~8~~	6	5	8	3	5

【课堂练习】

1. 在填写凭证合计数时，小写金额数字为¥2,348,670.87，写到¥23468时发现写错，请同学们在表1－33分位格中使用上例的两种更正方法进行更正。

表1－33

		亿	千	百	十	万	千	百	十	元	角	分
错误的更正方法			¥ ~~¥~~	2 ~~2~~	3 ~~3~~	4 ~~4~~	8 ~~6~~	6 ~~8~~	7	0	8	7
正确的更正方法												
正确的更正方法												

2. 在填写票据或凭证合计数时发现一笔小写金额数字应为 ¥95, 876, 308. 42，错写为 ¥95, 867, 308. 42，请同学们课后练一练，填写表 1－34。

表 1－34

		亿	千	百	十	万	千	百	十	元	角	分
错误的更正方法		¥	9	5	8	7 ~~6~~	6 ~~7~~	3	0	8	4	2
正确的更正方法												

3. 在填写票据或凭证合计数时发现一笔小写金额数字为 ¥8, 563, 196. 78，写到 ¥8536 时发现写错，运用两种更正方法，填写表 1－35。

表 1－35

		亿	千	百	十	万	千	百	十	元	角	分
错误的更正方法			¥ ¥	8 ~~8~~	5 ~~5~~	6 ~~3~~	3 ~~6~~	1	9	6	7	8
正确的更正方法												
正确的更正方法												

二、在账簿中小写金额数字书写错误的更正方法

【活动实例】在登记账簿时发现有几笔数额写错，其更正方法见表 1－36。

表 1－36

正确的更正方法										错误的更正方法								
	百	十	万	千	百	十	元	角	分	百	十	万	千	百	十	元	角	分
经办人盖章			7 ~~7~~	4 ~~4~~	5 ~~6~~	6 ~~5~~	1 ~~1~~	2 ~~2~~	8 ~~8~~			7	4	5 ~~6~~	6 ~~5~~	1	2	8
经办人盖章					8 ~~8~~	9 ~~9~~	7 ~~5~~	0 ~~0~~	0 ~~0~~					8	9	7 ~~5~~	0	0
经办人盖章				3 ~~3~~	5 ~~6~~	8 ~~8~~	7 ~~8~~	0 ~~0~~	0 ~~0~~				3	5 ~~6~~	8	7 ~~8~~	0	0
经办人盖章					8 ~~8~~	2 ~~1~~	5 ~~6~~	4 ~~4~~	8 ~~8~~					8 ~~8~~	2 ~~1~~	5 ~~6~~	4	8
经办人盖章				~~5~~	~~9~~	5 ~~5~~	9 ~~6~~	5 ~~0~~	6 ~~0~~				~~5~~	~~9~~	5 ~~5~~	9 ~~6~~	5	6

提示：更改错误的数字时，必须保持被更正的错误数字清晰可辨，对错误数字不得任意涂改、挖补、刮擦或用消字药水销蚀字迹。无论写错的是数字中一个数字还是几个数字，划线时都必须把整笔数一并划销，不能只划销其中错了的一个或几个数字。

【课堂比一比】

1. 在登记账簿时发现有几笔数额写错，请同学们将其更正（见表1－37）。

表1－37

错误的更正方法										正确的更正方法									
千	百	十	万	千	百	十	元	角	分	千	百	十	万	千	百	十	元	角	分
							6												
					5	0	~~8~~	7	9										
				8	5	3	1	9	6										
				~~8~~	~~3~~	~~5~~													
				2			8												
			7	~~5~~	0	4	~~6~~	0	3										
				6	2	8													
				~~6~~	~~2~~	~~9~~	5	0	0										
					7	6	0	5	8										
~~7~~	~~6~~	~~0~~	~~5~~	~~8~~															
					2	8	6	5	0										
					~~2~~	~~8~~	~~5~~	~~6~~	0										

2. 在登记账簿时，发现小写金额数字写错，按正确的更正方法更正，并加盖经办人印章，请同学们自己练一练（见表1－38）。

表1－38

错误的更正方法								正确的更正方法								更正要求
十	万	千	百	十	元	角	分	十	万	千	百	十	元	角	分	
				3												
		5	0	~~8~~	1	5	7									
			8		3											
	8	9	~~4~~	5	~~8~~	0	2									
		7	5	6	2	5	8									
		~~6~~	~~7~~	~~5~~												
			¥	7	5	8	2									
	~~¥~~	~~7~~	~~5~~	~~8~~	~~2~~											
	¥	2	5	6	0	8	7									
¥		~~2~~	~~5~~	~~6~~	~~0~~	~~8~~	~~7~~									

课后练习

1. 在填写凭证合计数时，小写金额数字为￥6,574,390.53，写到￥65734时才发现写错，请同学们在表1－39的分位格中练一练，用两种更正方法进行更正。

表1－39

	亿	千	百	十	万	千	百	十	元	角	分
错误的更正方法		￥ ￥	6 ~~6~~	5 ~~5~~	7 ~~7~~	4 ~~3~~	3 ~~4~~	9	0	5	3
正确的更正方法											
正确的更正方法											

2. 阿拉伯数字出现书写错误时的更正练习（见表1－40）。

表1－40

练习一								练习二								要求
8	6	2	9	5	6	8	7				9	6	8	7	2	一、87改78 二、96改69
	5	7	8	4	1	2	3			8	0	0	6	2	7	一、578改476 二、00改35
		6	8	2	7	4	8	9	4	8	6	2	0	0	3	一、748改859 二、486改587
				7	5	0	9				3	8	5	6	7	一、50改68 二、8567改3456
					8	0	6					8	2	6	9	一、8改9 二、8、9改5、8

3. 在登记账簿时发现有几笔数额写错，请同学们自己课后练一练将其更正（见表1－41）。

表1－41

错误的更正方法										正确的更正方法									
千	百	十	万	千	百	十	元	角	分	千	百	十	万	千	百	十	元	角	分
				8	7	9	8 ~~5~~	7	1										
				9 ~~9~~	6 ~~5~~	5 ~~6~~	7	2	8										
			2	8 ~~3~~	3 ~~8~~	9	6 ~~8~~	5	2										
				5 ~~5~~	4 ~~4~~	8 ~~6~~	7	0	0										
~~8~~	~~2~~	~~3~~	~~9~~	~~6~~	8	2	3	9	6										

活动四　汉字大写金额数字书写错误的更正方法

活动小伴读

汉字大写金额数字是用于需要防止涂改的发票、支票、汇票、收据、存单等各种重要凭证时使用。如因其他原因不能更换写错的凭证时，应采取划线更正法更正写错的汉字大写金额数字，具体要求及注意事项与小写金额数字错误的更正方法相同。

（1）因其他原因不能更换写错的凭证时，用划线更正法更正写错的汉字大写金额数字。

提示： 书写汉字大写金额数字时不能写错。如果写错，需要重新填制凭证，写错的凭证注销作废，并妥善保管，不要随便丢弃。

汉字大写金额数字书写错误的凭证注销作废方法：在错误凭证上画红对角线表示注销，加盖作废专用章或用红色笔注明“作废”字样，最后由经手人签名或盖章，对作废的凭证应将各联次完整地保留在存根簿内，连同存根一并妥善保管，不能从存根簿中撕下随便销毁或丢弃。

【活动实例】 将人民币柒万玖仟捌佰壹拾伍元零伍分，错写为：人民币柒万玖仟捌佰伍拾壹元零伍分，其更正方法见表1－42。

表1－42

错误的更正方法	正确的更正方法
壹拾伍 人民币柒万玖仟捌佰~~伍拾壹~~元零伍分	经办人签章　人民币柒万玖仟捌佰壹拾伍元零伍分 ~~人民币柒万玖仟捌佰伍拾壹元零伍分~~
壹　伍 人民币柒万玖仟捌佰~~伍~~拾~~壹~~元零伍分	

【课堂练习】

将汉字大写金额数字人民币伍拾柒万捌仟玖佰叁拾贰元伍角陆分，错写为：人民币伍拾柒万捌仟玖佰叁拾贰元陆角伍分（见表1－43）。

表1－43

错误的更正方法	更正要求	正确的更正方法
伍　陆 人民币伍拾柒万捌仟玖佰叁拾贰元~~陆~~角~~伍~~分	不能只更正个别数字	
伍角陆 人民币伍拾柒万捌仟玖佰叁拾贰元~~陆角伍~~分	必须全部划掉重写	

（2）汉字大写金额数字写法常见的错误更正方法。

【活动实例】汉字大写金额数字正确写法与错误写法见表1－44。

表1－44

小写金额数字	汉字大写金额数字		
	错误写法	错误原因	正确写法
¥180,000.00	人民币拾捌万元整	漏写“壹”字	人民币壹拾捌万元整
¥95,000.00	人民币：玖万伍仟元整	“人民币”后多了一个冒号	人民币玖万伍仟元整
¥8,351.00	人民币捌仟叁佰伍拾壹元	少写了个“整”字	人民币捌仟叁佰伍拾壹元整
¥346,007.02	人民币叁拾肆万陆仟零柒元贰分	漏写“零”字	人民币叁拾肆万陆仟零柒元零贰分
¥150,008.06	人民币壹拾伍万另捌元另陆分	将两个“零”字错写成“另”字	人民币壹拾伍万零捌元零陆分
¥2,765.90	人民币贰仟柒佰陆拾伍元玖角零分	写多了“零分”两字	人民币贰仟柒佰陆拾伍元玖角整
¥56,930.84	人民币伍万陆仟玖佰叁拾捌角肆分	漏写一个“元”字	人民币伍万陆仟玖佰叁拾元捌角肆分
¥905,003.00	人民币玖拾万零伍仟元零叁元整	多出一个“零”字，多出一个“元”字	人民币玖拾万伍仟零叁元整
¥150,062,000.00	人民币壹亿伍仟万零陆万贰仟元整	多写一个“万”字	人民币壹亿伍仟零陆万贰仟元整
¥35,980.80	人民币叁万伍仟玖佰捌拾元零捌角整	“零”字用法不对	人民币叁万伍仟玖佰捌拾元捌角整
¥650,000.50	人民币　陆拾伍万元零伍角整	“人民币”与第一个大写数字之间空位过大	人民币陆拾伍万元零伍角整
¥750,007.20	人民币柒拾伍万元零柒元贰角整	多写一个“元”字	人民币柒拾伍万零柒元贰角整
¥102,000.00	人民币拾万贰仟元整	漏记“壹”或“零”字	人民币壹拾万零贰仟元整

【课堂练习】

请同学们对表1－45中汉字大写金额数字的书写错误进行更正。

表1－45

小写金额数字	汉字大写金额数字		
	错误写法	错误原因	正确写法
¥2,895,000.67	人民币贰佰捌拾玖万伍仟零元陆角柒分		
¥159,643.23	人民币拾伍万玖仟陆佰肆拾叁元贰角叁分		
¥300,009.05	人民币叁拾万元零玖元零伍分		
¥58,495.80	人民币伍万捌仟肆佰玖拾伍元捌角零分		

续表

小写金额数字	汉字大写金额数字		
	错误写法	错误原因	正确写法
¥7,568.05	人民币：柒仟伍佰陆拾捌元零伍分		
¥64,900.06	人民币陆万肆仟玖佰元陆分		
¥28,056,000.00	人民币贰仟捌佰万零伍万陆仟元整		
¥78,005.18	人民币　柒万捌仟零伍元壹角捌分		
¥97,560.20	人民币玖万柒仟伍佰陆拾贰角整		
¥856,000.00	人民币捌拾伍万陆仟元		
¥451,009.08	人民币肆拾伍万壹仟零玖元零捌分		
¥5,600,050.50	人民币伍佰陆拾万零伍拾零元伍角整		
¥109,004.02	人民币壹拾万零玖仟元零肆元零贰分		

【课堂练习】

1. 练习阿拉伯数字的错误更正方法。要求运用正确的更正方法，更正表 1-46 内数字，并填上规范的汉字大写数字，请同学们自己练一练。

（1）正确数字应是：89,506.47

（2）正确数字应是：1,826,005.35

（3）正确数字应是：5,329,480.08

（4）正确数字应是：4,856,700.80

（5）正确数字应是：7,508,620.00

表 1-46

（1）人民币（大写）					8	9	5	0	4	6	7
（2）人民币（大写）			1	2	8	6	0	0	5	3	5
（3）人民币（大写）			5	3	2	9	8	4	0	0	8
（4）人民币（大写）			4	8	5	6	7	0	0	0	8
（5）人民币（大写）			7	5	0	3	6	2			

2. 练习小写金额数字的错误更正方法。在登记账簿时，发现小写金额数字写错，按正确的更正方法更正，并加盖经办人印章（见表 1-47）。

表 1－47

错误的更正方法								正确的更正方法								更正要求
十	万	千	百	十	元	角	分	十	万	千	百	十	元	角	分	
		0	5	3 ~~8~~	1	5	7									
	9	8	8 ~~4~~	5	3 ~~8~~	0	2									
		7 ~~6~~	5 ~~7~~	6 ~~5~~	5	2	3									
	~~¥~~	~~7~~	¥ ~~5~~	7 ~~8~~	5 ~~3~~	8	3									
~~¥~~	¥	2 ~~2~~	5 ~~5~~	6 ~~6~~	1 ~~1~~	8 ~~8~~	7 ~~7~~									

课后练习

1. 练习阿拉伯数字的错误更正方法。要求运用正确的更正方法，更正表 1－48 内数字，并填上规范的汉字大写数字，请同学们课后练一练。

（1）正确数字应是：297, 816. 38

（2）正确数字应是：6, 826, 075. 53

（3）正确数字应是：9, 169, 540. 02

（4）正确数字应是：5, 836, 910. 80

（5）正确数字应是：8, 527, 408. 09

表 1－48

（1）人民币（大写）				2	9	7	6	1	8	3	8
（2）人民币（大写）			6	8	2	6	0	7	5	3	5
（3）人民币（大写）			9	1	3	9	8	4	0	0	2
（4）人民币（大写）			5	8	3	6	9	1	0	0	8
（5）人民币（大写）			8	5	2	7	4	8			

2. 请同学们对下列汉字大写金额数字书写错误进行更正。

（1）小写金额 ¥6, 500

错误写法：人民币：陆仟伍佰元整

正确写法：________________________

错误原因：________________________

（2）小写金额￥98, 300. 06

错误写法：人民币玖万捌仟叁佰元陆分

正确写法：________________________

错误原因：________________________

（3）小写金额￥108, 000. 00

错误写法：人民币拾万捌仟元整

正确写法：________________________

错误原因：________________________

（4）小写金额￥80, 075, 000. 00

错误写法：人民币捌仟万零柒万伍仟元整

正确写法：________________________

错误原因：________________________

（5）小写金额￥96, 000. 37

错误写法：人民币玖万陆仟零叁角柒分

正确写法：________________________

错误原因：________________________

（6）小写金额￥760, 008. 00

错误写法：人民币柒拾陆万元零捌元整

正确写法：________________________

错误原因：________________________

（7）小写金额￥69, 005. 00

错误写法：人民币陆万玖仟零伍元

正确写法：________________________

错误原因：________________________

（8）小写金额￥358, 007. 90

错误写法：人民币叁拾伍万捌仟零柒元玖角零分

正确写法：________________________

错误原因：________________________

（9）小写金额￥189, 060. 50

错误写法：人民币壹拾捌万玖仟零陆拾零元伍角整

正确写法：________________________

错误原因：________________________

（10）小写金额￥200, 004. 00

错误写法：人民币　贰拾万零肆元整

正确写法：________________________

错误原因：________________________

2 项目二 财会文字书写规范

项目描述	本项目主要介绍财会文字的书写规范与书写方法。通过对本项目的教学和学习，使金融类专业学生熟悉财会文字书写技能的基本知识，认识规范书写文字的重要性，培养学生对文字的敏感性；熟练掌握文字书写规则和规范写法
项目任务	任务一　财会文字书写要求 任务二　金融企业会计科目和会计摘要的书写技巧
德育目标	1. 培养学生良好的观察能力、分析能力、表达能力、审美能力和鉴赏能力 2. 培养学生热爱中华文化精髓的书法艺术，它是独立于世界艺术之林中的一枝奇葩。千百年来传承有序，源远流长，经久不衰。汉字书法蕴藏着伟大的民族精神，它表现了中华民族的审美倾向，最鲜明地体现了中华文化的精神、民族精神和中华民族的传统美德，彰显着民族品格和民族特征 3. 培养学生财会文字书写技能，使学生更深刻了解中华民族优秀文化传统，心中升起对祖国的热爱、对祖国的自豪之情，爱国主义是他们心灵的自然产物
建议学时数	6

任务一
财会文字书写要求

课前导读

金融会计中的文字书写是指汉字书写，是与金融经济业务活动相联系的文字书写，不仅包括前面所阐述的原始凭证和支票等金额数字的汉字大写书写，还包括金融企业名称、会计科目、费用项目、商品类别以及计量单位等的书写，记账凭证和账簿中摘要的书写以及财务报表的书写等。

金融从业人员每天都离不开书写，不仅要书写数字，而且要书写文字。只有文字和数字相结合，才能正确反映经济业务。

财会书写规范是指金融从业人员，在经济业务活动的确认、计量和报告中，对数字和文字的一种规范化书写方法。

任务目标

掌握财会文字书写的基本要求。

一、财会文字书写的规范要求

财会文字的书写，要求书写规范、字体匀称、字迹正确、端正、清晰、整洁、美观、流畅。

（一）书写要规范

书写要规范是指对有关经济活动的记录书写要符合金融法规和财会制度的各项规定，符合财会书写要求。无论是记账、核算、分析，还是编制报表等都要书写规范、文字适当、分析有理，要严格按书写格式书写。

（二）字体要匀称

字体要匀称是指要求所写的汉字各部分结构配合适当，掌握好字的重心。字体大小必须匀称，不能忽大忽小。各个字之间不能差距过大，而且在整个记账凭证上，在整本账簿的账页上，字距与行距都要保持基本相同，前后协调。

（三）字迹要正确、语句通顺

在书写摘要时，文字应该按照一定的要求正确书写，语句要通顺。正确，指对所发生的经济业务的记录，一定要正确反映其内容，反映其全过程、结果及金额。

（四）字迹要整洁、清晰

财会文字书写的字迹要整洁、工整、清晰。

（五）字迹要美观、流畅

财会文字的书写结构安排合理，书写熟练、流利、美观、大方。

二、财会文字书写规格

（一）字体

汉字字体种类繁多，如楷体、隶书、宋体、仿宋体、扁魏体以及各种行书、草体等。会计核算中通常用正楷或行书字体较好。目的是保持金融会计账务处理的整洁、美观、易于辨认。

（二）字形

财务核算中，可采用行楷或行书，虽然两种字体笔画有所差异，但其笔画的组合形式（字的结构）是相似的。应遵循以下规则。

1. 平衡

字形笔画的配置应力求左右平衡、重心居中。上下相同部首组合的字或上下对称的独体字，应上紧下松，使之平稳。

2. 布白均匀

笔画间的空白部分称为布白，笔画间或部首间的组合布白应有均匀的感觉。

3. 参差有变

字体的笔画不能机械搭配，应使部首间有机联系，以免呆板，主要表现在部首间笔画能交错者应互相穿插避让，对于重复的笔画要有所变化。

（三）字位

字位是指每个字在凭证、账页、表册每行格中的位置。根据金融业财务核算的实际需要和记账规则，在金融会计账务处理中发生差错需要更正时，要用划线更正法。所以，通常每个文字在金融会计凭证、账簿和报表栏格中的大小，以占格高的1/2左右为宜，并落笔在底线上，以备书写错误时留有改错的空间。

提示：财会文字字体宽窄与长短比例要匀称，字形要完全一致，不能满格书写。要注意：①大小适宜，不要过大，因为字体过大，不仅上下行距紧密，容易形成文字或阿拉伯数字相连接，而且还影响清晰程度；②不宜过小，否则难以辨认；③不能过于稠密，否则在辨认时会出现看不清的弊端；④字体不能杂乱无章，不能出现写得大小不均，参差不齐及涂改现象。

课后练习

财会文字书写有哪些规范要求？

任务二
金融企业会计科目和会计摘要的书写技巧

课前导读

金融从业人员在填制会计凭证时要写明经济业务内容，接受原始凭证的单位名称，商品类别、计量单位，会计科目（总账科目和明细科目）及金额大写等；登记财务账簿时，要用文字书写“摘要”栏，即会计事项和据以登账的凭证种类，如“收字”“付字”“转字”或“现收”“现付”“银收”“银付”和“转”字等；编制会计报表时，撰写会计报告说明、财务分析报告及其他应用文字等，都需要中文字。所以说，文字书写在金融会计业务处理中具有重要作用。

任务目标

掌握财会科目和会计摘要书写要求。

一、会计科目的书写

会计科目是对会计要素的具体内容进行分类核算的项目。会计科目按所提供会计信息的详细程度及其统驭关系不同，分为总分类科目和明细分类科目两大类，在书写会计科目时，要遵循以下要求：

（1）在书写会计科目时，必须按金融企业会计制度规定的名称、内容和要求填写。

（2）会计科目书写要用全称，凡有明细分类科目者，必须填齐；科目之间的对应关系必须清楚。

提示：会计科目要写全称，必须使用财务制度的统一会计科目名称，不得使用简称或符号，不能只用科目代号；不能简化，子目和细目要准确，符合财务制度的规定，不能用表述不清、叙述不准的语句或文字。

【课堂练习】

请书写下列会计科目（见表2－1）。

表2－1 《金融企业会计制度》新会计科目表

编号	会计科目名称	会计科目适用范围
一、资产类		
1001	库存现金	
1002	银行存款	

续表

编号	会计科目名称	会计科目适用范围
1003	存放中央银行款项	（银行专用）
1011	存放同业	（银行专用）
1015	其他货币资金	
1021	结算备付金	（证券专用）
1031	存出保证金	（金融共用）
1051	拆出资金	（金融共用）
1101	交易性金融资产	
1111	买入返售金融资产	（金融共用）
1121	应收票据	
1122	应收账款	
1123	预付账款	
1131	应收股利	
1132	应收利息	
1211	应收保户储金	（保险专用）
1221	应收代位追偿款	（保险专用）
1222	应收分保账款	（保险专用）
1223	应收分保未到期责任准备金	（保险专用）
1224	应收分保保险责任准备金	（保险专用）
1231	其他应收款	
1241	坏账准备	
1251	贴现资产	（银行专用）
1301	贷款	（银行和保险共用）
1302	贷款损失准备	（银行和保险共用）
1311	代理兑付证券	（银行和证券共用）
1321	代理业务资产	
1401	材料采购	
1402	在途物资	
1403	原材料	
1404	材料成本差异	
1406	库存商品	
1407	发出商品	
1410	商品进销差价	
1411	委托加工物资	
1412	包装物及低值易耗品	

续表

编号	会计科目名称	会计科目适用范围
1421	消耗性生物资产	（农业专用）
1431	周转材料	（建造承包商专用）
1441	贵金属	（银行专用）
1442	抵债资产	（金融共用）
1451	损余物资	（保险专用）
1461	存货跌价准备	
1501	待摊费用	
1511	独立账户资产	（保险专用）
1521	持有至到期投资	
1522	持有至到期投资减值准备	
1523	可供出售金融资产	
1524	长期股权投资	
1525	长期股权投资减值准备	
1526	投资性房地产	
1531	长期应收款	
1541	未实现融资收益	
1551	存出资本保证金	（保险专用）
1601	固定资产	
1602	累计折旧	
1603	固定资产减值准备	
1604	在建工程	
1605	工程物资	
1606	固定资产清理	
1611	融资租赁资产	（租赁专用）
1612	未担保余值	（租赁专用）
1621	生产性生物资产	（农业专用）
1622	生产性生物资产累计折旧	（农业专用）
1623	公益性生物资产	（农业专用）
1631	油气资产	（石油天然气开采专用）
1632	累计折耗	（石油天然气开采专用）
1701	无形资产	
1702	累计摊销	
1703	无形资产减值准备	
1711	商誉	

续表

编号	会计科目名称	会计科目适用范围
1801	长期待摊费用	
1811	递延所得税资产	
1901	待处理财产损溢	
二、负债类		
2001	短期借款	
2002	存入保证金	（金融共用）
2003	拆入资金	（金融共用）
2004	向中央银行借款	（银行专用）
2011	同业存放	（银行专用）
2012	吸收存款	（银行专用）
2021	贴现负债	（银行专用）
2101	交易性金融负债	
2111	卖出回购金融资产款	（金融共用）
2201	应付票据	
2202	应付账款	
2205	预收账款	
2211	应付职工薪酬	
2241	其他应付款	
2251	应付保户红利	（保险专用）
2261	应付分保账款	（保险专用）
2311	代理买卖证券款	（证券专用）
2312	代理承销证券款	（证券和银行共用）
2313	代理兑付证券款	（证券和银行共用）
2314	代理业务负债	
2401	预提费用	
2411	预计负债	
2501	递延收益	
2601	长期借款	
2602	长期债券	
2701	未到期责任准备金	（保险专用）
2702	保险责任准备金	（保险专用）
2711	保户储金	（保险专用）
2721	独立账户负债	（保险专用）
2801	长期应付款	

续表

编号	会计科目名称	会计科目适用范围
2802	未确认融资费用	
2811	专项应付款	
2901	递延所得税负债	
三、共同类		
3001	清算资金往来	（银行专用）
3002	外汇买卖	（金融共用）
3101	衍生工具	
3201	套期工具	
3202	被套期项目	
四、所有者权益类		
4001	实收资本	
4002	资本公积	
4101	盈余公积	
4102	一般风险准备	（金融共用）
4103	本年利润	
4104	利润分配	
4201	库存股	
五、成本类		
5001	生产成本	
5101	制造费用	
5201	劳务成本	
5301	研发支出	
5401	工程施工	（建造承包商专用）
5402	工程结算	（建造承包商专用）
5403	机械作业	（建造承包商专用）
六、损益类		
6001	主营业务收入	
6011	利息收入	（金融共用）
6021	手续费收入	（金融共用）
6031	保费收入	（保险专用）

续表

编号	会计科目名称	会计科目适用范围
6032	分保费收入	（保险专用）
6041	租赁收入	（租赁专用）
6051	其他业务收入	
6061	汇兑损益	（金融专用）
6101	公允价值变动损益	
6111	投资收益	
6201	摊回保险责任准备金	（保险专用）
6202	摊回赔付支出	（保险专用）
6203	摊回分保费用	（保险专用）
6301	营业外收入	
6401	主营业务成本	
6402	其他业务支出	
6405	营业税金及附加	
6411	利息支出	（金融共用）
6421	手续费支出	（金融共用）
6501	提取未到期责任准备金	（保险专用）
6502	提取保险责任准备金	（保险专用）
6511	赔付支出	（保险专用）
6521	保户红利支出	（保险专用）
6531	退保金	（保险专用）
6541	分出保费	（保险专用）
6542	分保费用	（保险专用）
6601	销售费用	
6602	管理费用	
6603	财务费用	
6604	勘探费用	
6701	资产减值损失	
6711	营业外支出	
6801	所得税	
6901	以前年度损益调整	

二、会计摘要的书写

会计摘要，包括记账凭证摘要、各种账簿和表格的摘要，是指记录经济业务的简要内容，填写时应用简明扼要的文字反映经济业务概况。摘要，顾名思义就是摘录其要点的意思。是在填制金融会计凭证和账簿记录，书写摘要过程中，根据发生的经济业务，用较为简洁明了的语句，完成用金融会计语言，一方面来表述经济事项的工作过程，另一方面重现该项经济业务发生的过程及结果。写好会计摘要是金融从业人员必须掌握的技能之一，也是金融从业人员驾驭会计语言的艺术表现。

（一）会计摘要书写的重要性

金融会计凭证中有关经济业务的内容摘要必须真实。会计凭证摘要书写规范，才能完整反映经济活动和资金变化的来龙去脉，对加强资金管理、规范会计行为具有重要意义。

提示：会计摘要是记账的基本内容之一，也是一个金融从业人员记账的基本功之一。无论是填制记账凭证还是登记账簿，都应对该项经济业务的过程和结果用简洁的语句说明，即“摘要”。摘要，集中体现了金融从业人员的会计语言，是金融业务的表述形式，要求金融人员高度重视，达到在有限字数内能准确、简明再现经济业务的目的。写好会计摘要既便于相互对账，又便于外来查账。若摘要过简过繁、详略不妥、用词不当，都会给算账、对账带来很大困难，也不利于今后对经济业务的清账、查账及金融会计监督。

1. 便于自己看账

账是要用来看的。有的人记账凭证上不写摘要，或者账簿上不写摘要；有的人摘要的语言不通顺；有的人书写潦草得别人看不懂，每次自己看账，都要翻阅原始凭证。

2. 便于相互对账

账是要经常核对的，它包括账单核对、账账核对、账表核对等方面。核对时，会发生如科目不对应、数字不相符、金额轧不平等情况。若没有书写摘要或摘要写得不够清楚，每次对账都要通过查看原始凭证才能了解其经济业务的性质，既费时又费力。

3. 便于外来查账

账是要经得起审查的。如没有摘要，或者摘要不全，摘要叙述不简明扼要，会给查账工作带来困难。

（二）会计摘要书写的一般要求

（1）要以原始凭证为依据。

（2）能正确反映经济业务的内容。

（3）文字少而精，能说明主要问题。

（4）书写字体、字迹与文字书写要求相同，要规范、工整、清晰。

提示： 财会文字要以国务院颁布的简化汉字为标准，不要滥造简化字，不要滥用繁体字。书写会计摘要时必须使用蓝黑墨水或碳素墨水，不能使用铅笔，也不能用红笔书写。因为其他墨水记账一般怕湿、怕潮、怕日晒；但银行的复写账簿可使用圆珠笔书写。

（三）会计摘要书写的应用范围

在金融会计核算中，摘要的应用范围较广泛。凡是需要对经济业务发生及其活动的内容加以简要说明的，都可以用摘要的形式加以表达。在记账凭证上摘要应用的频率最高，其次是账簿上的摘要，再次是某些表格上的摘要。

1. 记账凭证上的摘要书写

记账凭证中有关经济业务内容的摘要必须真实。摘要书写是编制记账凭证整个过程中的一项重要的内容。摘要书写包括记账凭证的名称，填制日期和记账凭证的编号，经济业务的简要说明，应借应贷的金融会计科目及金额，原始凭证附件张数，会计主管、审核、填制及记账人员签章。

知识驿站

财政部颁布的《会计人员工作规则》中指出："记账凭证的内容必须具备：填制凭证日期；凭证编号；经济业务内容摘要；会计科目；金额；所附原始凭证张数；填制人员、稽核人员、记账人员、财会主管人员签名或盖章。"登记账簿时，应将会计凭证日期、编号、业务内容摘要、金额和其他有关资料逐项记入账内。做到数字准确、摘要清楚、登记及时。

2. 冲账凭证上的摘要书写

遇有冲转业务，应写明冲转某年、某月、某日、某项业务和凭证号码，不能只写冲转，也不能只写对方账户。对记账后的记账凭证发现错误，用红字冲销原错误凭证时的摘要为"注销某月某日某号凭证"，同时，用蓝字编写正确的记账凭证时摘要为"更正某月某日某号凭证"。对只有金额错误的会计分录，在编制调整数字差额凭证时摘要为"调整某月某日某号凭证"。如果所修改的是往年的错误凭证，则在"某月某日"前务必加上"某年"字样。在注销、更正或调整某张错误凭证的同时，应在被修改的记账凭证摘要的下面手工注明"该凭证在某月某日某号凭证已更正"的标记，表示该凭证已被修改完毕。

提示： 摘要书写要求能够正确地、完整地反映经济活动和资金变化的来龙去脉，切忌含糊不清。写物要有品名、数量、单价，写事要有过程，银行结算凭证要注明支票号码、去向，送存款项，要注明现金、支票、汇票等。遇有冲转业务，不能只写冲转，应写明冲转某年、某月、某日、某项业务和凭证号码，也不能只写对方账户。

3. 账簿上的摘要书写

账簿上的摘要：账簿的名称、填制日期栏、凭证种类号数栏、对经济业务做简要说明的摘要栏、金额栏、总页次和分页次。应依据记账凭证上的摘要填写，其简明程度，以能从账簿上看出经济业务的基本内容为限。

提示： 账簿摘要不能过于详细以致栏内不够书写，有失账面整洁，也不能过于简单看不出经济业务的基本情况，遇有查询还得查阅会计凭证，更不能画点或空白不填。记账凭证和账簿上所填写的摘要文字与数字一样，不得随意涂改、刀刮、纸贴、药水洗、橡皮擦。填写错误需要更正时，应将错误的文字用红色墨水单线注销，另填正确的文字，并加盖经办人的印章。

4. 表格上的摘要书写

表格上的摘要书写是用简明扼要的文字有针对性地表明数据的来龙去脉或增减变化的情况。如“成本计算单”上的摘要等。

总之，金融从业人员应努力提高自己对金融会计业务事项的表达和概括能力，力求使摘要的书写标准化和规范化。

提示： 不同类型的经济业务填写摘要栏没有固定格式；但同一类型的经济业务填写摘要时，文字表述要有章可循。财会人员书写摘要时如能去粗取精，惜墨如金，落笔后就能收到“字字珠玑、以一当十”的实际效果。

三、金融企业会计摘要书写规范示例

【活动实例】

1. 这是一笔某银行发生业务的会计分录：

借：利息支出　　8,000

　　贷：吸收存款——单位活期存款（某单位存款户）　　8,000

该笔经济业务编制在记账凭证上的会计分录，由于没有写摘要，其反映经济业务的内容不明确。查账时，该凭证无法做到一目了然，只能翻阅所附的原始凭证。

2. 某银行发生下列现金出纳业务：

（1）公交公司交来营运收入 8,567 元。

（2）饮食店交来服务收入 5,782 元。

（3）农机公司签发现金支票，提取备用金 2,000 元。

（4）机床厂签发现金支票，提取差旅费 3,000 元。

（5）棉纺厂签发现金支票，提取职工工资 58,693 元。

（6）营业终了对账，发现长款 100 元，原因未查明。

要求：根据上述经济业务，逐笔写出会计分录和会计摘要。

教师点拨：

会计分录及会计摘要书写如下：

（1）存入现金。

借：库存现金　　8,567

　　贷：吸收存款——单位活期存款（公交公司存款户）　　8,567

（2）存入现金。

借：库存现金　　5,782

贷：吸收存款——单位活期存款（饮食店存款户）	5, 782

(3) 提取备用金。

借：吸收存款——单位活期存款（农机公司存款户）	2, 000	
贷：库存现金		2, 000

(4) 提取差旅费。

借：吸收存款——单位活期存款（机床厂存款户）	3, 000	
贷：库存现金		3, 000

(5) 提取职工工资。

借：吸收存款——单位活期存款（棉纺厂存款户）	58, 693	
贷：库存现金		58, 693

(6) 出纳长款。

借：库存现金	100	
贷：其他应付款——待处理出纳长款户		100

【课堂练习】

资料：

1. 商业银行某支行当日发生下列业务：

(1) 开户单位华联商厦交存现金 100, 000 元。

(2) 向开户单位宏远公司发放 6 个月的贷款 200, 000 元，转入存款账户。

(3) 本行向人民银行送交现金 500, 000 元。

(4) 某储户来行支取活期储蓄存款 8, 000 元。

(5) 宏远公司向华联商厦支付货款 20, 000 元。

2. 会计分录如下：

(1) 借：存放中央银行款项	100, 000	
贷：吸收存款		100, 000
(2) 借：贷款——短期贷款（宏远公司）	200, 000	
贷：吸收存款——单位活期存款（宏远公司存款户）		200, 000
(3) 借：存放中央银行款项	500, 000	
贷：库存现金		500, 000
(4) 借：吸收存款——活期储蓄存款（某储户）	8, 000	
贷：库存现金		8, 000
(5) 借：吸收存款——单位活期存款（宏远公司存款户）	20, 000	
贷：吸收存款——单位活期存款（华联商厦存款户）		20, 000

要求：根据上述经济业务，逐笔写出会计摘要。

课后练习

1. 资料：

商业银行某支行当日发生下列业务：

(1) 华厦公司向阳江公司支付货款 80, 000 元。

借：吸收存款——单位活期存款（华夏公司存款户）　　80, 000
　　贷：吸收存款——单位活期存款（阳江公司存款户）　　80, 000
（2）向开户单位华夏公司发放6个月的贷款200, 000元，转入存款账户。
借：贷款——短期贷款（华夏公司）　　200, 000
　　贷：吸收存款——单位活期存款（华夏公司存款户）　　200, 000
（3）百乐购物中心交来营业收入250, 000元。
借：库存现金　　250, 000
　　贷：吸收存款——单位活期存款（百乐购物中心存款户）　　250, 000
（4）华光公司存入定期存款50, 000元。
借：吸收存款——单位活期存款（华光公司存款户）　　50, 000
　　贷：吸收存款——单位定期存款（华光公司存款户）　　50, 000
（5）长城公司签发现金支票，提取备用金10, 000元。
借：吸收存款——单位活期存款（长城公司存款户）　　10, 000
　　贷：库存现金　　10, 000
要求：根据上述经济业务，逐笔写出会计摘要。
2. 资料：
某商业银行某支行当日发生下列业务：
（1）本行向人民银行送交现金350, 000元。
借：库存现金　　350, 000
　　贷：存放中央银行款项　　350, 000
（2）大成公司交来营业收入70, 000元。
借：库存现金　　70, 000
　　贷：吸收存款——单位活期存款（大成公司存款户）　　70, 000
（3）建东公司签发现金支票，提取职工工资95, 870元。
借：吸收存款——单位活期存款（建东公司存款户）　　95, 870
　　贷：库存现金　　95, 870
（4）出纳短款200元，当天未能查出原因。
借：其他应收款——待处理出纳短款户　　200
　　贷：库存现金　　200
（5）上述短款经过认真查找仍不能查明短款原因，属于技术性短款，则应按规定的审批手续报损。
借：营业外支出——出纳短款支出户　　200
　　贷：其他应收款——待处理出纳短款户　　200
要求：根据上述经济业务，逐笔写出会计摘要。

第二篇
金融计算基本操作技能

项目三
3 珠算基础知识

项目描述	通过本项目教学和学习，使学生对珠算有一个新的认识，熟悉珠算种类与结构；掌握珠算运算的记数、看数和写数技巧以及端正打算盘的基本姿势；熟练掌握珠算的拨珠指法，为学习珠算加减乘除四则运算方法打下良好的基础
项目任务	任务一　算盘的种类和结构 任务二　珠算拨珠指法 　　活动一　正确的珠算拨珠指法 　　活动二　三指拨珠法 　　活动三　双手拨珠法 　　活动四　记数、看数与写数
德育目标	1. 培养学生对中华优秀传统文化、人类非物质文化遗产——珠算的求知欲望和浓厚兴趣 2. 培养学生热爱科学、实事求是的学风和创新意识 3. 培养学生爱国主义思想，增强民族自尊心、自豪感和责任心 4. 培养学生珠算技能的全过程，就是对学生进行爱国主义教育的过程，是对中华优秀传统文化的传承过程 5. 培养学生继承和弘扬中华民族优秀珠算文化，全面实施素质教育，进一步发挥珠心算教育的功能，大力弘扬爱国主义精神，发挥珠心算教育在提升学生智力、增强竞争意识与意志品质等非智力潜能的作用，减轻学生课业负担，为学生未来发展打下良好的基础
建议学时数	6

任务一
算盘的种类和结构

算盘的结构

课前导读

我国珠算历史源远流长，其起源至今众说纷纭，莫衷一是。人们普遍乐于接受的说法是，珠算起源于商周，始于秦汉，臻于唐宋，盛于元明；珠算至今已有3,000多年的历史。

珠算是中华民族聪明智慧的象征，国际珠算界称我国是珠算的故乡。珠算是我国的国粹，是我国古代劳动人民在长期的社会实践中创造的宝贵文化瑰宝和文化科学遗产，对人类的文化影响巨大。为弘扬和传承中华民族的优秀文化，2008年6月经国务院批准把珠算列入第二批国家级非物质文化遗产名录。2013年12月4日，珠算正式列入《人类非物质文化遗产名录》。

现代珠算学术研究和珠算发展的实践证明，珠算不仅具有计算功能和丰富内涵，还具有良好的教育功能和启智功能及社会价值，是进行素质教育的有效工具和简捷途径之一。珠算具有的丰富的内涵、功能和社会价值，是其长期在计算领域独领风骚、逾千年不衰的主要原因。

长期以来，珠算对我国社会经济和文化教育等领域的发展，有着重要的影响和促进作用。随着社会经济发展和技术的进步，计算任务的日益繁重，珠算以其瑰丽的闪光为科学技术的进步、为人类的文明添彩立功。世界上曾出现多种计算工具，却先后被淘汰，唯有中国珠算巍然独存，经久不衰。即使在计算机（器）日益普及和信息化程度迅猛发展的今天，它仍然是不可替代的，使用珠算和用电子计算机（器）并不矛盾，它们各有所长。

从15世纪开始，中国的珠算逐渐传入日本、朝鲜和东南亚各国，对这些国家数学的发展产生了重要的影响。尤其在日本，珠心算得到极大的重视，每年8月8日为日本“算盘日”，举办由500多名珠心算高手参赛的全日本珠心算比赛。

当前，不少国家掀起“珠算热”，被当作“新文化”向全人类输送，一个珠算世界化的运动正在兴起。

即使是在美国、日本等高度现代化的国家里，也有很多人在使用算盘。美国、英国、法国等国家都把珠算列入小学课程，美国还专门派人到日本去学珠算。

作为金融财经类专业学生，掌握计算技术仍十分必要，必须认真学好珠算，具有较高的实际计算能力，以适应金融工作的需要。由于珠算具有独特的优点，因此，将会在人类社会经济活动中长期存在。

任务目标

熟悉算盘的种类和结构。

一、算盘的种类

算盘主要是用算珠来表示数字的，因此，算盘的种类基本上是按算珠来划分的。我国常用的算盘有三种：圆珠大算盘、菱珠小算盘和菱形中型算盘，现只介绍最常用的菱形中型算盘。

菱形中型算盘是在传统圆珠大算盘的基础上，吸收了菱珠小算盘的优点所改制而成的。与圆珠大算盘相比，缩短了档距，变小并减少了算珠，增多了档位，并加装了清盘器和垫脚。中型算盘一般为上一下四的菱珠，有 17～21 档，是目前流行最广的一种算盘。它具有算珠适中、拨幅较小、噪声小、清盘快速等优点。

二、算盘的结构

算盘是长方形，由框（边）、梁、档、珠 4 个基本部分构成。改进后的算盘又增加了清盘器、计位点和垫脚等装置，见图 3－1。

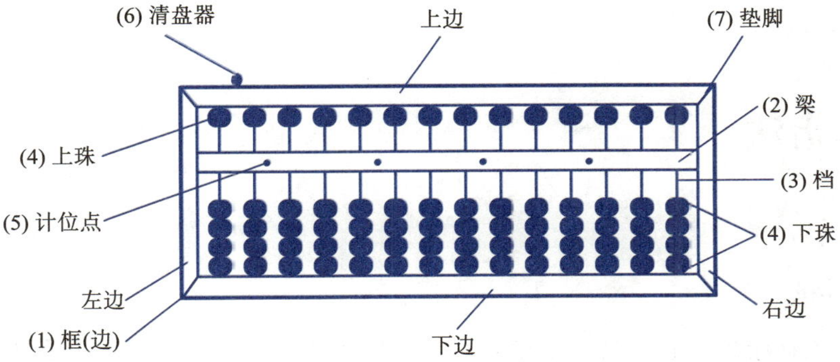

图 3－1　算盘的结构

框（边）、梁、珠多为木质，档用细竹或细金属制作。目前，也有用塑料、牛角、金属等材料制作的算盘。

（1）框。框又称作边，是指算盘四周的框架，分上边、下边、左边和右边。它用以固定算盘中的梁、档、珠各部分，决定了算盘的大小及形状。

（2）梁。梁是指固定于算盘左右两边的横木。它将算盘分为上、下两部分，使上、下示数不同，通常用梁珠表示数值。

（3）档。档是指穿过横梁连接上下边的细杆，用以穿算珠并表示数位，空档表示“0”。

（4）珠。珠也称算珠或盘子，用以表示数。梁上部分的珠叫上珠，梁下部分的珠叫下珠；靠梁的算珠叫内珠或梁珠，靠边的算珠叫外珠或边珠；内珠表示数，上珠每珠代表 5，下珠每珠代表 1。

（5）记位点。记位点是指梁上每隔三位，档与档之间镶嵌的金属点。它与阿拉伯数字书写时的三位分节号对应，便于认定数位，其作用主要是便于记数和定位。

（6）清盘器。清盘器是指算盘上边靠左的铜按钮。是用于清数的装置，只要轻微按动，便可使靠梁珠全部离梁靠边，主要用于提高清盘的速度。

（7）垫脚。垫脚是指安装在算盘框下的支撑装置，分别装有三个，左边底部两个，右边底部一个，三点决定一个平面。其作用：一是稳定算盘，避免晃动；二是架空算盘底面，便于移动下面的计算资料，防止算珠被带动。

知识导航

被誉为“中国第一算盘收藏家”陈宝定教授拥有1,500件古今中外的算具和1万多件算具资料，创建中国第一家庭收藏馆——陈氏算具陈列室。

课后练习

珠算的种类有哪几种？最常用的菱形中型算盘的特点是什么？其结构由哪几个部分组成？

任务二
珠算拨珠指法

课前导读

拨珠方法又称指法，它是指用手指分工拨动算珠的方法。拨珠指法是学习珠算最重要的基本功，其正确与否直接影响到运算的速度与准确率。珠算运算效率的高低取决于拨珠速度和准确程度，必须根据手指分工和指法进行摸索，做到起指轻、落指稳、不带珠，尽量运用三指连拨，以减少拨珠次数。

任务目标

掌握正确的珠算拨珠指法。

活动一　正确的珠算拨珠指法

活动小伴读

在学习与训练中必须认真掌握好拨珠的指法：一是要严格按指法拨珠，纠正随意乱拨算珠的习惯；二是要平时进行反复练习，达到正确而又熟练拨珠；三是要求初学者要持之以恒，应具有夏练三伏，冬练三九之坚强毅力，下功夫严格按照拨珠指法规定的顺序，由慢到快、由快到熟、由熟到巧，练就一手过硬的基本功。

一、姿势与执笔

（一）姿势

打算盘的姿势同看书、写字一样。如果姿势不对，形成习惯后，不易纠正，影响运算速度。

在打算盘时，要姿势端正、姿态自然。这就是说身体要坐端正，手指稍曲，胳膊肘稍平，腰要挺直，头部稍低，便于两眼看数和拨珠，要求把算盘上多档算珠和计算资料全部纳入视野，力争做到：首先，当眼睛主光看资料上的数字时，余光能看到算盘；当眼睛的主光看算盘时，余光能看到资料上的数字；用眼睛的主光和余光交替的方法，去代替头部左右摆动。其次，胳膊肘稍微抬离桌面；算盘和人体的位置要根据自己的实际情况，灵活放置，计算资料放在算盘下面；手腕、手掌盘面始终保持平行，并有一定距离。

（二）执笔拨珠

为了提高运算速度，减少在运算过程中拿起笔与放下笔的空档时间，计算者要养成执笔拨珠的好习惯，它是打算盘的基本功之一。

常用的执笔拨珠方法有三种：

1. 无名指和小指抓式执笔法

此方法是指笔夹在无名指和小指中间，笔尖从小指根部探出，将笔杆抓于掌心。靠无名指和小指的力量把笔扣牢。这种夹笔法可以全部腾出拇指、食指和中指，方便拨珠，见图3－2。

2. 无名指钩式执笔法

此方法是指笔杆夹于无名指和小指之间，笔尖从无名指与小指中间穿出，以无名指钩住笔杆的下端，靠无名指的力量把笔扣牢，上端搁于虎口处。这种方式可以全部腾出拇指、食指和中指来自由运算，见图3－3。

3. 中指和食指夹式执笔法

笔杆以拇指和食指为依托，中指和食指夹住笔杆的下端，笔尖从中指和食指之间穿出，上端搁于虎口处，无名指和小指自然蜷曲向掌心，运用拇指、食指和中指拨珠运算，见图3－4。

图3－2　无名指和小指抓式执笔法

图3－3　无名指钩式执笔法

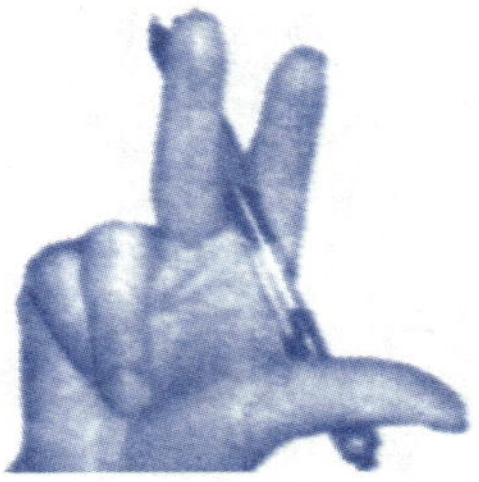

图3－4　中指和食指夹式执笔法

二、拨珠指法

（一）指法的种类

算盘的大小，决定着拨珠的方法，根据计算量的需要，可以改变灵活的拨珠方法。指法主要有以下三种：

1. 三指法（适用中型算盘）

凡使用中型算盘的，只要珠粒稍大，手指动作方便，就可用拇指、食指和中指配合拨珠。该法在运算速度上更具优势。

2. 二指法（适用小型算盘）

凡使用小型算盘，无论其多少珠，珠小、盘小不宜用多指动作，就用食指和拇指拨珠。

两指拨珠法

3. 双手拨珠法

双手拨珠法是指在拨珠时双手一齐上盘。有时在做加减法和乘法运算时使用双手；做除算时，用左手置商，右手减除；一般在做乘算时，左手按未乘的数，右手加积，进行连续作业的，称为“双手拨珠法”。

（二）手指分工

通常情况下，多数是用右手拨珠的，从左往右运行。无论用左手还是右手拨珠，其手指分工完全相同。

（1）拇指：专管下珠靠梁。下框四珠分别靠梁，即下珠“上”时，用拇指去拨。

（2）食指：专管下珠离梁。下珠各位需要离梁而向下拨动，即下珠“去”时，都用食指。

（3）中指：专管上珠的靠梁和离梁。上珠需拨动，即上珠“下”和“去”时，都使用中指去拨。

提示：不管采用何种拨珠指法，手指分工一定要正确，目的是相互配合，方便运算，在具体使用中应灵活掌握，注意克服习惯性错误动作，不要因分工不同而受约束，反而弄巧成拙，正确掌握珠算拨珠技巧，有助于提高运算速度和准确率。如按规定用拇指专管下珠的上拨，但在4+2的时候，如果用中指和拇指一齐往下拨，更为顺手。

（三）拨珠技巧

（1）拨珠用力要均匀适度、轻巧灵活，具有轻快感。用力过大，会使动作生硬，甚至使珠算反弹，造成漂珠；用力过小，会使算珠不能到达预定位置，也会造成漂珠，从而不易分辨盘面数值，影响准确性。

小贴士

漂珠又叫漂子，是指拨珠时由于用力过轻，不靠梁不着边，浮漂在档中间的算珠。

（2）拨珠必须干脆利落。落子要稳、准、快，具有节奏感。拨珠时手指与盘面要略成直角，用指尖准确地拨到算珠的刃边，部位要准，要一拨到位，注意避免带珠。

小贴士

拨珠时，本档或邻档不应拨入或拨去的算珠带入或带出叫带珠。

（3）上、下、进、退要按秩序拨珠，该先去后进位的，不能先进后去；同样，该先退后还的，不能先还后退。运算时要行如流水，流畅自如。

课后练习

常用的执笔拨珠方法有哪几种？珠算的拨珠指法有哪几种指法？

活动二　三指拨珠法

三指拨珠法

活动小伴读

三指拨珠法是指用拇指、食指和中指三个手指拨珠，无名指和小指屈向掌心。手指拨珠的一般要求是：一是手指稍倾斜，指尖触珠，用力适当；二是不要用指甲或指腹拨珠。

一、单指独拨

单指独拨是每次用一个手指拨珠的方法。为使拨珠准确而迅速，拇指、食指和中指应有一定的分工，分别进行托、拨和挑等基本指法。

（1）拨：用中指拨动上珠靠梁，用食指拨下珠离梁。

（2）托：用拇指拨动下珠靠梁。

（3）挑：用中指拨动上珠离梁。

二、两指连拨

为减少拨珠次数，提高拨珠速度，在熟练掌握单指独拨的基础上，在同一时间内用两个手指拨珠的方法。两指有不同的组合，拇指和中指连拨的有：合（双合或齐合）、分（双分或齐分）、提（双上或齐上）、降（双下或齐下）；拇指和食指连拨的有：进（扭进）、退（扭退）、连进（即冲）。具体指法列表见表 3－1。

表 3－1

拇指和中指连拨	双合	本档	同一档上下珠同时靠梁：应在拇指拨下珠靠梁的同时，用中指拨同档上珠靠梁，用于不进位的加。如直接置数 6、7、8、9 及 1＋6、2＋6、3＋6、1＋7、1＋8 等
		左右两档	左档下珠，右档上珠同时靠梁：应在拇指拨左档下珠靠梁的同时，用中指拨右档上珠靠梁。如直接置数 15、25、35、45 等
	双分	本档	同一档上珠离梁，部分下珠离梁：应在中指拨上珠离梁的同时，用拇指拨同档部分下珠离梁，可用于不退位的减。如拨减 7－6、8－6、9－6、9－7、9－8 等
		左右两档	左档部分下珠靠梁，右档上珠离梁：应在拇指拨左档部分下珠离梁的同时，用中指拨右档上珠离梁。如拨减 25－15、45－25、45－35 等
	双上	本档	同一档上珠离梁，下珠靠梁：应在中指拨上珠离梁的同时，用拇指拨同档下珠靠梁，可用于“破五的减”。如 5－2、5－3、5－4、8－4 等
		左右两档	左档下珠靠梁，右档上珠离梁：应在拇指拨左档下珠靠梁的同时，用中指拨右档上珠离梁。如 5＋5、5＋25 等
	双下	本档	同一档上珠靠梁，部分下珠离梁：应在中指拨上珠靠梁的同时，用拇指拨同档部分下珠离梁。可用于“补五的加”。如 3＋2、4＋1、2＋4 等
		左右两档	左一档部分下珠离梁，右一档上珠靠梁：应在拇指拨左档部分下珠离梁的同时，用中指拨右档上珠靠梁。如 25－15、30－5、40－15 等
食指和中指连拨	双分	本档	同一档上珠和全部下珠同时离梁：应在食指拨全部下珠离梁的同时，用中指拨同档上珠离梁。如 8－8、7－7、6－6 等
		左右两档	左档全部下珠，右档上珠同时离梁；应在食指拨左档全部下珠离梁的同时，用中指拨右档上珠离梁。如 15－15、25－25 等
	双下	本档	同一档上珠靠梁，下珠全部离梁：应在中指拨上珠靠梁的同时，用食指拨同档全部下珠离梁。如 4＋1、2＋3 等
		左右两档	左档全部下珠离梁，右一档上珠靠梁：应在食指拨左档全部下珠离梁的同时，用中指拨右档上珠靠梁。如 10－5、30－15 等
拇指和中指连拨	扭进	左右两档	左档下珠靠梁，右档下珠离梁：应在拇指拨左一档下珠靠梁的同时，用食指拨右一档下珠离梁。如 4＋6、3＋7、2＋8、1＋9 等
	扭退	左右两档	左档下珠离梁，右档下珠靠梁；应在食指拨左一档下珠离梁的同时，用拇指拨右一档下珠靠梁。如 10－6、10－7、10－8 等

三、三指连拨

三指连拨是指用拇指、食指和中指同时拨珠，共同完成复杂的拨珠动作。

（一）三指进

三指进是指一档下珠靠梁的同时，后档上下珠离梁。即在拇指托一档下珠靠梁的同时，用中指和食指挑拨后档上下珠离梁。

【课堂比一比】

请练习拨珠：

9+1、9+2、8+2、7+3、6+4。

（二）三指退

三指退是指一档下珠离梁的同时，后档上下珠同时靠梁。即在食指拨一档下珠离梁的同时，用中指和拇指托后档上下珠靠梁。

【课堂比一比】

请练习拨珠：

10-3、10-4、10-6、11-4。

课后练习

珠算三指拨珠法练习

1. 练习内容

（1）姿势。打算盘时肘部摆动的幅度不宜过大，手离开桌面距离大约为0.5cm，过低在运算中会产生带珠，过高会发生手指上下跳动拨珠。要做到指不离档，手指与盘面的角度一般为45°~60°。

（2）清盘。在每次置数运算之前，要使算盘上的所有算珠都离梁靠边，使全盘成为空盘。

（3）三指拨珠法。利用右手的无名指、小指向掌心自然弯曲，拇指、食指、中指伸出，垂直于算盘进行拨珠。

拇指、食指、中指在拨珠过程中有严格的分工：

拇指：专拨下珠靠梁；

食指：专拨下珠离梁；

中指：专拨上珠靠梁与离梁。

2. 练习步骤

（1）单指独拨。

（2）两指连拨：利用拇指与中指、拇指与食指、食指与中指相互配合来进行拨珠。

（3）三指连拨：利用拇指、食指、中指三个手指同时拨动算珠。

练习三指分工

（1）拇指：在四个档位上来回加1共10次。

（2）食指：在算盘是4、4、4、4的基础上来回减1共10次。

（3）中指：在算盘的上四个档位上来回加减5共10次。

（4）双合、双分：在空盘上分别加减6、7、8、9各10次。

（5）双上、双下：盘上置数4、4、4、4，然后分别加减1、2、3、4各10次。

活动三　双手拨珠法

双手拨珠法

活动小伴读

为了进一步加快珠算拨珠速度，提高运算效率，在熟练掌握三指拨珠法的基础上，可以运用双手拨珠法，即以右手拨珠为主，左手协助右手同时完成某一拨珠动作。

一、左手协助进位

该活动主要指右手在右档完成某一拨珠动作的同时，左手在左档完成进位或退位动作，主要适用于加法和乘法加积，在做除算时，用左手置商，右手减除。

（一）左手单指拨珠

【活动实例】

（1）4+8，右手食指在右档上拨一颗下珠离梁，同时用左手拇指在左档上拨一颗下珠靠梁。

（2）8+4，右手在右档上用中指、拇指分别拨上、下珠离梁（双分），同时左手在左档上用拇指拨一颗下珠靠梁。

（二）左手两指连拨

【活动实例】

（1）46+4，右手在右档上用中指、食指分别拨上、下珠离梁（双分），同时，左手在左档上用中指拨一颗上珠靠梁、食指拨四颗下珠离梁（双下）。

（2）45+7，右手在右档上用中指拨上珠离梁，用拇指拨下珠靠梁（双上）。同时，左手在左档上用中指拨一颗上珠靠梁，食指拨四颗下珠离梁（双下）。

二、左手协助退位

该活动是指右手在右档完成某一拨珠动作的同时，左手在左档完成退位动作，主要适用于减法和除法减积。

（一）左手单指拨珠

【活动实例】

（1）40－8，左手食指在左档上拨一颗下珠离梁，同时右手拇指在右档上拨二颗下珠靠梁。

（2）40－4，左手食指在左档上拨一颗下珠离梁的同时，右手拇指、中指在右档上分别拨一颗上、下珠靠梁（双合）。

（二）左手两指连拨

【活动实例】

（1）50－6，左手在左档上用中指拨一颗上珠离梁，拇指拨四颗下珠靠梁（双上）。

（2）53－6，左手在左档上用中指拨一颗上珠离梁，拇指拨四颗下珠靠梁（双上），同时，右手在右档上用中指拨一颗上珠靠梁，用拇指拨一颗下珠离梁（双下）。

课后练习

训练双手拨珠法：以右手为主，左手为辅，空盘拨成双位数，如2、4、6、8位，双手从高位依次拨到低位，如拨4位时，左手、右手同时分别拨千位和百位，然后左手、右手同时分别拨十位和个位。

遇到单位数，1、3、5、7位，双手从高位依次拨到低位，如拨3位时，右手先拨百位，然后左手、右手同时分别拨十位和个位。如果遇到相加后个位、十位、百位都需满十进位，左手拨进位数，右手拨本位数。

活动四　记数、看数与写数

活动小伴读

在珠算计算中，每一道题的计算都离不开记数、看数、写数这三个环节。这三个环节环环相扣，每个环节必不可少。掌握正确的记数、看数、写数的技巧直接影响到计算的速度及准确率，这是学习珠算的基本功。但在珠算练习中，记数、看数、写数等环节的训练却往往被学生忽视，以至于练习总是事倍功半，效果不理想。

一、记数

算盘的记数是用算珠表示的，每档上的算珠，表示一个数字。算珠的位置不同，所表示的数字就不同，某一档的全部算珠都靠框叫空档，表示数字“0”，即没有数；算盘上所有的档都是空档时叫“空盘”。

提示： 记数时要拨珠靠梁，拨入下珠一颗、二颗、三颗、四颗分别表示1、2、3、4，满5升到梁上，叫“五升”；拨入一颗上珠表示5，因此用 $\left.\begin{matrix}5\\1\end{matrix}\right\rangle$ 表示6；$\left.\begin{matrix}5\\2\end{matrix}\right\rangle$ 表示7；$\left.\begin{matrix}5\\3\end{matrix}\right\rangle$ 表示8；$\left.\begin{matrix}5\\4\end{matrix}\right\rangle$ 表示9；满10向前（左）一位进1，叫“进十”，这种上下珠记数法叫“五升十进制”。

位次的记数与读数，都与笔算相同，即高位在左边，低位在右边，从左到右。计算时，可以选定一个记位点为小数点，在它的左边第一档为个位档，依次是十位，百位，千位……这些多位数的整数部分，每三位为一节；在记位点即小数点右边第一档为十分位档，不分节，依次为百分位，千分位……如表3－2所示。

表3－2

整数位次										小数位次				
……	第三分节			第二分节			第一分节							
……	亿位	千万位	百万位	十万位	万位	千位	百位	十位	个位	十分位	百分位	千分位	万分位	……

算盘的位次见图3－5。

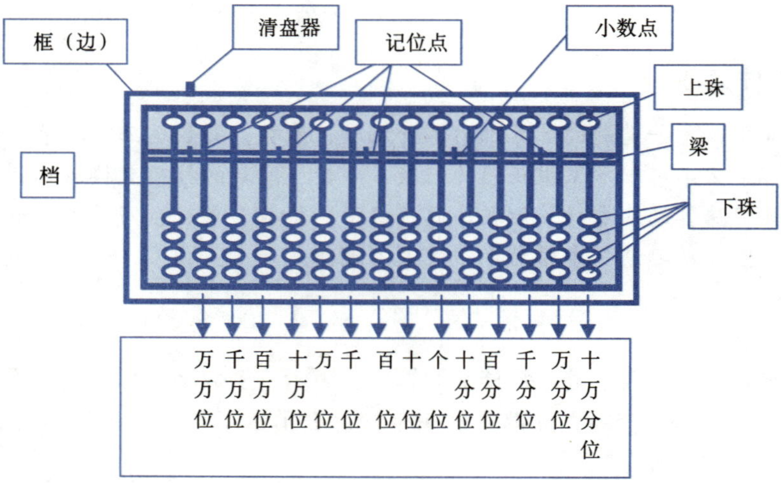

图3－5　算盘的位次

二、看数

数字置数，将算盘上的运算结果记录下来，都需要看数。看数是珠算运算的关键环节。

打算盘是一种思维综合运动。打算盘时，是眼、脑、手的密切配合，用眼睛看数是第一环节，看数的目的是反映给大脑，用大脑支配手指去拨珠。这就要求看数既快又准，看一遍就记住，做到眼看与手动并进。因为计算的效率和正确看数有很大关系，如果看数慢、看错数、看漏数，就会影响手指拨珠的正确性和速度。要达到过目不忘，边看边打，才能节省时间，保持操作的连续性。因此，看数时，边看边打，不要看一个数拨一个珠，或者看完一个数后再拨珠。当看数熟练时，可在单行看数的基础上练习多行看数，如一目两行，一目三行等，做到眼到数出。

三、写数

在计算完毕后，写数一环至关重要，尤其是小数点，要点准，避免计算的结果虽正确，却因书写错而造成疏忽性错误。写数在前面的阿拉伯数字书写有关内容中已做了详细的阐述，这里不再赘述。计算的效率除与正确的看数、记数和拨珠有关外，还与写数有较大关系。一是数字抄写是否准确、清晰；二是抄写是否快捷。打算盘时要笔不离手，写数时眼盯着算盘依次从高位到低位快速写完。

课后练习

正确地记数、看数和写数应掌握哪些技巧？

项目四

4 珠算加减法操作技能

项目描述	通过本项目的教学和学习，使学生在理解加减法口诀及其含义的基础上，熟练掌握珠算加减法要领和口诀在操作运算中的指导作用，能熟练运用加减法口诀进行加减法运算。通过加减法的训练活动，培养学生敏捷、清晰、精细的思维能力，锻炼学生的毅力和能力，使学生养成认真做事，工作一丝不苟的优良品质
项目任务	任务一　珠算基本加法操作技巧 活动一　直接加法和补五加法的操作方法 活动二　进十位的加法和破五进十的加法操作方法 任务二　珠算基本减法操作技巧 活动一　直接减法和破五减法的操作方法 活动二　退十位的减法和退十补五的减法操作方法
德育目标	1. 培养学生树立团队合作、互帮互助、共同探究的团结协作意识 2. 培养学生良好的学习习惯，严谨的科学态度，让学生了解加减混合计算在金融实际工作和生活中的应用，激发学生的学习兴趣 3. 培养学生具备辩证思维的能力，正确处理快与准的辩证关系
建议学时数	12

任务一
珠算基本加法操作技巧

课前导读

在金融会计实际工作中，加减算应用最广泛，它是珠算乘除法的基础。加法是乘法的基础，减法是除法的基础，是学好珠算的关键，需要进行加减算的业务占整个计算量的80%

以上。实践证明，用珠算进行加减算远比其他计算工具要简便、准确、快速，体现了珠算的实用性很强，其计算工作速度和效率极高，这是珠算经久不衰，具有强大生命力的原因所在。因此，要加强加减法训练，其准确与否、速度快慢，直接影响珠算乘除法的运算质量和速度。

珠算加减法运算是根据“五升十进制”的原理制定的，加中有减，减中有加，加减互逆，其算理科学，算法简捷。珠算中拨入即加，拨出（去）即减，珠动而数去。因此，在进行加减运算时，要求做到：一是从高位到低位即从左到右进行；二是数位要对齐，即同位数相加，同位数相减；三是认定个位档，要注意三位分节的记号。

加法就是把几个数合并起来，计算总数是多少的方法。珠算加法运算熟练与否直接影响到学习珠算减法和乘除法的运算水平的提高。因此，我们必须认真学好加法。珠算基本加法有两种：一是运用口诀进行运算的传统算法，即口诀式加法；二是根据“五升十进制”原理，通过对 5 和 10 分解和合成，利用“凑数”“补数”概念，运用一定的计算规律进行拨珠运算的一种方法。

通过加强加减法的训练活动，为乘除法的学习打下良好的基础；同时培养学生敏捷、清晰、精细的思维能力和认真负责的工作态度，提高其实际工作中珠算的应用能力，锻炼学生的毅力和能力，使学生养成认真做事，工作一丝不苟的优良品质。

任务目标

1. 掌握珠算加法口诀。
2. 熟练运用珠算加法口诀进行加法运算。

活动一　直接加法和补五加法的操作方法

活动小伴读

直接加法在加算中能够直接在本档拨入加数所对应的珠码，也就是在算盘上拨动算珠靠梁。按照这个原理，加几就是直接拨珠码几靠梁，简称“直本码”（加数的直本码有 9 个）。

在同一数位上两数相加，当被加数小于 5，且要并入的加数也小于 5，其和数大于等于 5 时，本档已有部分下珠，剩余下珠不能直接加，必须拨一颗上珠五靠梁，同时把多加的数从下珠减去，这种加法称为补五加法。

一、直接加法和补五加法的定义

直接加法是指同一数位上的两数相加，加数能在本档直接加上，不必变动原已靠梁的算珠，而只需按加数拨珠靠梁的加法。

补五加法是指本档不能直接加上小于 5 的数，需要拨入上珠 5，同时减去其凑数（两数之和为 5 的数互为凑数）的方法。两个小于 5 的数相加，如果遇到靠边的下珠不足应加的数，就要用“几下 5 去几”口诀计算。

二、直接加法和补五加法的口诀

直接加法和补五加法的口诀见表4－1。

表4－1

<table>
<tr><th>类型
加数 口诀</th><th>直接的加</th><th>理解含义</th><th>二指拨珠法</th><th>三指拨珠法</th><th>补五的加</th><th>理解含义</th><th>二指拨珠法</th><th>三指拨珠法</th></tr>
<tr><td>1</td><td>一上1</td><td>+1＝+1</td><td rowspan="4">用拇指拨下珠靠梁</td><td rowspan="4">用拇指拨下珠靠梁</td><td>一下5去4</td><td>+1＝+5－4</td><td rowspan="4">用食指拨上珠靠梁，同时用食指（或拇指）拨下珠离梁</td><td rowspan="4">用中指拨上珠靠梁，同时用食指拨下珠离梁</td></tr>
<tr><td>2</td><td>二上2</td><td>+2＝+2</td><td>二下5去3</td><td>+2＝+5－3</td></tr>
<tr><td>3</td><td>三上3</td><td>+3＝+3</td><td>三下5去2</td><td>+3＝+5－2</td></tr>
<tr><td>4</td><td>四上4</td><td>+4＝+4</td><td>四下5去1</td><td>+4＝+5－1</td></tr>
<tr><td>5</td><td>五上5</td><td>+5＝+5</td><td>用食指拨上珠靠梁</td><td>用中指拨上珠靠梁</td><td rowspan="5"></td><td rowspan="5"></td><td rowspan="5"></td><td rowspan="5"></td></tr>
<tr><td>6</td><td>六上6</td><td>+6＝+6</td><td rowspan="4">用食指拨上珠，拇指拨下珠同时靠梁</td><td rowspan="4">用中指拨上珠，拇指拨下珠同时靠梁</td></tr>
<tr><td>7</td><td>七上7</td><td>+7＝+7</td></tr>
<tr><td>8</td><td>八上8</td><td>+8＝+8</td></tr>
<tr><td>9</td><td>九上9</td><td>+9＝+9</td></tr>
</table>

小贴士

每句口诀的第一个数字表示加数，不表示拨珠动作，后面的数字表示被拨动的算珠，“上”“下”“去”“进”表示拨珠动作。“上几”即拨动代表“几”的算珠靠梁；“下五”即拨一颗代表“5”的上珠靠梁；“去几”即拨去代表“几”的算珠离梁；进“1”表示拨前一档的一颗下珠靠梁。

三、直接加法的操作

运算要领：加看外珠，够加直加。即口诀中的“几上几”，共有九句：“一上1、二上2、三上3、四上4、五上5、六上6、七上7、八上8、九上9”；如2＋3＝5，本档已有被加数2，要加上3，用口诀“三上三”。

【活动实例】 123＋351＝474

教师点拨： 对下面每个运算步骤，运用直接的加法口诀在盘上进行，请与老师一起计算。

（1）拨上第一个加数123（一上1，二上2，三上3，见图4－1）。

（2）先加百位数3（三上3，见图4－2）。

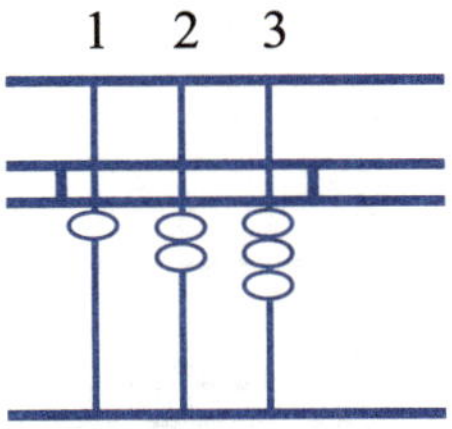

图 4－1

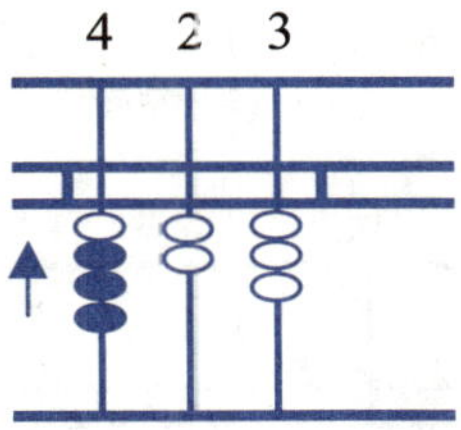

图 4－2

（3） 再加十位数 5（5 上 5，见图 4－3）。

（4） 最后加个位数 1（一上 1，见图 4－4）。

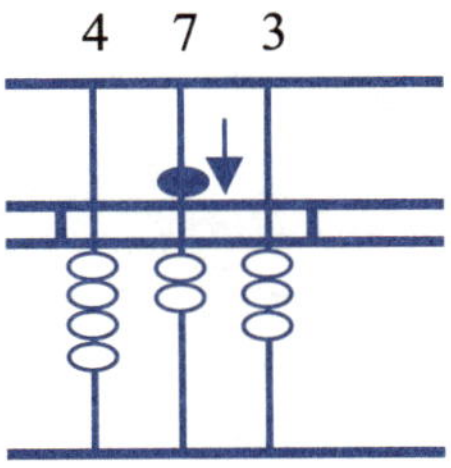

图 4－3

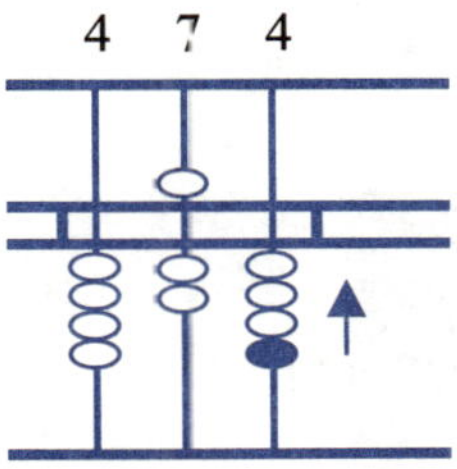

图 4－4

【课堂比一比】

根据上例运算步骤，运用直接的加法口诀，请同学们自己试一试，看谁快而准确。

（1） 234＋215＝？　　（2） 421＋568＝？

四、补五加法的操作

运算要领：共有四句：“一下 5 去 4、二下 5 去 3、三下 5 去 2、四下 5 去 1”；这类口诀的特点是：加数“几”与“去几”的数凑成 5，其要领是“下珠不够，补五减凑”。如 4＋4＝8，本档已有被加数 4，要加上 4，下珠无法直接加，必须加上上珠 5，并减去下珠 1，用口诀“四下 5 去 1”。

【活动实例】 243＋432＝675

教师点拨： 对下面每个运算步骤，运用补五的加法口诀在盘上进行，请与老师一起计算。

（1） 拨上第一个加数 243（二上 2，四上 4，三上 3，见图 4－5）。

（2） 先加百位数 4（四下 5 去 1，见图 4－6）。

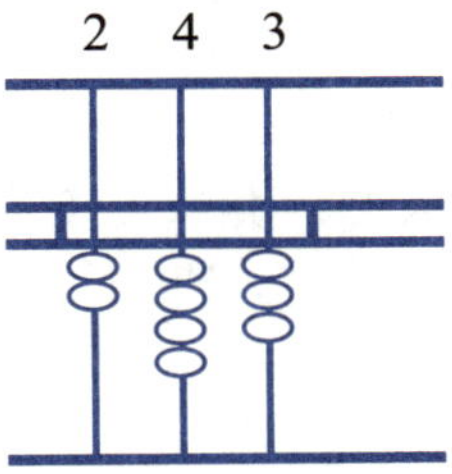

图 4－5

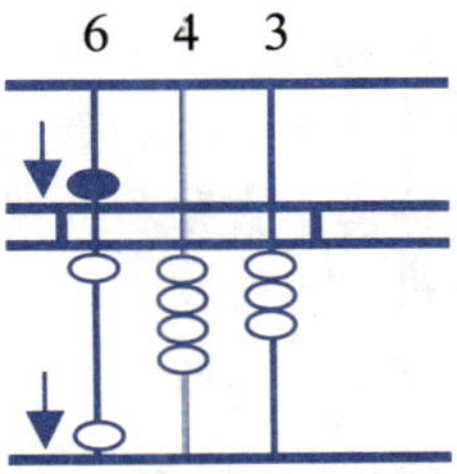

图 4－6

（3）再加十位数3（三下5去2，见图4－7）。

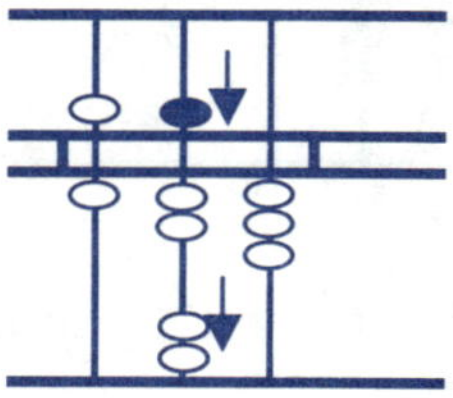

图4－7

（4）最后加个位数2（二下5去3，见图4－8）。

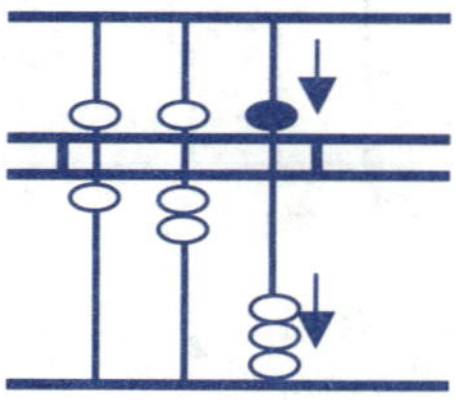

图4－8

【课堂比一比】

根据上例运算步骤，运用补五的加法口诀，请同学们自己试一试，看谁快而准确。

（1）423＋134＝？　　（2）432＋134＝？

课后练习

1. 练习直接加法

（1）436＋563＝

（2）375＋614＝

（3）245＋754＝

（4）4,353＋5,625＝

（5）3,742＋5,625＝

2. 练习补五加法

（1）243＋342＝

（2）343＋413＝

（3）434＋321＝

（4）3,442＋4,132＝

（5）1,432＋4,323＝

活动二　进十位的加法和破五进十的加法操作方法

活动小伴读

加算中，两数之和满十而本档不能直接减去补数的进位加法称为“破五进十加”，按照这个原理，加几就是双上加数本码进一，并且左右两手拨珠方向一致，又称为“齐本码”。

在同一数位上，当被加数拨入算盘后，在某一档加上加数时，其和大于等于10，本档上下算珠不够用，应向左一档进位，即在左一档拨一颗下珠靠梁，同时把多加的数在本档上能够直接拨去相应数值的算珠离梁，这类加法称为进十位的加法。

一、进十位的加法和破五进十的加法定义

进十位的加法是在运算时，本档两数相加之和等于或大于10，需要向前一档进位1的

加法。

破五进十位的加法是在加法运算中，盘上已经有数码5，当加6、7、8、9时，而本档下珠不够减4、3、2、1的情况。即当本档的加数大于或等于5，本档满10要向前档进1，但下珠不够减去补数，需要拨去上珠5，并在下珠加还多减的珠数（加数补数的凑数）。

二、进十位的加法和破五进十的加法口诀

进十位的加法和破五进十的加法口诀见表4－2。

表4－2

<table>
<tr><th>类型
口诀
加数</th><th>进十位的加</th><th>理解含义</th><th>二指拨珠法</th><th>三指拨珠法</th><th>破五进十的加</th><th>理解含义</th><th>二指拨珠法</th><th>三指拨珠法</th></tr>
<tr><td>1</td><td>一去9进1</td><td>+1＝－9+10</td><td rowspan="4">先用食指和拇指拨上下珠离梁，然后用拇指向左一档拨一颗下珠靠梁</td><td rowspan="4">先用中指和食指同时拨上下珠离梁，然后用拇指向左一档拨一颗下珠靠梁</td><td rowspan="5"></td><td rowspan="5"></td><td rowspan="5"></td><td rowspan="5"></td></tr>
<tr><td>2</td><td>二去8进1</td><td>+2＝－8+10</td></tr>
<tr><td>3</td><td>三去7进1</td><td>+3＝－7+10</td></tr>
<tr><td>4</td><td>四去6进1</td><td>+4＝－6+10</td></tr>
<tr><td>5</td><td>五去5进1</td><td>+5＝－5+10</td><td>先用中指拨上珠离梁，同时用拇指向左一档拨一颗下珠靠梁</td><td>用食指拨上珠离梁，同时用拇指向左一档拨一颗下珠靠梁</td></tr>
<tr><td>6</td><td>六去4进1</td><td>+6＝－4+10</td><td rowspan="4">用食指拨下珠离梁，同时用拇指向左一档拨一颗下珠靠梁</td><td rowspan="4">用食指拨下珠离梁，同时用拇指向左一档拨一颗下珠靠梁</td><td>六上1去5进1</td><td>+6＝+1－5+10</td><td rowspan="4">用拇指拨本档下珠靠梁，同时用食指拨上珠离梁，然后用拇指向左一档拨一颗下珠靠梁</td><td rowspan="4">用拇指拨本档下珠靠梁，同时用中指拨上珠离梁，然后用拇指向左一档拨一颗下珠靠梁</td></tr>
<tr><td>7</td><td>七去3进1</td><td>+7＝－3+10</td><td>七上2去5进1</td><td>+7＝+2－5+10</td></tr>
<tr><td>8</td><td>八去2进1</td><td>+8＝－2+10</td><td>八上3去5进1</td><td>+8＝+3－5+10</td></tr>
<tr><td>9</td><td>九去1进1</td><td>+9＝－1+10</td><td>九上4去5进1</td><td>+9＝+4－5+10</td></tr>
</table>

三、进十位的加法操作

运算要领：即口诀中的“几去几进1”，共有九句：“一去9进1、二去8进1、三去7

进1、四去6进1、五去5进1、六去4进1、七去3进1、八去2进1、九去1进1”。如4+8=12，本档已有加数4，要加上8，用口诀“八去2进1”。

【活动实例】 778+548=1,326

教师点拨： 对下面每个运算步骤，运用进十位加的口诀在盘上进行，请与老师一起计算。

（1）拨上第一个加数778（七上7，七上7，八上8，见图4-9）。

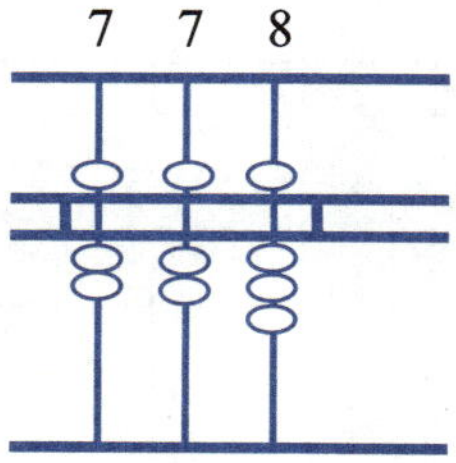

图4-9

（2）先加百位数5（五去5进1，见图4-10）。

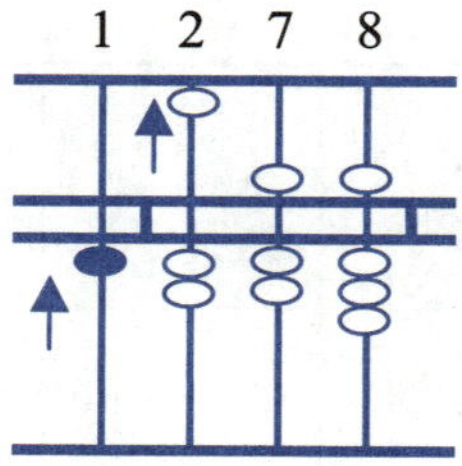

图4-10

（3）再加十位数4（四去6进1，见图4-11）。

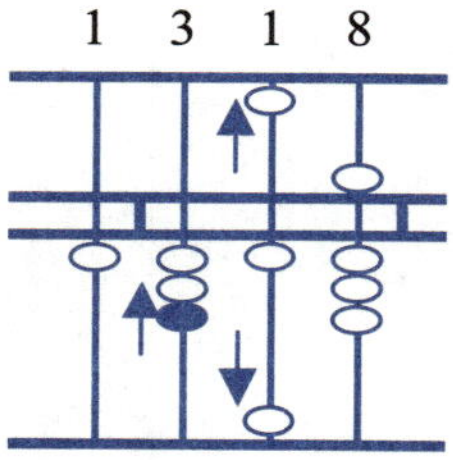

图4-11

（4）最后加个位数8（八去2进1，见图4-12）。

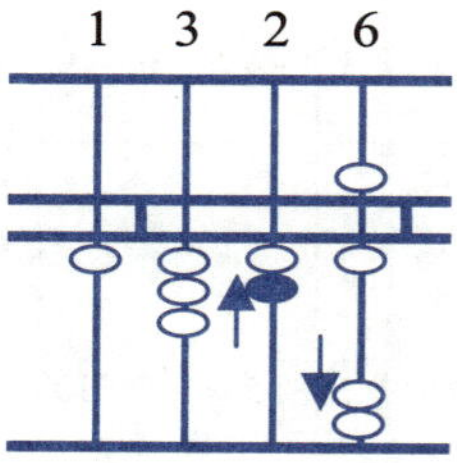

图4-12

【课堂比一比】

根据上例运算步骤，运用进十位加的口诀，请同学们自己试一试，看谁快而准确。

（1）988+673=？　　　　（2）789+921=？

四、破五进十位的加法操作

运算要领：即口诀中的“几上几去5进1”，共有四句：“六上1去5进1、七上2去5进1、八上3去5进1、九上4去5进1”。如7+6=13，本档已有被加数7，要加上6，用口诀“六上1去5进1”。

【活动实例】 566+768=1,334

教师点拨： 对下面每个运算步骤，运用破五进十加法的口诀，请与老师一起计算。

（1）拨上第一个加数566（五上5，六上6，六上6，见图4－13）。

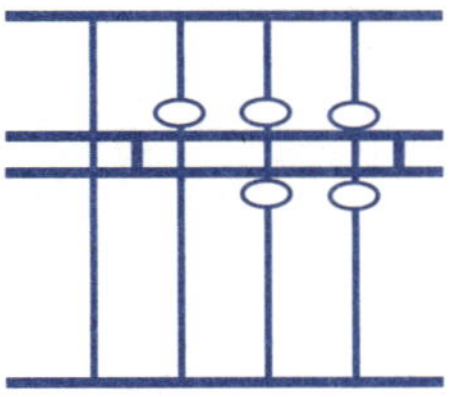

图4－13

（2）先加百位数7（七上2去5进1，见图4－14）。

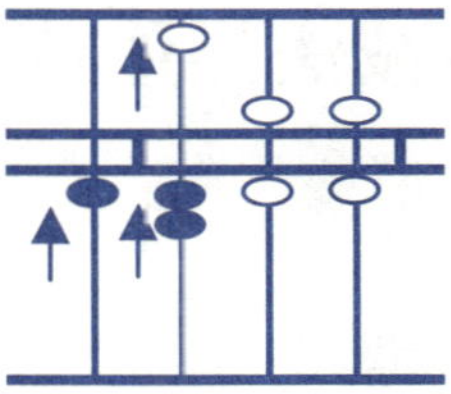

图4－14

（3）再加十位数6（六上1去5进1，见图4－15）。

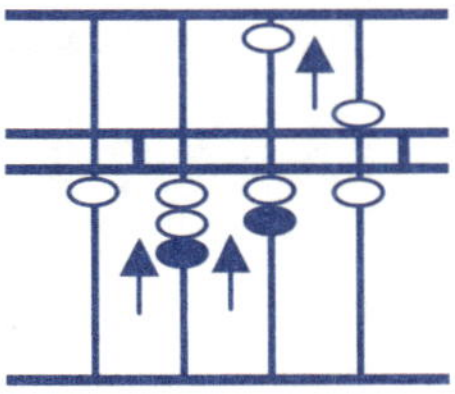

图4－15

（4）最后加个位数8（八上3去5进1，见图4－16）。

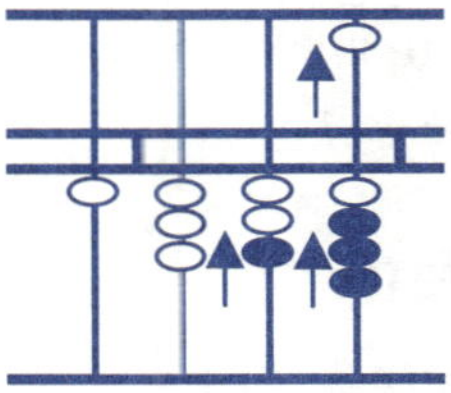

图4－16

【课堂比一比】

根据上例运算步骤，运用破五进十的加法口诀在盘上活动，请同学们自己试一试，看谁快而准确。

（1）555＋879＝？　　（2）756＋679＝？

课后练习

1. 练习进十位的加法

（1）343＋738＝

（2）532＋589＝

（3）466＋754＝

（4）3，544＋8，576＝

（5）6，143＋4，967＝

2. 练习破五进十的加法

（1）566＋678＝

（2）665＋879＝

（3）5，655＋6，789＝

（4）6，565＋7，869＝

（5）5，566＋8，778＝

任务二
珠算基本减法操作技巧

课前导读

减法就是从一个数去掉另一个数，计算相差多少的方法。珠算减法是加法的逆运算，两种方法相同点是："数位对齐，高位算起"，并都要用口诀指导拨珠；不同点是：减法口诀拨珠动作的方向和加法口诀拨珠动作完全相反。减法熟练与否直接影响到学习珠算除法的运算水平的提高。因此，我们必须认真学好减法。珠算基本减法有两种：一是运用口诀进行运算的传统算法，即口诀式减法；二是根据"五升十进制"原理，通过对5和10分解和合成，利用"凑数""补数"概念，运用一定的计算规律进行拨珠运算的一种方法。

任务目标

1. 掌握珠算减法口诀。
2. 熟练运用珠算减法口诀进行减法运算。

活动一　直接减法和破五减法的操作方法

活动小伴读

直接减法在减算中能够直接拨去减数所对应的珠码，也就是在算盘上拨去算珠靠框。按照这个原理，减几就是直接拨动珠码几靠框，简称"直本码"（减数的直本码有9个）。

在同一数位上两数相减，当被减数已占有上珠或占有部分下珠，被减数等于或大于5，若要减小于5的数，本档虽然够减，但本档下珠不够减，需要运用上珠破五，同时把破五后多减的数再拨下珠补上，称为破五减法。

一、直接减法和破五减法的定义

直接减法是指同一数位上的两数相减，减数能够在本档直接拨珠离梁减去，而不必动用上珠或借用左一档算珠的减法。

破五减法是指在本档上不够减去小于5的减数，需要拨去上珠5，同时加上其凑数即把多减的数在下珠中加上的减法。

二、直接减法和破五减法的口诀（见表4－3）

表4－3

减数＼口诀＼类型	直接的减	理解含义	二指拨珠法	三指拨珠法	破五的减	理解含义	二指拨珠法	三指拨珠法
1	一去1	－1＝－1	用食指或拇指拨下珠离梁	用食指拨下珠离梁	一上4去5	－1＝＋4－5	用拇指拨下珠靠梁，同时用食指拨上珠离梁	用拇指拨下珠靠梁，同时用中指拨上珠离梁
2	二去2	－2＝－2			二上3去5	－2＝＋3－5		
3	三去3	－3＝－3			三上2去5	－3＝＋2－5		
4	四去4	－4＝－4			四上1去5	－4＝＋1－5		
5	五去5	－5＝－5	用食指拨上珠离梁	用中指拨上珠离梁				
6	六去6	－6＝－6	用食指和拇指拨上下珠同时离梁	用中指和食指拨上下珠同时离梁				
7	七去7	－7＝－7						
8	八去8	－8＝－8						
9	九去9	－9＝－9						

小贴士

每句口诀的第一个数字表示减数，不表示拨珠动作，后面的数字表示拨珠动作，“去几”“上几”“退”“还几”表示拨珠动作。①“去几”表示靠梁珠拨去代表“几”的算珠。②“上几”即拨代表“几”算珠靠梁。③“退”表示本档的被减数小于减数，不够减，要从前一档借10来减，即在前一档拨一颗下珠离梁，简称“退1”。④“还几”即借位后，将多减的“几”加还在本档，即在本档拨上代表“几”的算珠。

三、直接减法的操作

运算要领：减看内珠，够减直减。即口诀中的“几去几”，共九句：“一去1、二去2、三去3、四去4、五去5、六去6、七去7、八去8、九去9”。如9－4＝5，本档已有被减数9，要减去4，用口诀“四去4”。

【活动实例】 899－648＝251

教师点拨： 对下面每个运算步骤，运用直接的减法口诀在盘上进行，请与老师一起计算。

（1）拨上被减数899（见图4－17）。

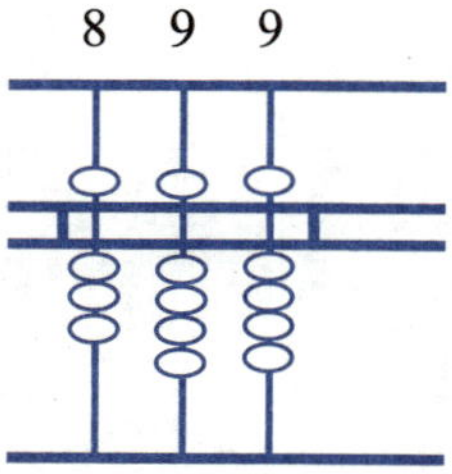

图4－17

（2）先减百位数6（六去6，见图4－18）。

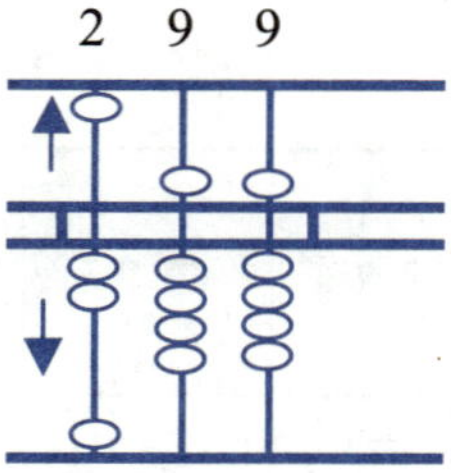

图4－18

（3）再减十位数4（四去4，见图4－19）。

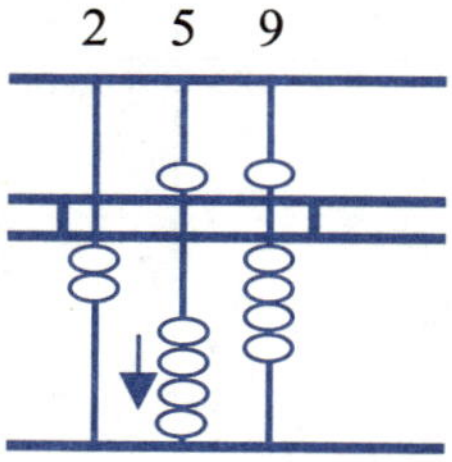

图4－19

（4）最后减个位数8（八去8，见图4－20）。

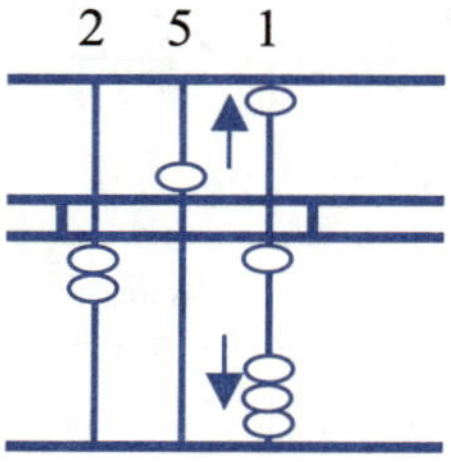

图4－20

【课堂比一比】

根据上例运算步骤，运用直接减法的口诀，请同学们自己试一试，看谁快而准确。

（1）789－537＝？　　（2）978－927＝？

四、破五减法的操作

运算要领：即口诀中的“几上几去5”，共四句：“一上4去5、二上3去5、三上2去5、四上3去5”；如8－4＝4，本档已有被减数8，要减去4，用口诀“四上1去5”。

【活动实例】576－143＝433

教师点拨：下面每个运算步骤，运用破五的减法口诀在盘上进行，请与老师一起计算。

（1）拨上被减数576（见图4－21）。

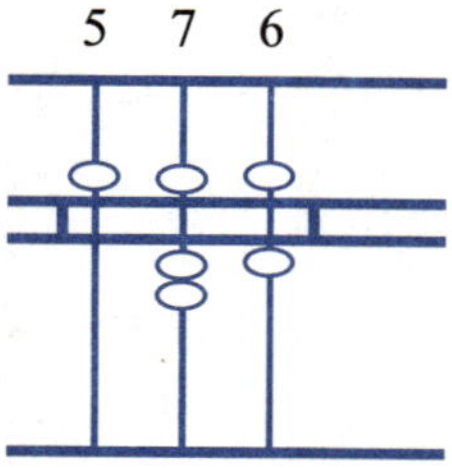

图4－21

（2）先减百位数1（一上4去5，见图4－22）。

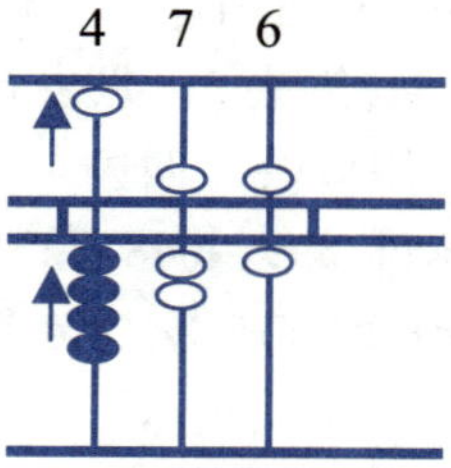

图4－22

（3）再减十位数4（四上1去5，见图4－23）。

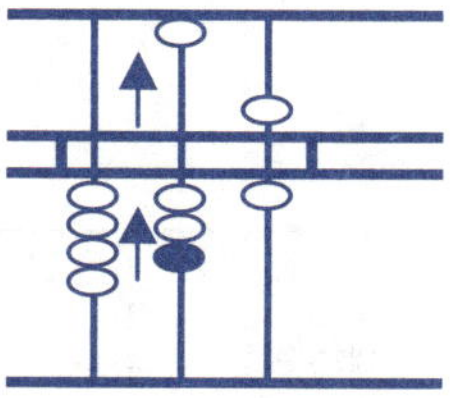

图4－23

（4）最后减个位数3（三上2去5，见图4－24）。

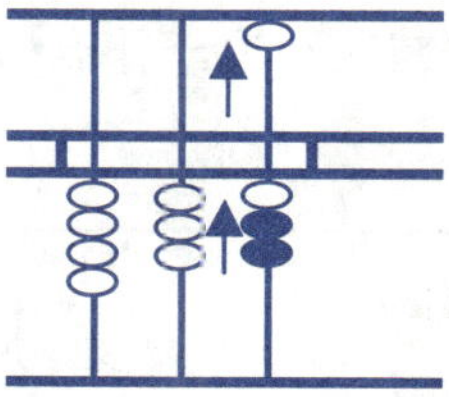

图4－24

【课堂比一比】

根据上例运算步骤，运用破五减法的口诀，请同学们自己试一试，看谁快而准确。

（1）756－324＝？　（2）875－432＝？

课后练习

1. 练习直接减法

（1）768－213＝

（2）947－847＝

（3）876－756＝

（4）8,979－3,469＝

（5）7,875－6,355＝

2. 练习破五减法

（1）565－432＝

（2）756－313＝

（3）676－433＝

（4）5,675－3,241＝

（5）7,656－3,432＝

活动二　退十位的减法和退十补五的减法操作方法

活动小伴读

减法中，两数相减本档不够向高位借一而本档加补数又满五的减法称为“退十补五的减”，按照这个原理，减几就是退一双下减本码，并且左右两手拨珠方向一致，又称为“齐本码”。

在同一数位上两数相减，如遇到被减数不够减时，就要从左档借一，同时在本档加上多减了的数，这种减法称为“退十位的减法”，又称“直接退一减法”。

一、退十位的减法和退十补五的减法定义

退十位的减法是指在本档上算珠不够减（被减数小于减数），需要从前档“退1”（借10）

来减，并把减数的补数直接加入本档上。

退十位补五的减法是指在退位减法运算中，当本档的数不够减时，需从前档“退 1”（借 10）来减，加补数时又不能在本档下珠中直接加上，要拨加上珠 5，并减去补数的凑数。

二、退十位的减法和退十补五的减法口诀（见表 4－4）

表 4－4

<table>
<tr><th>类型 口诀 减数</th><th>退十位的减</th><th>理解含义</th><th>二指拨珠法</th><th>三指拨珠法</th><th>退十补五的减</th><th>理解含义</th><th>二指拨珠法</th><th>三指拨珠法</th></tr>
<tr><td>1</td><td>一退 1 还 9</td><td>－1＝－10＋9</td><td rowspan="4">用食指在前一档拨一颗下珠离梁，同时用食指和拇指同时拨本档上下珠靠梁</td><td rowspan="4">用食指在左一档拨一颗下珠离梁，同时用中指和拇指同时拨本档上下珠靠梁</td><td rowspan="5"></td><td rowspan="5"></td><td rowspan="5"></td><td rowspan="5"></td></tr>
<tr><td>2</td><td>二退 1 还 8</td><td>－2＝－10＋8</td></tr>
<tr><td>3</td><td>三退 1 还 7</td><td>－3＝－10－7</td></tr>
<tr><td>4</td><td>四退 1 还 6</td><td>－4＝－10＋6</td></tr>
<tr><td>5</td><td>五退 1 还 5</td><td>－5＝－10＋5</td><td>用食指(或拇指）在前一档拨一颗下珠离梁，同时用食指拨本档上珠靠梁</td><td>用食指在左一档拨一颗下珠离梁，同时用中指拨本档上珠靠梁</td></tr>
<tr><td>6</td><td>六退 1 还 4</td><td>－6＝－10＋4</td><td rowspan="4">用食指在左一档拨一颗下珠离梁，同时用拇指拨本档下珠靠梁</td><td rowspan="4">用食指在前一档拨一颗下珠离梁，同时用拇指拨本档下珠靠梁</td><td>六退 1 还 5 去 1</td><td>－6＝－10＋5－1</td><td rowspan="4">先用食指（或拇指）在前一档拨一颗下珠离梁，再用食指在本档拨上珠靠梁，同时用食指或用拇指拨下珠离梁</td><td rowspan="4">先用食指在左一档拨一颗下珠离梁，再用中指拨本档上珠靠梁，同时用食指拨下珠离梁</td></tr>
<tr><td>7</td><td>七退 1 还 3</td><td>－7＝－10＋3</td><td>七退 1 还 5 去 2</td><td>－7＝－10＋5－2</td></tr>
<tr><td>8</td><td>八退 1 还 2</td><td>－8＝－10＋2</td><td>八退 1 还 5 去 3</td><td>－8＝－10＋5－3</td></tr>
<tr><td>9</td><td>九退 1 还 1</td><td>－9＝－10＋1</td><td>九退 1 还 5 去 4</td><td>－9＝－10＋5－4</td></tr>
</table>

三、退十位的减法操作

运算要领：即口诀中的“几退 1 还几”，共九句：“一退 1 还 9、二退 1 还 8、三退 1

还3、四退1还6、五退1还5、六退1还4、七退1还3、八退1还2、九退1还1”；如 25－7＝18，被减数的个位5小于7，需从前档借1作为本档的10来计算，用口诀“七退1还3”。

【活动实例】 1,255－476＝779

教师点拨： 下面每个运算步骤，运用退十位的减法口诀在盘上进行，请与老师一起计算。

（1）拨上被减数1,255（见图4－25）。

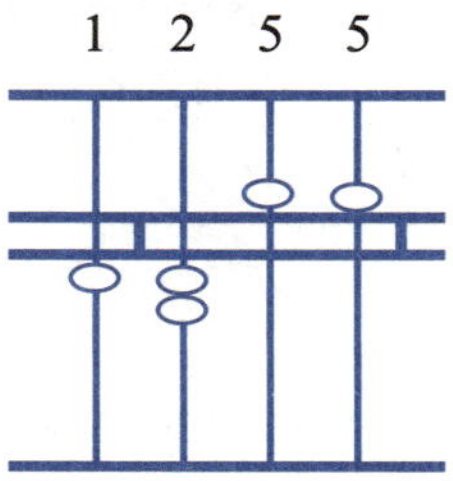

图4－25

（2）先减百位数4（四退1还6，见图4－26）。

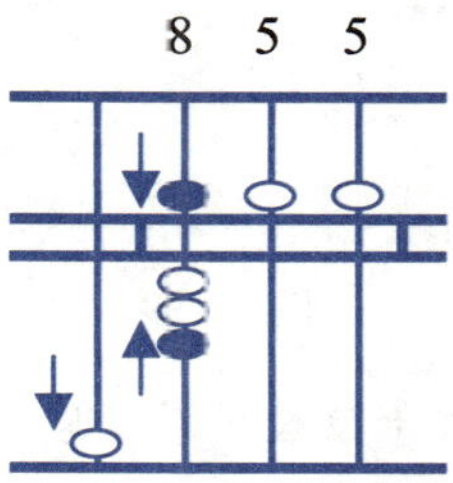

图4－26

（3）再减十位数7（七退1还3，见图4－27）。

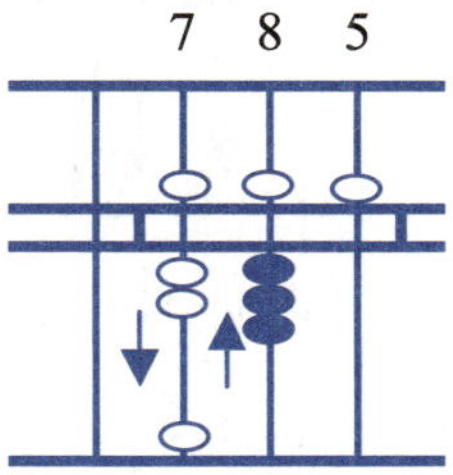

图4－27

（4）最后减个位数4（六退1还4，见图4－28）。

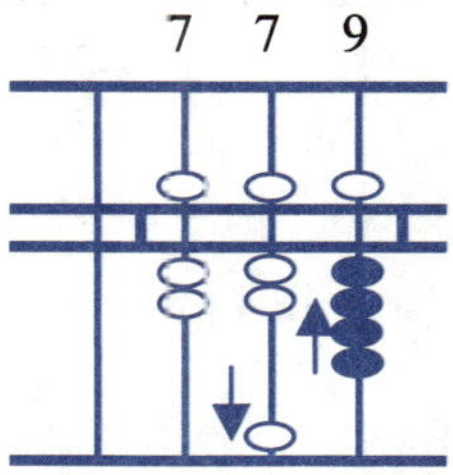

图4－28

【课堂比一比】

根据上例运算步骤，运用退十位的减法口诀，请同学们自己试一试，看谁快而准确。

（1）1,125－287＝？　　（2）1,310－931＝？

四、退十补五的减法操作

运算要领：即口诀中的“几退1还5去几”，共四句：“六退1还5去1、七退1还5去2、八退1还5去3、九退1还5去4”；如13－8＝5，被减数的个位3不够减去减数8，需要向前位借1作为本档的10来计算，剩下的余数2不能直接在本档下珠加入，需要拨入上珠5，并将2的凑数3从下珠拨去，用口诀“八退1还5去3”。其实这句口诀是由退十位的减法口诀“八退1还2”和补五的加法口诀“二下5去3”合并而成的。

【活动实例】1,334－768＝566

教师点拨：下面每个运算步骤，运用退十补五的减法口诀在盘上进行，请与老师一起计算。

（1）拨上被减数1,334（见图4－29）。

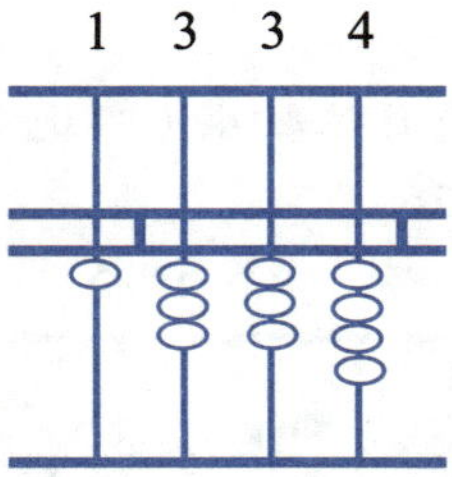

图4－29

（2）先减百位数7（七退1还5去2，见图4－30）。

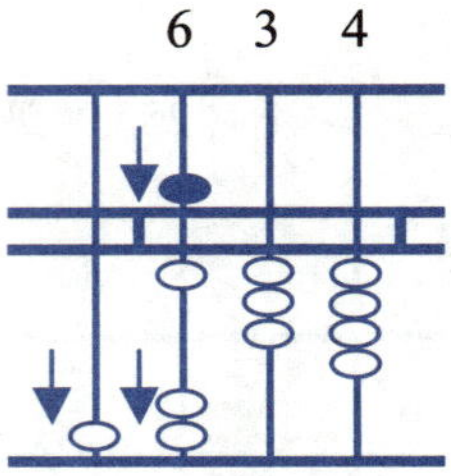

图4－30

（3）再减十位数6（六退1还5去1，见图4－31）。

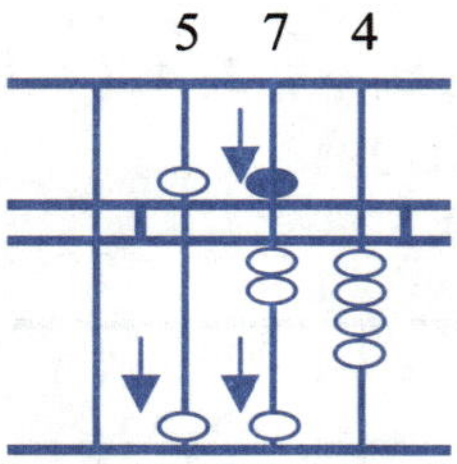

图4－31

（4）最后减个位数8（八退1还5去3，见图4－32）。

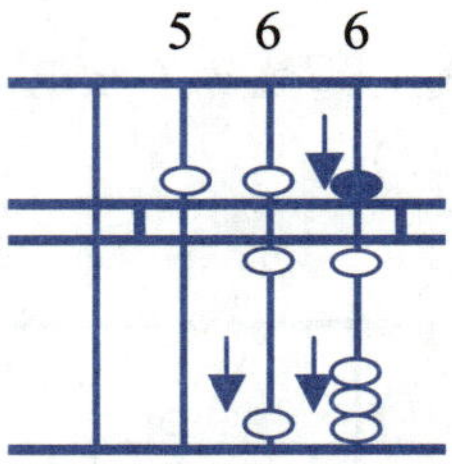

图4－32

【课堂比一比】

根据上例运算步骤，运用退十补五的减法口诀，请同学们自己试一试，看谁快而准确。

（1）1,434－869＝?　　（2）2,434－879＝?

课后练习

1. 练习退十位的减法

（1）12,247－485＝

（2）2,015－679＝

（3）32,501－8,612＝

（4）42,130－5,346＝

（5）62,101－8,767＝

2. 练习退十补五的减法

（1）1,434－879＝

（2）2,333－678＝

（3）3,422－767＝

（4）24,344－6,789＝

（5）34,233－8,676＝

项目五
5 珠算乘法操作技能

项目描述	通过本项目的教学和学习，使学生熟练掌握珠算乘法的基本运算技巧，通过加强训练，能快速进行空盘前乘法操作运算活动，提高工作效率
项目任务	任务一　珠算乘法操作技巧 活动一　珠算乘法“大九九口诀”的含义 活动二　乘积的固定个位档定位法 任务二　空盘前乘法操作技巧 活动一　一位数空盘前乘法操作方法 活动二　多位数空盘前乘法操作方法
德育目标	1. 培养学生的迁移类推能力和概括能力，以及运用心理学、哲学原理和机械算法解决问题的能力 2. 培养学生严谨、认真、细致的学习作风 3. 培养学生的竞争意识和成就感
建议学时数	8

任务一
珠算乘法操作技巧

课前导读

乘法是积数相加，要用到加法，如果加法不熟练是学不好乘法的。加法是乘法的基础，如果加法掌握得不够扎实，就会影响到乘法的学习。乘法的计算速度取决于加法的计算速度。乘法在四则运算中，起着承上启下的作用。学好珠算乘法不仅能解决实际工作中难易程度较高的金融会计和统计及工程数据的运算问题，而且能有效地练习人的心算能力。

任务目标

1. 熟练掌握珠算乘法大九九口诀。
2. 掌握乘积的固定个位档定位方法。

活动一 珠算乘法“大九九口诀”的含义

活动小伴读

“大九九口诀”，就是先读乘数码，再读被乘数码，最后读码积的珠算乘法口诀。珠算乘法一般要用它来进行运算。

小贴士

除0外，把数码1～9与数码1～9相乘的九九81个积有关的数码对应列成的方阵表，简称“大九九表”。

大九九表（见表5－1）中包含81个码积，因为乘法有交换律，所以大九九表中只有45个不同的码积。大九九表是只取这45个码积组成的三角阵表（大九九表中彩色部分称为“小九九表”或小九九）。

表5－1 乘法大九九口诀表

乘数 被乘数	一	二	三	四	五	六	七	八	九
一	一一01	一二02	一三03	一四04	一五05	一六06	一七07	一八08	一九09
二	二一02	二二04	二三06	二四08	二五10	二六12	二七14	二八16	二九18
三	三一03	三二06	三三09	三四12	三五15	三六18	三七21	三八24	三九27
四	四一04	四二08	四三12	四四16	四五20	四六24	四七28	四八32	四九36
五	五一05	五二10	五三15	五四20	五五25	五六30	五七35	五八40	五九45
六	六一06	六二12	六三18	六四24	六五30	六六36	六七42	六八48	六九54
七	七一07	七二14	七三21	七四28	七五35	七六42	七七49	七八56	七九63
八	八一08	八二16	八三24	八四32	八五40	八六48	八七56	八八64	八九72
九	九一09	九二18	九三27	九四36	九五45	九六54	九七63	九八72	九九81

因为人们上小学时，读九九歌诀，都是先读小码，习惯了觉得顺口，所以小九九又称“顺九九”。口诀表中要求先读大数码的36句，又称为“逆九九”。小九九口诀中两因数相同的称“平九九”。如一一01、二二04等共九句，平九九在开方时常用。

小贴士

口诀表中每句都由四字组成，前两个是中文字，代表被乘数和乘数；后两个阿拉伯数字代表码积。“六八48”，意即$6\times8=48$，读作“六八四八”，不能读作“六八四十八”；“五六30”读作“五六三零”，不能读作“五六三十”；“二四08”，读作“二四零八”，不能读作“二四得八”。也不能读作“二四八”。这样规定有利于认档，不易错位。

课后练习

（1）熟练背诵大九九口诀。

（2）背一背、算一算：边背诵小九九口诀或大九九口诀，边将每句口诀的乘积累加起来，看一看其和分别是多少？

活动二　乘积的固定个位档定位法

活动小伴读

定位，就是确定积的小数点的位置。由于算盘的记录是以空档表示“0”，在运算结果中尾数发生“0”与空档是没有区别的，因而运算结果尾数是否有0，有多少个0，小数点的位置在哪里，都不像笔算那样一目了然。例如：$6,250\times80=500.000$，盘上结果只有一个上珠靠梁，难以确定结果。由此可见，在学习乘法之前有必要掌握乘积的定位方法。

固定个位档定位法是一种算前盘上定位法。具体方法是：先在盘上确定一个记位点为固定小数点，固定小数点左边一档为个位档即正一档，向左分别为2、3、4……位档；向右分别为0、-1、-2、-3、-4……位档（见图5-1）。

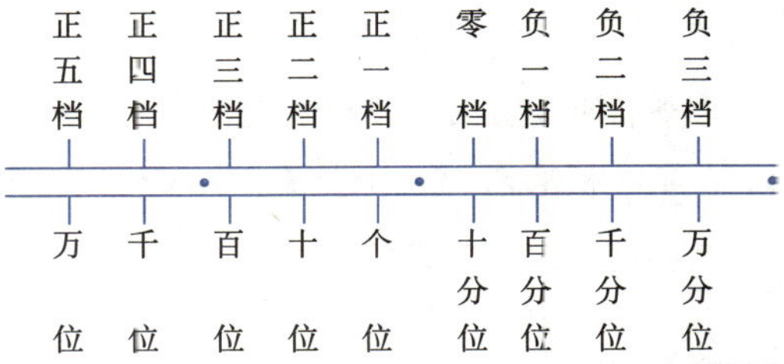

图5-1

小数点固定后，根据不同乘法的置数方法拨置被乘数或积数，运算完毕后，算前确定的个位档就是积的个位档。固定个位档确定以后，一般不要变动，个位档与0位档中间的记位点为积的小数点。

设以 m 表示被乘数的位数，n 表示乘数的位数。在空盘前乘法中，按“m + n”算出两因数首位相乘乘积的十位数拨珠档次，即两因数首位乘积的起拨档等于“m + n”。

【活动实例】

（1）8,700 ×0.09 =783

被乘数为正四位，乘数负一位，m + n =4 位 +（−1）位 =3 位，起拨档为正三档，在算盘正三档依次拨数入盘。

（2）358 ×8 =2,864

被乘数为正三位，乘数为正一位，m + n =3 位 +1 位 =4 位，起拨档为正四档，在算盘正四档依次拨数入盘。

【课堂练习】

采用乘积的固定个位档定位法，确定表 5 −2 中的各式。运用空盘前乘法按“m + n”算出两因数首位相乘乘积的十位数拨珠档次，即两因数首位乘积的起拨档等于“m + n”。

表 5 −2

序号	乘　式	两因数首位乘积的起拨档等于“m + n”
1	0.987 ×23	
2	3,245.87 ×35	
3	2,304 ×8	
4	0.0065 ×5	
5	0.0983 ×28	
6	234,673 ×2	
7	13.903 ×500	
8	9.024 ×76	
9	0.2587 ×79	
10	62,708 ×18	

课后练习

采用乘积的固定个位档定位法，确定表 5 −3 中的各式。运用空盘前乘法按“m + n”算出两因数首位相乘乘积的十位数拨珠档次，即两因数首位乘积的起拨档等于“m + n”。

表 5 −3

序号	乘　式	两因数首位乘积的起拨档等于“m + n”
1	0.689 ×75	
2	53,815.48 ×97	
3	42,509 ×63	
4	0.0029 ×9	

续表

序号	乘　式	两因数首位乘积的起拨档等于“m+n”
5	0.0697×98	
6	156,874×6	
7	59.706×900	
8	8.056×86	
9	342.802×300	
10	68.079×42	

任务二
空盘前乘法操作技巧

课前导读

空盘前乘法是一种不置数的乘法，指被乘数和乘数都不拨在算盘上，所以称为“空盘”；运算时，从被乘数和乘数的首位乘起，称“前乘”。空盘前乘法是一种比较先进的方法，其优点是：两因数都不入盘，节省拨珠时间；眼看算式，直接将码积逐位叠加在算盘上，简化了运算过程，提高了运算速度，深受人们的欢迎。

任务目标

熟练掌握空盘前乘法的运算。

活动一　一位数空盘前乘法操作方法

活动小伴读

乘数只有一个非零数字的乘法称为一位数乘法，它是多位数乘法的基础。根据空盘乘法的运算特点，一位数乘法一般将乘数与被乘数的位置交换来进行运算，以提高运算速度。如375×4，在计算时看作4×375。

一、固定档位

固定乘积的起拨档，用固定个位档定位法，按被乘数的位数加乘数的位数即m+n确定乘积的起拨档。

二、乘的顺序

被乘数与乘数各位依次相乘，从首位一直乘到末位。

三、积的记法

被乘数同乘数首位相乘时，其乘积从“起拨档”拨入，个位码在右一档拨入，而这一位就是下一次相乘所得起位码拨入档，个位码在右一档拨入，从左往右依次相乘加积。如果十位码是“0”时，以空档表示，个位码仍在右一档上拨入。

四、抄写答案

运算完毕后，算盘上得出数即为答案。

【活动实例】 14, 285 ×0. 2 =2, 857

教师点拨： 运用算前固定个位档定位法在盘上定位，采用简捷盘式运算步骤，请与老师一起计算。

先确定起拨档位：5 位 +0 位 =5 位在算盘正五档作为第一个积数的起拨档，其运算活动程序如表 5 –4 所示。

表 5 –4

运算活动程序	简捷盘式（+1 档为个位档）								
运算前固定个位档定位法盘上定位：5 位 +0 位 =5 位	+6	+5	+4	+3	+2	+1	0	–1	–2
（1）2 ×1 从算盘左起正五档起拨加积 02		0	2						
（2）2 ×4 从算盘左起正四档起拨加积 08			2	8					
（3）2 ×2 从算盘左起正三档起拨加积 04			2	8	4				
（4）2 ×8 从算盘左起正二档起拨加积 16			2	8	5	6			
（5）2 ×5 从算盘左起正一档起拨加积 10			2	8	5	7	0		
（6）盘上得出数 2, 857 即为答案			2	8	5	7			

【课堂比一比】

（1）258 ×8 = ?　　　　（2）7, 869 ×0. 5 = ?

【活动实例】 0. 07832 ×500 =39. 16

教师点拨： 用算前固定个位档定位法在盘上定位，采用简捷盘式运算步骤，请与老师一起计算。

先确定起拨档位为：–1 位 +3 位 =2 位，在算盘正二档作第一个积数的起拨档，其运算程序如表 5 –5 所示。

表 5－5

运算程序	简捷盘式（＋1 档为个位档）								
用算前固定个位档定位法盘上定位：－1 位＋3 位＝2 位	＋6	＋5	＋4	＋3	＋2	＋1	0	－1	－2
（1）5×7 从算盘左起正二档起拨加积 35					3	5			
（2）5×8 从算盘左起正一档起拨加积 40					3	9	0		
（3）5×3 从算盘左起 0 档起拨加积 15					3	9	1	5	
（4）5×2 从算盘左起负一档起拨加积 10					3	9	1	6	0
（5）盘上得出数 39.16 即为答案					3	9	1	6	

提示：当乘积的起位码或个位码是 0 时，特别要注意加积的档次。

【课堂比一比】

（1）48,327×0.06＝？　　（2）0.0958×300＝？

【课堂练习】

运用乘积的算前固定个位档定位法在盘上定位，用一位数的空盘前乘法计算下列各题（保留两位小数，以下四舍五入）：

（1）34.85×40＝　　（2）10.27×7＝
（3）7,600×0.003＝　　（4）2.38×70＝
（5）543.63×600＝　　（6）143.66×200＝
（7）47,898×9＝　　（8）53.78×0.6＝
（9）60.51×0.08＝　　（10）7,256×50＝
（11）76.65×0.005＝　　（12）19.47×3,000＝
（13）207.23×80＝　　（14）452.08×20＝
（15）87,176×8＝　　（16）57,806×30＝
（17）680.39×6＝　　（18）674.25×900＝
（19）379.61×0.9＝　　（20）56,892×0.8＝

课后练习

运用算前固定个位档定位法在盘上定位，采用简捷盘式运算步骤，用一位数的空盘前乘法计算下列各题（保留两位小数，以下四舍五入）。

（1）789×9＝　　（2）87,965×0.8＝
（3）5,076×7＝　　（4）928,584×0.6＝
（5）13,275×8＝　　（6）765,508×0.5＝

（7）385, 095 ×6 =

（8）876, 678 ×0. 7 =

（9）823, 479 ×5 =

（10）2, 568, 398 ×0. 4 =

（11）29, 767 ×4 =

（12）387, 569 ×0. 8 =

（13）435, 179 ×3 =

（14）3, 946, 518 ×0. 9 =

（15）852, 975 ×9 =

（16）9, 763, 578 ×0. 2 =

（17）7, 485, 282 ×2 =

（18）6, 876, 971 ×0. 8 =

（19）5, 876, 876 ×9 =

（20）82, 468, 592 ×0. 3 =

活动二　多位数空盘前乘法操作方法

活动小伴读

被乘数和乘数都是两位或两位以上的乘法称为多位数乘法，多位数空盘前乘法是以一位数空盘前乘法为基础进行的变化。

一、空盘

运算时，被乘数和乘数都不拨入算盘。

二、确定起拨档

运用固定个位档定位法在盘上定位，确定第一个积数的起拨档，起拨档 = 被乘数位数（m）+乘数位数（n）。

三、运算顺序

默记乘数，用乘数全部数字按照从高位到低位依次与被乘数首位、第二位、第三位……直至末位相乘，直到乘数各位数字都与被乘数各位数字乘完为止。

四、确定积数

两数依次相乘完毕后，盘上得出的数值即为答案。

【活动实例】 241 ×20. 06 =4, 834. 46

教师点拨： 运用算前固定个位档定位法在盘上定位，采用简捷盘式运算步骤，请与老师一起计算。

先确定起拨档位为：3 位 +2 位 =5 位，在算盘正五档作为第一个积数的起拨档，其运算程序如表 5 –6 所示。

表 5－6

运算活动程序		被乘数	乘数	口诀	简捷盘式（＋1 档为个位档）									
盘次	乘次				+6	+5	+4	+3	+2	+1	0	-1	-2	-3
第一盘	第一乘	20	200	二二 04		0	4							
	第二乘	20	40	二四 08			4	8						
	第三乘	20	1	二一 02			4	8	2					
第二盘	第一乘	6	200	六二 12			4	8	3	2				
	第二乘	6	40	六四 24			4	8	3	4	4			
	第三乘	6	1	六一 06			4	8	3	4	4	6		
终　盘　积　数							4	8	3	4	4	6		

提示：在运算前，先选择含零的 20.06 为被乘数，零乘任何数积为零，因此零跳过不用乘算。但在第二盘第一乘（被乘数 6 乘以 2）时，积应从第四档开始拨加。运算完后，观察起乘档上是空档，算盘上得出数为 4,834.46，即为答案。

【课堂比一比】

（1）9,578 ×28 =？　　　　（2）87,389 ×0.37 =？

【活动实例】742 ×356 =264,152

教师点拨：运用算前固定个位档定位法在盘上定位，采用简捷盘式运算步骤，请与老师一起开始计算。

先确定起拨档位为：3 位 +3 位 =6 位，在算盘正六档作为第一个积数的起拨档，如表 5－7 所示。

表 5－7

乘的顺序		被乘数	乘数	口诀	简捷盘式（＋1 档为个位档）								
盘次	乘次				+6	+5	+4	+3	+2	+1	0	-1	-2
第一盘	第一乘	700	300	七三 21	2	1							
	第二乘	700	50	七五 35	2	4	5						
	第三乘	700	6	七六 42	2	4	9	2					
第二盘	第一乘	40	300	四三 12	2	6	1	2					
	第二乘	40	50	四五 20	2	6	3	2					
	第三乘	40	6	四六 24	2	6	3	4	4				
第三盘	第一乘	2	300	二三 06	2	6	4	0	4				
	第二乘	2	50	二五 10	2	6	4	1	4				
	第三乘	2	6	二六 12	2	6	4	1	5	2			
终　盘　积　数					2	6	4	1	5	2			

提示：运算完毕后，算盘上得出的数 264,152 即为答案。

【活动实例】 0.506×0.0304=0.02（保留两位小数，以下四舍五入）

教师点拨： 运用算前固定个位档定位法在盘上定位，采用简捷盘式运算步骤，请与老师一起计算。

先确定起拨档位为：0 位+(−1)位=−1 位，在算盘负一档作为第一个积数的起拨档，如表 5−8 所示。

表 5−8

运算活动程序		被乘数	乘数	口诀	简捷盘式（+1 档为个位档）									
盘次	乘次				+3	+2	+1	0	−1	−2	−3	−4	−5	−6
第一盘	第一乘	5	3	五三 15					1	5				
	第二乘，手指向后移一档								1	5	0			
	第三乘	5	4	五四 20					1	5	2	0		
第二盘	第一乘	6	3	六三 18					1	5	3	8		
	第二乘	6	0						1	5	3	8	0	
	第三乘	6	4	六四 24					1	5	3	8	2	4
终 盘 积 数									1	5	3	8	2	4

提示： 此例的被乘数和乘数中间都夹着零，无从选择被乘数。乘算时，第二乘“0”不须乘，只注意第三乘（下一乘）的加积档次，做到遇到一个乘数“0”，手指从前加积的个位档向后移动一档，遇到两个“0”就移动两档……依此类推，移到的这一档就是下一乘加积的十位积档。运算完毕后，四舍五入，得积 0.02 即为答案。

【课堂练习】

运用算前固定个位档定位法在盘上定位，请同学们自己计算下列各题，看谁快而准。

(1) 5,318×35=　　　(2) 6,259×0.85=

(3) 9,526×48=　　　(4) 8,753×0.58=

(5) 7,619×69=　　　(6) 3,458×0.74=

(7) 2,573×18=　　　(8) 5,027×0.65=

(9) 5,913×82=　　　(10) 8,351×0.78=

课后练习

用空盘前乘法计算表 5−9 中各题（要求：积数保留两位小数，以下四舍五入）。

表 5－9

序号	算题	答数	序号	算题	答数
1	7, 068 ×182		11	8, 067 ×174	
2	0. 68 ×65		12	0. 78 ×68	
3	78 ×2, 541		13	73 ×4, 235	
4	3. 41 ×35		14	216 ×406	
5	316 ×304		15	5, 742 ×79	
6	5, 374 ×97		16	1, 780 ×82	
7	1, 507 ×74		17	68 ×1, 908	
8	83 ×1, 790		18	7, 045 ×57	
9	8, 035 ×58		19	327 ×45	
10	347 ×408		20	6. 235 ×92	

项目六

6 珠算除法操作技能

项目描述	通过本项目的教学和学习，使学生了解珠算商除法的基本原理和程序；在掌握算前固定个位档定位法在盘上定位和商除法操作运算技巧的基础上，能熟练快速准确地进行商除法运算，提高运算速度和工作效率
项目任务	任务一　商除法操作技巧 　　活动一　珠算除法的定位方法 　　活动二　隔位商除法操作技巧 　　活动三　不隔位商除法操作技巧 任务二　商除法退商和补商操作技巧 　　活动一　退商的操作技巧 　　活动二　补商的操作技巧 任务三　除法简捷算法操作技巧 　　活动一　补数除法操作技巧 　　活动二　以乘代除法操作技巧 　　活动三　省除法操作技巧
德育目标	1. 培养学生学习珠算除法的自信心、准确度和时间观念 2. 培养学生的注意能力、记忆能力、持久能力、领悟能力、创新能力、反应能力、意志能力、发散思维和分析能力 3. 培养学生面对挫折和困难，要坚持不懈、迎难而上、百折不挠 4. 培养学生在金融会计岗位上遇到的各种问题上勇于拼搏的坚强意志
建议学时数	20

任务一
商除法操作技巧

课前导读

除法是四则运算中不可缺少的一种，也是珠算运算中难度最大的一种计算方法。初学的同学要克服对计算器的依赖心理，依赖心理越重，对学习珠算除法的畏难情绪就会越重。困难既是挑战，也是机会，只要知难而上，变困难为动力，就能战胜困难。这部分内容确实难，但从另一个角度来说，却给了大家一个成长的机会。克服了它，不仅学到的是知识，还能培养战胜困难的勇气和锻炼自己的能力。

在金融会计实际工作中，除法就是将一个数平均分成若干等份，求出每份为多少的计算方法。实际上它是减法的简捷法，它和乘法比较，是互逆运算关系。即已知两数之积和其中一个因数，求另一个因数的运算。

例如：72 ÷ 8 = 9。总数 72 平均分成 8 份，每份是多少？或 72 是 8 的几倍？被分的数称被除数，分的份数称除数，每份分得的数称商数。即 72 除以 8 等于 9，72 是被除数，8 是除数，9 是商。如果一个数被另一个数来分，还剩下几个分不完，这个剩下的数叫“余数”。在减法中，要将“8”连减 9 次，但减的次数太多，就很复杂，所以要用除法来计算。

“除”和“除以”的区别：从除数读起应读作“除”，如从被除数读起，应读作“除以”或“被……除”。72 ÷ 8 应读作“8 除 72”，或者读“72 除以 8”或“72 被 8 除”。用除数去除被除数时，应从左到右，先从被除数的最高位除起，依次除到最低位。

除法是乘法的逆运算，在商除法下，珠算除法要借助乘法大九九口诀估商，不宜用小九九口诀；被除数和除数不能转换位置。

商除法可分为隔位商除法和不隔位商除法。要真正掌握商除算的过硬技术，必须加强商除法估商心算训练活动，以提高除法的计算速度，在操作运算中掌握真功夫。

任务目标

1. 了解珠算商除法的定位原理。
2. 掌握算前固定个位档定位法在盘上定位。
3. 掌握隔位和不隔位商除法操作技巧。

活动一　珠算除法的定位方法

活动小伴读

两数相除，必须经过定位，才能确定小数点的位置。除法运算的最终计算结果正确与否只有经过定位才能确定。固定个位档定位法也称盘上定位法，就是在运算活动前，在算盘上预先固定某一档作为商数个位档，按要求置被除数布于盘中适当档上，计算后商的个位数正好落在个位档上的进行除法计算的定位方法，这种定位方法也称为盘上算前固定个位档定位法。

一、固定个位法

固定个位法，又称算前定位法，即首先在算盘上确定个位档，然后置数上盘进行运算，盘上得数即为所求的商数。

隔位除法下，被除数首位数入盘的位置是根据被除数的位数（m）与除数的位数（n）之差再减1（即m－n－1）来确定，如果差为1（即正一位），就将被除数首位数置于既定的个位档上；如果差为2（即正二位），就将被除数首位数置于个位档左边的十位档上；如果差为0（即零位），就将被除数首位数置于个位档右边的十分位档上；如果差为－1（即负一位），就将被除数首位数置于个位档右边的百分位档上，其他依此类推。

不隔位商除法下，被除数首位数入盘的位置则以被除数的位数（m）与除数的位数（n）之差（即m－n）为基础来确定。

二、公式定位法

公式定位法，又称算后定位法。该法下，先将被除数首位数与除数首位数进行比较，然后以被除数的位数（m）与除数的位数（n）之差（即m－n）为基准来确定商数的位数。

具体有以下三种情形：

1. 被首小，位相减

被除数首位数小于除数首位数时，被除数的位数减除数的位数，就是商数的位数。

即：商数的位数（以下简称商位）＝m－n

2. 被首大，减后加1

被除数首位数大于除数首位数时，被除数的位数减除数的位数加上1，就是商数的位数。

即：商位＝m－n＋1

3. 首位等，比下位

如果被除数的首位数与除数的首位数相等时，就比较二者的第二位数，如果仍相等，就依次比较第三位数，依此类推，直至末位数，如果仍均相等，则视同被除数首位数大。

在比较过程中，只要二者不相等，就按照前述两种情形确定商数的位数。

知识驿站

我国最早记述乘除定位的是南宋的著作《杨辉算书》。书中强调“凡算之法，必先识其位”。只有熟练地掌握积的定位方法，才能正确地确定出积的数值。

三、操作流程

算前固定个位档定位法的操作方法如下：

（1）确定个位档。一般以算盘右起第三个记位点的左一档作为个位档，此档既是新的被除数的个位，也是所求商数的个位档。此档在算前一经确定，最好不要随意变动。

（2）改变原被除数位数，使其变为新的被除数。方法是：若用隔位商除法运算，则用公式 m－n－1 改变原被除数；若用不隔位商除法运算，则用公式 m－n 改变原被除数。

（3）运算完毕，盘面结果即为所求商数。

【活动实例】 61.2625÷7.25＝8.45

教师点拨：

（1）先确定算盘右起第三个记位点的左一档作为个位档，再用 m－n－1 改变原被除数，即 2 位－1 位－1 位＝0 位，使其变为 0.612625，将其拨入算盘中相应的位置，见图 6－1。（表示个位档，以下同）

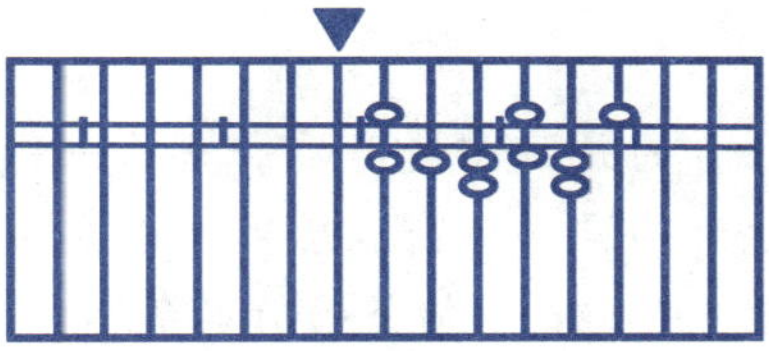

图 6－1

（2）运算完毕，盘面结果 8.45 即为所求商数，见图 6－2。

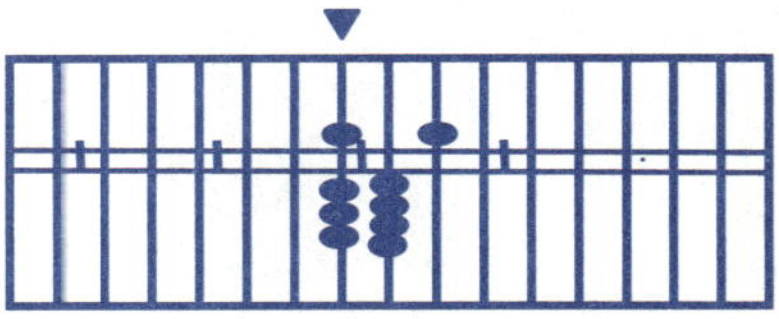

图 6－2

【课堂比一比】

运用算前固定个位档定位法对 979.20÷65.28＝？进行盘上定位。

课后练习

运用算前固定个位档定位法对下列算式进行盘上定位。

(1) 87, 600. 75 ÷ 75 =　　(2) 596, 244. 40 ÷ 68 =

(3) 815, 903. 55 ÷ 63 =　　(4) 186, 984 ÷ 28 =

(5) 762, 388. 70 ÷ 37 =　　(6) 682, 290 ÷ 95 =

(7) 318, 968. 64 ÷ 72 =　　(8) 983, 405. 64 ÷ 84 =

(9) 489, 724. 19 ÷ 59 =　　(10) 690, 587. 55 ÷ 78 =

活动二　隔位商除法操作技巧

活动小伴读

商除法是类似笔算除法试商方式进行计算的一种方法。其运算过程都是从高位到低位顺序进行，经过心算估商和减积两个主要环节求得商数。其特点是易学易懂，为初学者所喜学乐用。隔位商除法比较容易学也便于掌握。

知识驿站

我国晋代时就有了商除法，它是目前使用最广泛的一种方法。商除法是一种古老的求商法，运算过程与笔算除法相似，先估商，后用九九乘法口诀减积。珠算术语中将被除数称为实数，除数称为法数。“商除”包含着两层意思：“商”是商量之意，就是比较实（珠算术语是指实数，即被除数）与法（指法数，即除数）是多少，即被除数与除数比较，估计应该置商数几，简称估商；“除”是去除去之意，就是把所置的商数与除数相乘的积从被除数相应的档位中减去，简称减乘积。明代数学家程大为《算法统宗》中说：“商除者，商量法实多寡而除之”。

一、一位数隔位商除法操作流程

除数是一位有效数字的除法称为一位数隔位商除法，其操作运算程序与方法如下：

（1）定位：采用算前固定个位档定位法定位，首先确定商数的个位档，然后按公式 $y = m - n - 1$ 确定定位档。

（2）置数：拨置被除数入盘。

（3）运算顺序：从被除数首位起，由高位到低位，依次除到末位或所要求的精确度位数为止。

（4）估商方法：够除看一位，不够除看两位。

（5）置商规则：够除隔位置商，不够除挨位置商。

（6）减积档次：从被除数中减商与除数的乘积，乘积的十位数在商的右一档减去，个位数在商的右二档减去。积的十位数为“0”时，要用右手食指空点一下，空过右移一档减积的个位数，以免减错档位。

（7）运算完毕，抄写答案。

【活动实例】 2,616 ÷8 =327（用隔位商除法）

教师点拨： 运用算前固定个位档定位法在盘上定位，采用商除法算盘盘式运算步骤，请与老师一起计算。

（1）算盘定位与置数：用算前固定个位档定位法在盘上定位，定位档 $y=m-n-1=4$ 位 −1 位 −1 位 =2 位，在算盘的正二档拨置被除数 2,616 入盘，默记除数 8，见图 6 −3。

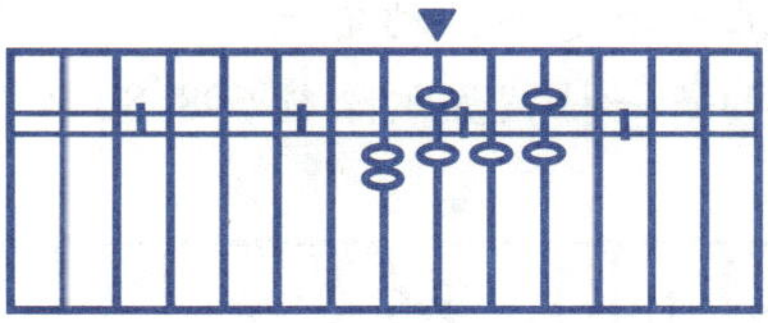

图 6 −3

（2）被除数首位 2 与除数 8 相比，不够除，应挨位试商 3，挨位在左档拨上 3，并在商的右档挨位减去乘积：3 ×8 =24，见图 6 −4。

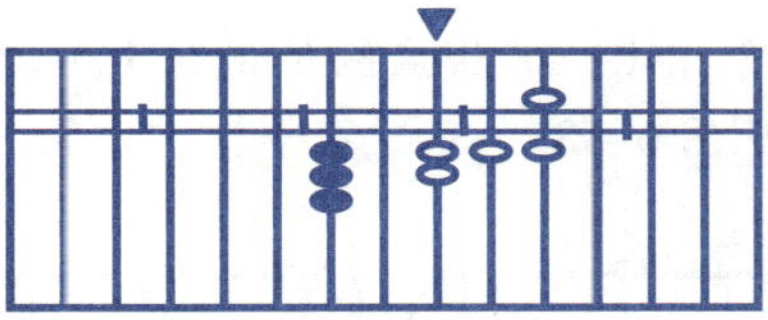

图 6 −4

（3）余数 216 的 2 与除数 8 相比，不够除，取 21 与 8 挨位试商 2，并在商的右档挨位减去乘积：2 ×8 =16，见图 6 −5。

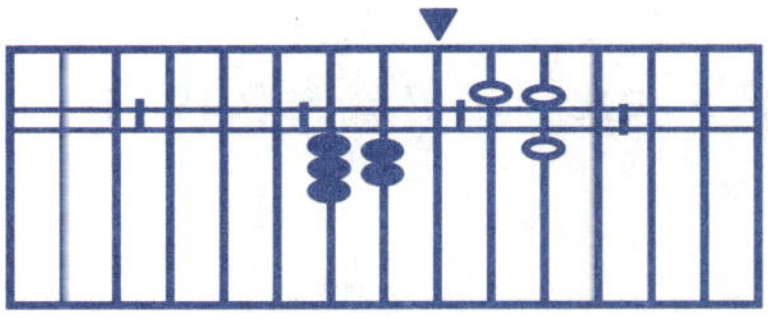

图 6 −5

（4）余数 56 的 5 与除数 8 相比，不够除，挨位试商 7，挨位在左档拨上 7，并在商的右档挨位减去乘积：7 ×8 =56，恰好除尽，见图 6 −6。

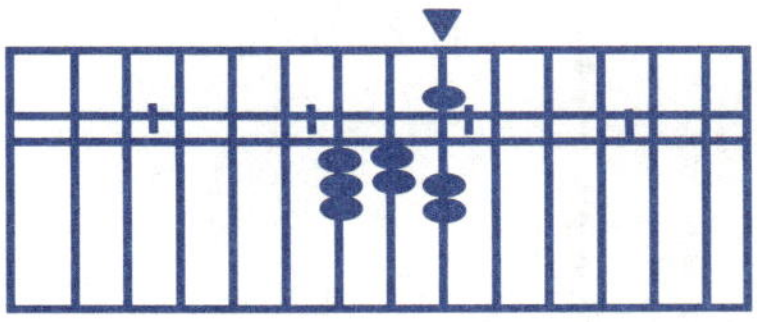

图 6 −6

（5）运算完毕，盘上得出商数327即为答案。

【课堂比一比】

4,950 ÷ 6 = ？（用隔位商除法）

【活动实例】 698.80 ÷ 5 = 139.76（用隔位商除法）

教师点拨： 运用算前固定个位档定位法在盘上定位，采用商除法算盘盘式运算步骤，请与老师一起计算。

（1）算盘定位与置数：用算前固定个位档定位法在盘上定位，定位档 y = m − n − 1 = 3位 − 1位 − 1位 = 1位，在算盘的正一档拨置被除数698.80入盘，默记除数5，见图6−7。

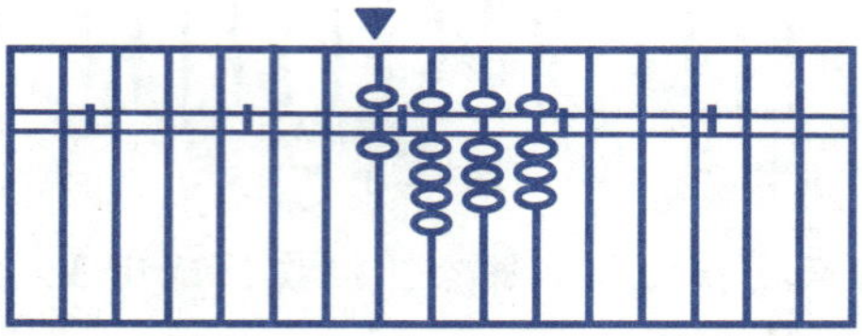

图6−7

（2）被除数首位6与除数5相比，够除应隔位试商1，隔位在左档拨上1，并在商的右档隔位减去乘积：1 × 5 = 05，见图6−8。

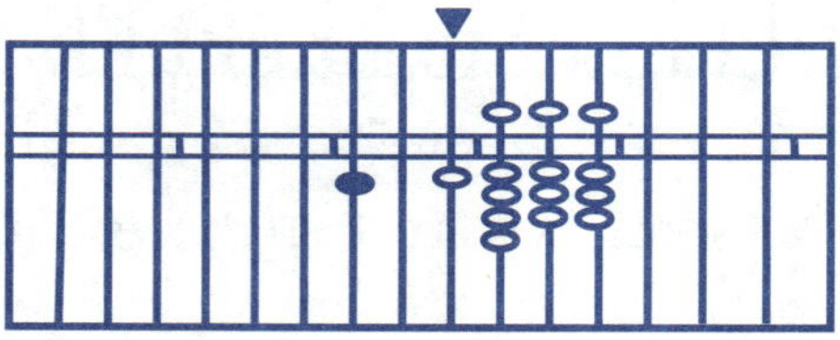

图6−8

（3）余数1,988的1与除数5相比，不够除，取19与5挨位试商3，并在商的右档挨位减去乘积：3 × 5 = 15，见图6−9。

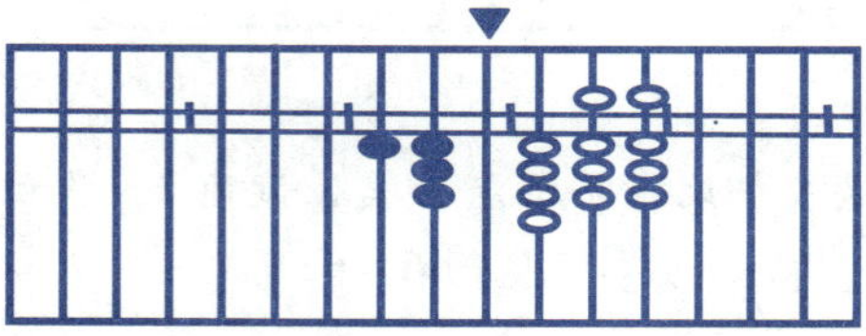

图6−9

（4）余数488的4与除数5相比，不够除，取48与除数5挨位试商9，挨位在左档上拨上9，并在商的右档挨位减去乘积：9×5=45，见图6-10。

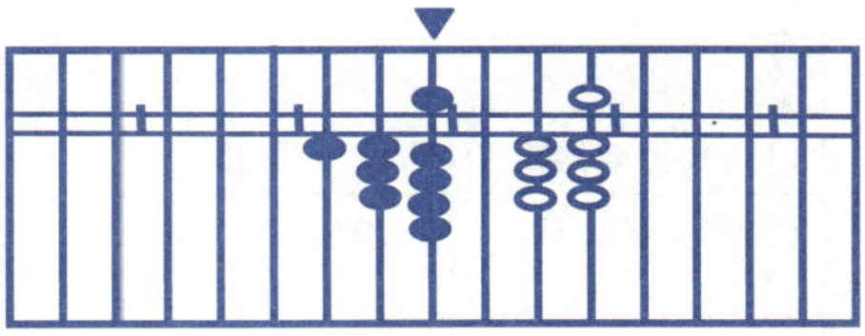

图6-10

（5）余数38的3与除数5相比，不够除，取38与除数5挨位试商7，挨位在左档上拨上7，并在商的右档挨位减去乘积：7×5=35，见图6-11。

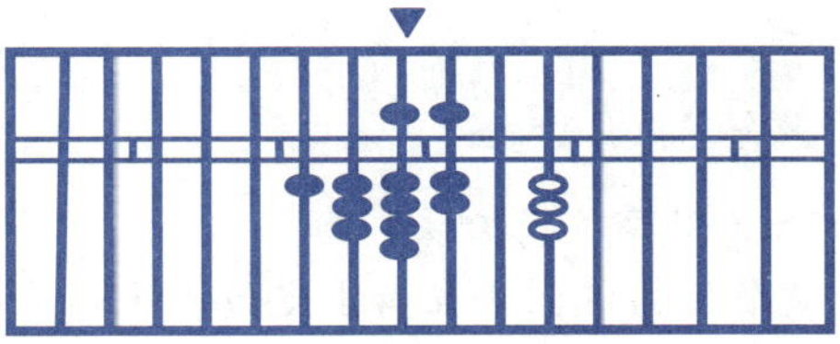

图6-11

（6）余数3与除数5相比，不够除，挨位试商6，挨位在左档上拨上6，并在商的右档挨位减去乘积：6×5=30，见图6-12。

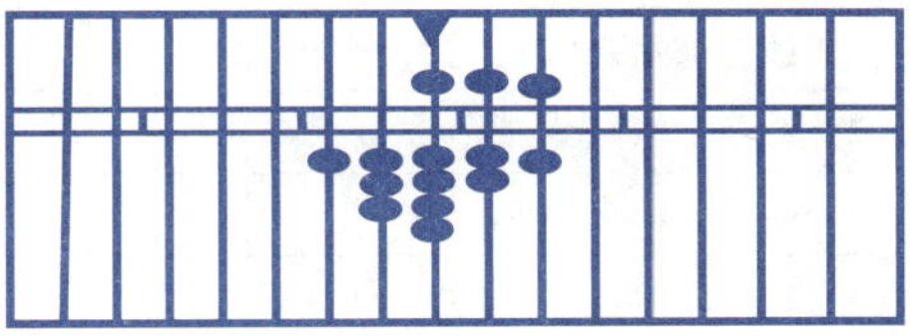

图6-12

（7）运算完毕，盘上得出商数139.76即为答案。

【课堂比一比】

598.15÷7=？（用隔位商除法）

【活动实例】304÷8=38（用隔位商除法）

教师点拨：运用算前固定个位档定位法在盘上定位，采用商除法简捷盘式计算步骤，请与老师一起计算，见表6-1。

表 6－1

盘上定位	运算活动步骤	简捷盘式（+1 档为个位档）			
		+2	+1	0	-1
(1) 定位档 y＝m－n－1＝3 位－1 位－1 位＝1 位 (2) 在算盘的正一档置被除数入盘	(1) 拨上被除数 304 入盘，默记除数 8		三	0	四
	(2) 3＜8，“数小”挨位试商 3		三	0	四
	(3) 减积：3×8＝24	3	0	六	四
	(4) 6＜8，“数小”挨位试商 8	3	8	六	四
	(5) 减积：8×8＝64	3	8	0	0
	(6) 运算完毕，盘上得出商数 38 即为答案				

【课堂比一比】

628÷5＝？（用隔位商除法）

【活动实例】928÷8＝116（用隔位商除法）

教师点拨： 运用算前固定个位档定位法在盘上定位，采用商除法简捷盘式运算步骤，请与老师一起计算，见表 6－2。

表 6－2

盘上定位	运算活动步骤	简捷盘式（+1 档为个位档）				
		+3	+2	+1	0	-1
(1) 定位档 y＝m－n－1＝3 位－1 位－1 位＝1 位 (2) 在算盘的正一档置被除数入盘	(1) 拨上被除数 928 入盘，默记除数 8			九	二	八
	(2) 9＞8，“数大”隔位试商 1	1	0	九	二	八
	(3) 减积：1×8＝08	1	0	一	二	八
	(4) 1＜8，“数小”挨位试商 1	1	1	一	二	八
	(5) 减积：1×8＝08	1	1	0	四	八
	(6) 4＜8，“数小”挨位试商 6	1	1	6	四	八
	(7) 减积：6×8＝48	1	1	6	0	0
	(8) 运算完毕，盘上得出商数 116 即为答案					

提示： 若用算后定位法定位，则用“前小位相减，前大减后加 1”进行定位；如活动实例 304÷8＝38“前小”即 3＜8，采用算后定位为：3 位－1 位＝2 位，为答案定位。如活动实例 928÷8＝116“前大”即 9＞8，采用算后定位为：3 位－1 位＋1 位＝3 位，为答案定位。

【课堂比一比】

348÷6＝？（用隔位商除法）

二、多位数隔位商除法操作流程

多位数隔位商除法操作步骤如下：

（1）用算前固定个位档定位法在盘上定位，首先确定商数的个位档。然后按式 $y = m - n - 1$ 确定定位档。

（2）置数：拨置被除数入盘。

（3）运算顺序：从被除数首位起，被除数与除数相除，采用“估商、置数和减积”三个步骤求得第一个商数，再用被除数的余数与除数相除，用同样的三个步骤求得第二个商数，依此类推，直到运算完毕。

（4）置商规则：够除隔位置商，不够除挨位置商。

（5）减积档次：置商后，二位数除法的减积步骤要分两次进行，三位数除法的减积步骤要分三次进行，依此类推。商与第二位除数相乘，其乘积的十位数从商数右边第一档起减去。商与第二位除数相乘，其乘积的十位数从商数右边第二档起减去；商数与第三位除数相乘，其乘积的十位数在商数右边第三档起减。依此类推，直到商数与各位除数的乘积都减完为止。

提示： 为防止减乘积发生错档，可把右手手指按在已减乘积的个位档上，当商与第二位数相乘时，其乘积的十位数就从手指所按的档位上起减。即除数是第几位，它与商数乘积的十位数就在商数右边第几档起减。

【活动实例】 6,370 ÷ 35 = 182（用隔位商除法）

教师点拨： 运用算前固定个位档定位法在盘上定位，采用商除法算盘盘式运算步骤，请与老师一起计算。

（1）算前定位与置数：用算前固定个位档定位法在盘上定位。

（2）定位档 $y = m - n - 1 = 4$ 位 $- 2$ 位 $- 1$ 位 $= 1$ 位。

（3）在算盘的正一档拨置被除数 6,370 入盘，默记除数 25，见图 6 – 13。

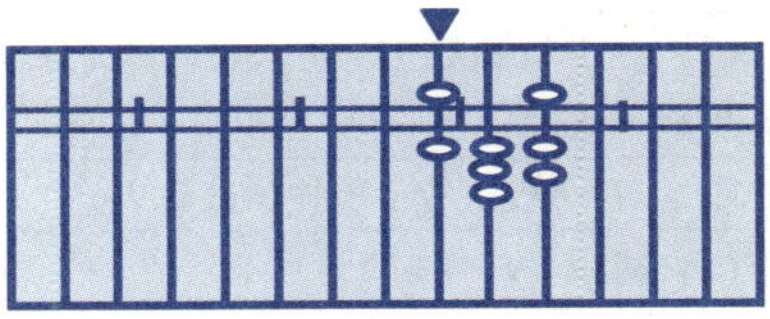

图 6 – 13

（4）63 > 35 够除，应隔位试商，然后取被除数 63 与除数 35 试商 1，隔位在左档拨上 1，并在商的右档位减去乘积：1 × 35 = 35，见图 6 – 14。

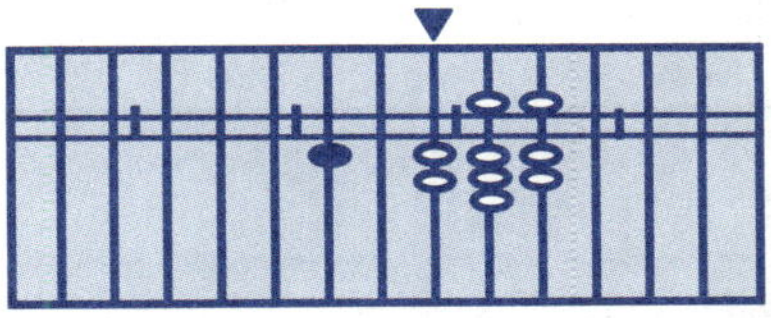

图 6 – 14

（5）28 与 35 相比，不够除，挨位试商 8，在左档挨位拨上 8，并在商的右档挨位减去乘积：8 ×3 =24，8 ×5 =40；余数为 7，见图 6 –15。

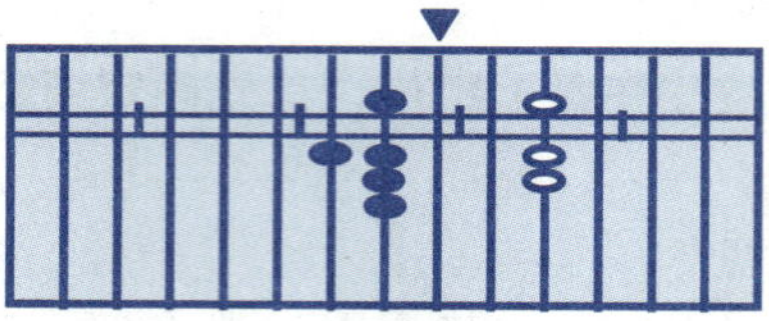

图 6 –15

（6）余数 70 >35，够除，隔位试商 2，并在商的右档依次减去乘积：2 ×3 =06，2 ×5 =10，恰好除尽，见图 6 –16。

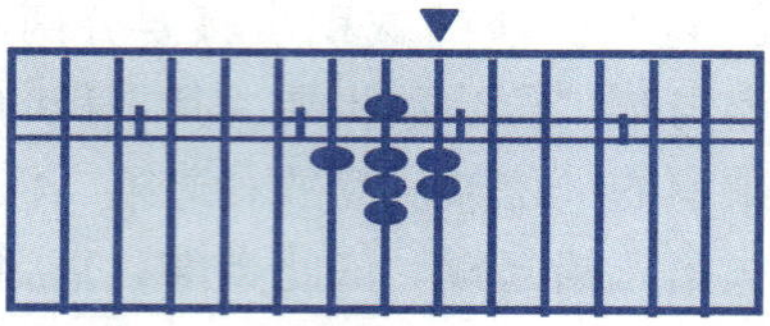

图 6 –16

（7）运算完毕，盘上得出商数 182 即为答案。

【课堂比一比】

7, 590 ÷46 = ？（用隔位商除法）

【活动实例】7, 968 ÷83 =96（用隔位商除法）

教师点拨：运用算前固定个位档定位法在盘上定位，采用商除法简捷盘式运算步骤，请与老师一起计算，见表 6 –3。

表 6 –3

盘上定位	运算活动步骤	简捷盘式（+1 档为个位档）				
		+2	+1	0	–1	–2
（1）定位档 y = m – n – 1 =4 位 –2 位 –1 位 =1 位 （2）在算盘正一档置被除数入盘	（1）拨上被除数 7, 968 入盘，默记除数 83		七	九	六	八
	（2）79 <83，“数小”挨位试商 9	9	七	九	六	八
	（3）减积：9 ×8 =72	9	0	七	六	八
	9 ×3 =27	9	0	四	九	八
	（4）49 <83，“数小”挨位试商 6	9	6	四	九	八
	（5）减积：6 ×8 =48	9	6	0	一	八
	6 ×3 =18	9	6	0	0	0
	（6）运算完毕，盘上得出商数 96 即为答案					

【课堂比一比】

6, 528 ÷75 = ？（用隔位商除法）

【活动实例】667.76 ÷ 0.085 = 7,856（用隔位商除法）

教师点拨： 运用算前固定个位档定位法在盘上定位，采用商除法简捷盘式运算步骤，请与老师一起计算，见表 6－4。

表 6－4

盘上定位	运算活动步骤	简捷盘式（+1 档为个位档）					
		+4	+3	+2	+1	0	－1
（1）定位档 y = m － n － 1 = 3 位 －（－1）位 －1 位 = 3 位 （2）在算盘正三档置被除数入盘	（1）拨上被除数 667.76 入盘，默记除数 85		六	六	七	七	六
	（2）66 < 85，“数小”挨位试商 7	7	六	六	七	七	六
	（3）减积：7 × 8 = 56	7	—	0	七	七	六
	7 × 5 = 35	7	0	七	二	七	六
	（4）72 < 85，“数小”挨位试商 8	7	8	七	二	七	六
	（5）减积：8 × 8 = 64	7	8	0	八	七	六
	8 × 5 = 40	7	8	0	四	七	六
	（6）47 < 85，“数小”挨位试商 5	7	8	5	四	七	六
	（7）减积：5 × 8 = 40	7	8	5	0	七	六
	5 × 5 = 25	7	8	5	0	五	一
	（8）51 < 78，“数小”挨位试商 6	7	8	5	6	五	一
	（9）减积：6 × 8 = 48	7	8	5	6	0	三
	6 × 5 = 30	7	8	5	6	0	0
	（10）运算完毕，盘上得出商数 7,856 即为答案						

【课堂比一比】

329.15 ÷ 0.058 = ?（用隔位商除法）

【活动实例】27,768 ÷ 356 = 78（用隔位商除法）

教师点拨： 运用算前固定个位档定位法在盘上定位，采用商除法算盘盘式运算步骤，请与老师一起计算。

（1）算前定位与置数：用算前固定个位档定位法在盘上定位；

（2）定位档 y = m － n － 1 = 5 位 －3 位 －1 位 = 1 位，在算盘的正一档拨置被除数 27,768 入盘，默记除数 356，见图 6－17。

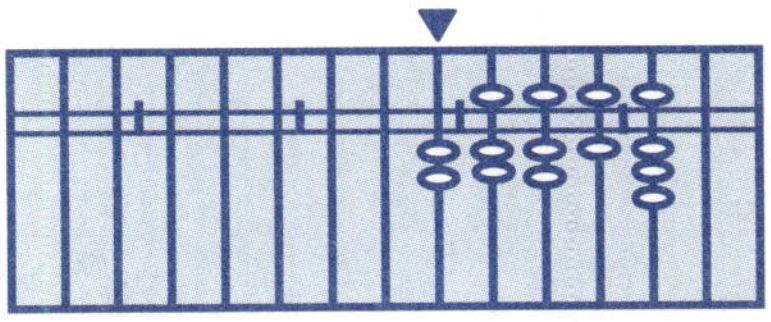

图 6－17

（3）277与356相比，不够除，挨位试商7，在右档挨位减去乘积：7×3=21，7×5=35，7×6=42；余2,848，见图6-18。

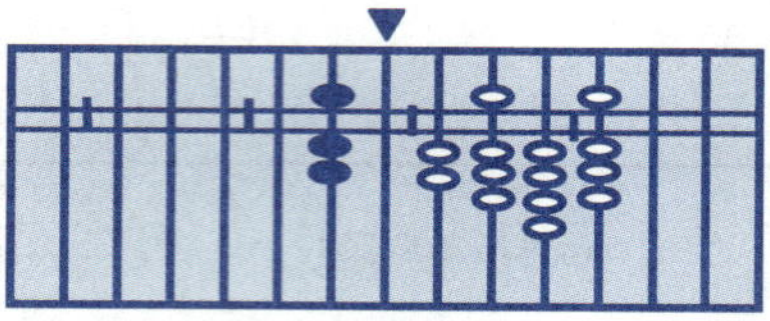

图6-18

（4）余数2,848前三位284<356，挨位试商8，然后在右档挨位减去乘积：8×3=24，8×5=40，8×6=48，恰好除尽，见图6-19。

图6-19

（5）运算完毕，盘上得出商数78即为答案。

【课堂比一比】

5,684.80÷352=？（用隔位商除法）

课后练习

1. 要求按隔位商除法，运用算前固定个位档定位法在盘上定位，完成下列一位数除法计算。（请保留两位小数，以下四舍五入）

（1）536,203÷2=
（2）60,414.60÷3=
（3）22,356.80÷0.5=
（4）354,098÷40=
（5）678,580÷4=
（6）2,848÷8=
（7）8,829÷90=
（8）34,455÷50=
（9）33,957÷40=
（10）13,560÷8=
（11）99,946÷6=
（12）395,605÷7=
（13）20,384÷8=
（14）468,756÷300=
（15）35,916÷600=
（16）13,848÷6=
（17）17,948.40÷0.3=
（18）52,712÷0.08=
（19）17,840÷5=
（20）3,033÷9=

2. 按隔位商除法，运用算前固定个位档定位法在盘上定位，完成下列多位数隔位商除法计算。（请保留两位小数，以下四舍五入）

(1) 4, 350 ÷75 =
(2) 16, 275 ÷35 =
(3) 21, 168 ÷56 =
(4) 3, 604 ÷68 =
(5) 46, 501 ÷73 =
(6) 73, 944 ÷78 =
(7) 38, 930 ÷458 =
(8) 119, 080 ÷65 =
(9) 14, 632 ÷59 =
(10) 263, 130 ÷735 =
(11) 73, 005 ÷93 =
(12) 674, 475 ÷85 =
(13) 241, 650 ÷358 =
(14) 594, 088 ÷473 =
(15) 289, 255 ÷83 =
(16) 156, 883 ÷359 =
(17) 273, 180 ÷628 =
(18) 379, 638 ÷46 =
(19) 4, 479, 664 ÷518 =
(20) 388, 830 ÷78 =

活动三　不隔位商除法操作技巧

活动小伴读

不隔位除法，够除时挨位立商，不够除时，将被除数首位数直接改为商数，故又称改商除法。改商除法也称挨位商除法，是对隔位商除法进行改进的一种运算方法，其运算原理与隔位商除法一致，只是在定位和置商时的档位有所不同。

这种方法和隔位商除法的运算步骤、方法基本一致，只是在置商、减积和调商时，档次向右移了一位，占用档位少，简化了运算程序，因而能减少拨珠次数，计算速度快。

一、不隔位商除法的要领

不隔位商除法在运算过程中，除了立商位置与隔位商除法错一位以外，其他如布数、估商、减积、退商与补商等方法都基本相同。

二、不隔位商除法的立商原则

被除数与除数同位数相比，大于或等于除数（够除），挨位立商，即在被除数首位数的前一档置商，而当被除的数同位比除数小时（不够除），则将被除数首位数改为商。

其立商原则是：够除挨位立商，不够除本位改商。

三、改商除法的计算步骤

（一）置数

采用固定个位法时，以 m－n 为基础确定被除数首位数应拨入的档位，依次布入被除数。

（二）估商

用被除数除以除数，确定商数是几。

在首次估商时，可以运用以下估商法则：①被除数首位数大于或等于除数的首位数，且除数的第二位数小于5时，在被除数首位数内运用除数首位数估商；②被除数首位数大于或等于除数的首位数，且除数的第二位数大于5时，在被除数首位数内运用除数首位数加1估商；③被除数首位数小于除数的首位数，且除数的第二位数小于5时，在被除数首位数和第二位数内运用除数首位数估商；④被除数首位数小于除数的首位数，且除数的第二位数大于5时，在被除数首位数和第二位数内运用除数首位数加1估商。在后续运算的估商中，依此类推。

（三）置商

够除，挨位立商；不够除，本位改作商。

（四）减积的档位

置商后，按照从被除数首位数起，由高位到低位，从被除数中减去商数与除数的乘积。每置一次商即减一次乘积，直至达到要求为止。

（五）商数

【活动实例】 0.37944 ÷0.00248 =153（用不隔位商除法）

教师点拨：（1）用 m－n 改变原被除数即0位－（－2）位 =2 位，使其变为37.944，将其拨入算盘中相应的位置，见图6－20。

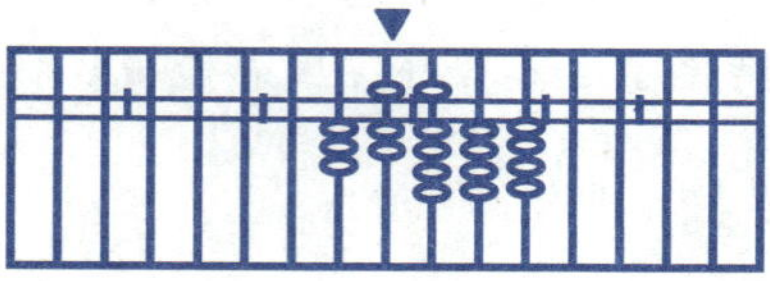

图6－20

（2）运算完毕，盘面结果153即为所求商数，见图6－21。

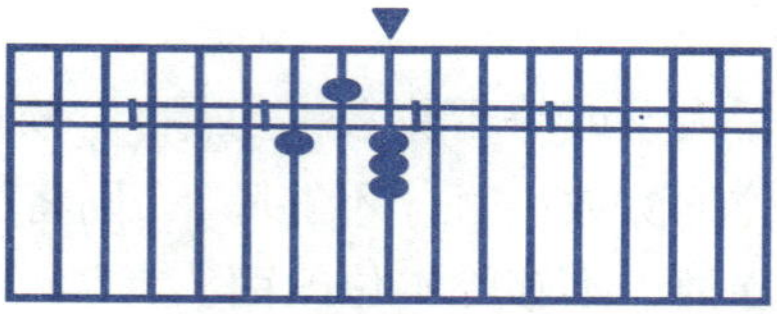

图6－21

【活动实例】 87,591 ÷7 =12,513

教师点拨：运用算前固定个位档定位法在盘上定位，采用不隔位商除法简捷盘式运算步骤，请与老师一起计算，见表6－5。

表 6－5

盘上定位	运算活动步骤	简捷盘式（+1 档为个位档）					
		+5	+4	+3	+2	+1	0
（1）定位档 y = m − n = 5 位 − 1 位 = 4 位 （2）在算盘正四档置被除数入盘	（1）拨上被除数 87，591 入盘，默记除数 7		八	七	五	九	一
	（2）8 > 7，"数大"挨位商 1	1	八	七	五	九	一
	（3）减积：1 × 7 = 07	1	一	七	五	九	一
	（4）1 < 7，"数小"改商 2	1	2	七	五	九	一
	（5）减积：2 × 7 = 14	1	2	三	五	九	一
	（6）3 < 7，"数小"改商 5	1	2	5	五	九	一
	（7）减积：5 × 7 = 35	1	2	5	0	九	一
	（8）9 > 7，"数大"挨位商 1	1	2	5	1	九	一
	（9）减积：1 × 7 = 07	1	2	5	1	二	一
	（10）2 < 7，"数小"改商 3	1	2	5	1	3	一
	（11）减积：3 × 7 = 21	1	2	5	1	3	0
	（12）运算完毕，盘上得出商数 12，513 即为答案						

【活动实例】 58，734 ÷ 78 = 753

教师点拨： 运用算前固定个位档定位法在盘上定位，采用不隔位商除法简捷盘式运算步骤，请与老师一起计算，见表 6－6。

表 6－6

盘上定位	运算活动步骤	简捷盘式（+1 档为个位档）					
		+4	+3	+2	+1	0	−1
（1）定位档 y = m − n = 5 位 − 1 位 = 4 位 （2）在算盘正四档置被除数入盘	（1）拨上被除数 58，734 入盘，默记除数 78		五	八	七	三	四
	（2）5 < 7，"数小"改商 7		7	八	七	三	四
	（3）减积：7 × 7 = 49 7 × 8 = 56		7 7	九 四	七 一	三 三	四 四
	（4）4 < 7，"数小"改商 5		7	5	一	三	四
	（5）减积：5 × 7 = 35 5 × 8 = 40		7 7	5 5	六 二	三 三	四 四
	（6）2 < 7，"数小"改商 3		7	5	3	三	四
	（7）减积：3 × 7 = 21 3 × 8 = 24		7 7	5 5	3 3	二 0	四 0
	（8）运算完毕，盘上得出商数 753 即为答案						

【课堂比一比】

2.2425 ÷ 0.0345 = ？（用不隔位商除法）

课后练习

运用算前固定个位档定位法对下列各式进行盘上定位（用不隔位商除法）。

（1）985,672 ÷ 0.256 =

（2）78,968.76 ÷ 78 =

（3）87,600.75 ÷ 75 =

（4）682,377.50 ÷ 35 =

（5）937,825.23 ÷ 69 =

（6）385,485.75 ÷ 0.345 =

（7）179,832.96 ÷ 48 =

（8）697,801 ÷ 65 =

（9）793,440 ÷ 32 =

（10）387,208.29 ÷ 87 =

任务二
商除法退商和补商操作技巧

课前导读

商除法是用心算估商，多位数商除法的重点和难点是估商。要达到计算既快又准，估商是关键。在商除法运算中，估商一次成功比较难，往往不是偏大就是偏小。因此，除了要掌握估商的一些规律外，还应熟悉商除法退商与补商的技巧和方法。如果运算过程中出现估商不准，则用退商或补商的方法加以调整。

任务目标

1. 掌握多位数隔位商除法的退商和补商运算。
2. 掌握算盘盘式和简捷盘式进行隔位商除法运算。

活动一　退商的操作技巧

活动小伴读

在多位数商除法运算过程中，由于估商偏大，估商过大导致被除数不够减去商与除数的乘积时，只能将商改小。如果开始置商就发现不够减乘积，就直接将商改小，直到够减为止。如果置商后已减过乘积后才发现商过大，只能退商，商数退几，就在置商右边相应的档位上，补加该数与除数的乘积。

一、开始不够减，自动退一珠

【活动实例】 6,408 ÷ 356 = 18（用隔位商除法）

教师点拨： 运用算前固定个位档定位法在盘上定位，采用商除法简捷盘式的运算步骤，请与老师一起计算，见表 6－7。

表 6－7

盘上定位	运算活动步骤	简捷盘式（＋1 档为个位档）					
		+2	+1	0	－1	－2	－3
（1）定位档 y = m − n − 1 = 4 位 − 3 位 − 1 位 = 0 位 （2）在算盘 0 位档置被除数入盘	（1）拨上被除数 6,408，默记除数 356			六	四	0	八
	（2）64 > 35，“数大”隔位试商 2	2	0	六	四	0	八
	（3）减积：2 × 3 = 06，但减不过 2 × 56 = 112，退一还 1 × 06 = 06（已乘减过的数）	2 1	0 0	0 六	四 四	0 0	八 八
	（4）减积：1 × 3 = 03 1 × 5 = 05 1 × 6 = 06	1 1 1	0 0 0	三 二 二	四 九 八	0 0 四	八 八 八
	（5）28 < 35，“数小”挨位试商 8	1	8	二	八	四	八
	（6）减积：8 × 3 = 24 8 × 5 = 40 8 × 6 = 48	1 1 1	8 8 8	0 0 0	四 0 0	四 四 0	八 八 0
	（7）运算完毕，盘上得出商数 18 即为答案						

【课堂比一比】

45,746 ÷ 257 = ?（用隔位商除法）

小贴士

在本活动实例中，首位估商为 2，请用退商方法完成该项运算。

二、中途不够减，退一隔档加还除数几

小贴士

隔档加还除数几，是指在商数右隔一档加还 1 倍的除数几，商数与除数乘了前几位就加还前几位，然后用改小了的商数继续与没有乘的除数相乘。

【活动实例】 96, 714 ÷ 243 = 398（用隔位商除法）

教师点拨： 运用算前固定个位档定法位在盘上定位，采用商除法简捷盘式的运算步骤，请与老师一起计算，见表 6 – 8。

表 6 – 8

盘上定位	运算活动步骤	简捷盘式						
		+3	+2	+1	0	–1	–2	–3
（1）定位档 y = m – n – 1 = 5 位 – 3 位 – 1 位 = 1 位 （2）在算盘正一档置被除数入盘	（1）拨上被除数 96, 714，默记除数 243			九	六	七	一	四
	（2）96 > 24，“数大”隔位试商 4	4	0	九	六	七	一	四
	（3）减积：4 × 2 = 08，4 × 4 = 16：中途不够减，即 4 × 3 = 12 未减	4 4	0 0	一 0	六 0	七 七	一 一	四 四
	（4）退一还（即加上已乘减数：4 × 2 = 08，4 × 4 = 16）入盘	3	0	九	六	七	一	四
	（5）退一改小后商数为 3，减积： 3 × 2 = 06 3 × 4 = 12 3 × 3 = 09	3 3 3	0 0 0	三 二 二	六 四 三	七 七 八	一 一 一	四 四 四
	（6）23 < 24，“数小”挨位试商 9	3	9	二	三	八	一	四
	（7）减积：9 × 2 = 18 9 × 4 = 36 9 × 3 = 27	3 3 3	9 9 9	0 0 0	五 二 一	八 二 九	一 一 四	四 四 四
	（8）19 < 24，“数小”挨位试商 8	3	9	8	一	九	四	四
	（9）减积：8 × 2 = 16 8 × 4 = 32 8 × 3 = 24	3 3 3	9 9 9	8 8 8	0 0 0	三 0 0	四 二 0	四 四 0
	（10）运算完毕，盘上得出商数 398 即为答案							

【课堂比一比】

497, 300 ÷ 625 = ？（用隔位商除法）

小贴士

在本活动实例中，首位估商为 8，请用退商方法完成该项运算。

课后练习

要求按隔位商除法，运用算前固定个位档定位法在盘上定位，完成下列多位数商除法补商和退商的计算。（保留两位小数，以下四舍五入）

（1）4, 368 ÷ 56 =

小贴士

用退商方法，首位估商成8。

（2）113, 160 ÷345 =

小贴士

用补商方法，首位估商成2。

（3）540, 465 ÷685 =

小贴士

用退商方法，首位估商成8。

（4）49, 980 ÷735 =

小贴士

用退商方法，首位估商成7。

（5）41, 402. 01 ÷0. 795 =

小贴士

用退商方法，第四位估商成8。

（6）98, 784 ÷3, 528 =

小贴士

用补商方法，第二位估商成7。

（7）0. 94392 ÷0. 0368 =

小贴士

用退商方法，第二位估商成6。

（8）4, 018, 212 ÷876 =

小贴士

用退商方法，第二位估商成6。

（9）80, 657. 28 ÷2, 546 =

小贴士

用退商方法，第三位估商成7。

（10）340, 457. 70 ÷62. 15 =

小贴士

用补商方法，第四位估商成7。

（11）182, 478 ÷51 =

小贴士

用补商方法，第四位估商成7。

（12）104, 280. 30 ÷21. 80 =

小贴士

用退商方法，第二位估商成8。

（13）17, 426. 70 ÷578 =

小贴士

用补商方法，第四位估商成4。

（14）557, 390. 35 ÷652. 30 =

小贴士

用补商方法，第一位估商成7，第二位估商成4。

（15）14, 389. 20 ÷ 31. 50 =

小贴士

用补商方法，第二位估商成4；用退商方法，第三位估商成7。

（16）9, 154. 295 ÷ 278. 50 =

小贴士

用退商方法，第一位估商成4，第二位估商成3。

（17）5, 087. 23 ÷ 81. 50 =

小贴士

用补商方法，第3位估商成3。

（18）230, 802 ÷ 538 =

小贴士

用补商方法，第三位估商成8。

（19）3, 222, 344 ÷ 472 =

小贴士

用退商方法，第二位估商成9，第四位估商成8。

（20）4, 833, 165 ÷ 6, 285 =

小贴士

用退商方法，第二位估商成7；用补商方法，第三位估商成8。

活动二 补商的操作技巧

活动小伴读

在运算中，由于估商偏小导致被除数减去商与除数的乘积后，余数中含有除数的一倍甚至几倍，这时，有几倍就在商中再补加几，同时在被除数里减去几倍除数。

在被除数一定的情况下，由于对商影响较大的首先是除数的首位数，然后是除数的第二位数。因此，估商时可以运用估商法则。估商法则对大部分算题都能解决，解决不了的，仍需要退商与补商。

如果补一次商后，余数仍大于除数时，应再补商一次。直至商的右边第一档出现空档，商右边第二档的余数小于除数为止。

小贴士

补商的方法是：余大补商一，隔档减除数。即原商数加1，隔位减一遍除数。

【活动实例】 6,396 ÷ 78 = 82（用隔位商除法）

教师点拨： 运用算前固定个位档定位法在盘上定位，采用商除法简捷盘式的运算步骤，请与老师一起计算，见表6－9。

表6－9

盘上定位	运算活动步骤	简捷盘式（+1档为个位档）				
		+2	+1	0	−1	−2
（1）定位档 y = m − n − 1 = 4位 − 2位 − 1位 = 1位 （2）在算盘正一档置被除数入盘	（1）拨上被除数6,396入盘，默记除数78		六	三	九	六
	（2）63 < 78，“数小”挨位试商7	7	六	三	九	六
	（3）减积：7 × 7 = 49 7 × 8 = 56	7 7	一 0	四 九	九 三	六 六
	（4）93 > 78，“数大”在原商数补商加1	8	0	九	三	六
	（5）减积：1 × 7 = 07 1 × 8 = 08	8 8	0 0	二 一	三 五	六 六
	（6）15 < 78，“数小”挨位试商2	8	2	一	五	六
	（7）减积：2 × 7 = 14 2 × 8 = 16	8 8	2 2	0 0	一 0	六 0
	（8）运算完毕，盘上得出商数82即为答案					

【课堂比一比】

3, 834 ÷ 54 = ？（用隔位商除法）

小贴士

首位估商成6，用补商方法完成该项运算活动。

【活动实例】580, 368 ÷ 856 = 678（用隔位商除法）

教师点拨： 运用算前固定个位档定位法在盘上定位，采用商除法简捷盘式的运算步骤，请与老师一起计算，见表 6 – 10。

表 6 – 10

盘上定位	运算活动步骤	简捷盘式（+1 档为个位档）						
		+3	+2	+1	0	−1	−2	−3
（1）定位档 y = m − n − 1 = 6 位 − 3 位 − 1 位 = 2 位 （2）在算盘正二档置被除数入盘	（1）拨上被除数 580, 368 入盘，默记除数 856		五	八	0	三	六	八
	（2）58 < 85，“数小”挨位试商 6	6	五	八	0	三	六	八
	（3）减积：6 × 8 = 48	6	一	0	0	三	六	八
	6 × 5 = 30	6	0	七	0	三	六	八
	6 × 6 = 36	6	0	六	六	七	六	八
	（4）66 < 85，“数小”挨位试商 7	6	7	六	六	七	六	八
	（5）减积：7 × 8 = 56	6	7	一	0	七	六	八
	7 × 5 = 35	6	7	0	七	二	六	八
	7 × 6 = 42	6	7	0	六	八	四	八
	（6）66 < 85，“数小”挨位试商 7	6	7	7	六	八	四	八
	（7）减积：7 × 8 = 56	6	7	7	一	二	四	八
	7 × 5 = 35	6	7	7	0	八	九	八
	7 × 6 = 42	6	7	7	0	八	五	六
	（8）剩下的余数 856 仍够除，应在原商数补商加 1	6	7	8	0	八	五	六
	（9）减积：1 × 8 = 08	6	7	8	0	0	五	六
	1 × 5 = 05	6	7	8	0	0	0	六
	1 × 6 = 06	6	7	8	0	0	0	0
	（10）运算完毕，盘上得出商数 678 即为答案							

【课堂比一比】

156, 050. 64 ÷ 438 = ？（用隔位商除法）

小贴士

在本活动中，在求得第一位商数 3 后，被除数余数是 2, 465, 064；求得第二位商数 5 后，被除数的余数是 275, 064；第三位商估成 5，求得被除数余数是 56, 064 后，请用补商方法完成该项运算。

课后练习

运用算前固定个位档定位法在盘上定位，采用商除法简捷盘式运算步骤，请计算下列各题（用隔位商除法，保留小数点后两位，以下四舍五入）。

（1）108, 288 ÷ 36 =
（2）195, 638 ÷ 23 =
（3）988, 465 ÷ 85 =
（4）567, 616 ÷ 28 =
（5）368, 938 ÷ 58 =
（6）458, 475 ÷ 75 =
（7）568, 628 ÷ 32 =
（8）388, 635 ÷ 65 =
（9）398, 520 ÷ 54 =
（10）567, 528 ÷ 96 =
（11）382, 819 ÷ 53 =
（12）795, 960 ÷ 72 =
（13）928, 290 ÷ 87 =
（14）637, 716 ÷ 48 =
（15）865, 830 ÷ 62 =
（16）658, 380 ÷ 71 =
（17）868, 728 ÷ 35 =
（18）681, 535 ÷ 46 =
（19）598, 230 ÷ 18 =
（20）469, 540 ÷ 68 =

任务三
除法简捷算法操作技巧

课前导读

除法的简捷算法是在基本算法的基础上，根据某一特殊数字的特殊规律而采用的特殊方法来计算的。简捷除法，是根据被除数或除数的某一数字的特殊规律而采用的各种特殊运算方法。如补数除法、以乘代除等。这些算法是在满足求商的基础上，采用心算和数字原理，灵活地改变拨珠程序，精简运算过程，简化计算过程，减少拨珠次数和运算错误，达到简捷计算，提高运算速度的目的。

任务目标

1. 熟练掌握补数除法的操作技巧。
2. 熟练掌握以乘代除法的操作技巧。
3. 熟练掌握省除法的操作技巧。

活动一 补数除法操作技巧

活动小伴读

补数除法是凑整数的加除法，故又称凑整加除法，也称为补加数除法。在除数首位数或前几位数为9，后面只有一至两位数不是9的情况下，用加、减除数的补数求商，就是把除数凑成整数，如96凑成100，补数为4，或698凑成1,000，补数为302等。

该法是以除数的补数，把从被除数里“减积”变为“加积”，是补数乘法的逆运算。运用这种方法可以更好地减少除数的位数，从而达到计算速度快捷的目的。尤其适用于多位数大数字除法的运算。具体是指在除数接近10的整数次幂的除法运算中，利用齐数与补数的关系，通过加减除数的补数来减少拨珠次数的一种简便除法。

在补数除法中，每次估定的商数是几，就在被除数相应档位加上该商数与除数补数的乘积（以下用P代替）。该乘积P视具体情况加入被除数：①被除数不够除时，就在下档加上P，但如果P的位数比补数位数多一位（积首进位），就在本档加上P。②被除数够除时，就在本档加上P，但如果P的位数比补数位数多一位，就在前档加上P。

在P加入被除数得出的和中，如果本档数字与估定的商相同，这个数字就是商数；如果不同，就需要退商或补商。

一、补数加除法

补数加除法是指不需要退商的补数除法。其商数的确定有两种情形：

（1）将P加入被除数得出的和中，如果本档数字与估定的商相同，这个数字就是商数。

（2）如果本档数字比估定的商大，就继续加补数（即补商），调整后使其一致。

当本档数字小于估定的商时，就用补数加减结合除法。

二、补数加减结合除法

补数加减结合除法是指由于本档数字比估定的商小，需要减去补数（即退商）使其一致的补数除法。

补数除法的原理是：被除数中含有若干倍除数时，则在被除数中加上若干倍除数的补数，就会得出商数。

三、运算方法和步骤

（一）置数定位

采用固定个位档定位法定位，按除数首数的档次 = 被除数的位数 − 除数的位数来置被除数。

（二）商

当除数与10的整数次幂非常接近时，用它除得商数也必然与被除数的首数极为接近，当除数的首数为 9 时，一般情况下商数和被除数的首数相同，这时用被除数作商。

（三）乘的顺序

用首（试）商数与除数的补数相乘，在相应的档位上加上其积之和，加积的档次规律是：商数与补数相乘，补数是第几位数，其积的个位数就加在试商的右几档上。

> **提示：** 18 ÷6 =3，18 是 6 的 3 倍，如果把除数 6 加上补数 4 作为除数，则等式变成：(18 +3 ×4) ÷ (6 +4) =3，这个等式所用的公式是：被除数 ÷ 除数 = （被除数 + 商 × 除数的补数） ÷ （除数 + 除数的补数）。

【活动实例】 37, 044 ÷98 =378

教师点拨： 采用补数除法盘式运算步骤，请与老师一起开始计算。

（1） +3 位即从小数点左三档起置被除数（见图 6 –22）。默记除数的补数 02；

（2）以被除数首数 3 作商，用其乘补数得 06；在商下位加积 06 得余数 7, 644；

（3）以余数首数 7 作商，用其乘补数 02 得 14，在商的右一档加积 14 的十位数 1，右二档加积个位数 4，余数为 784。

（4）以余数首数 7 作商，用其乘补数 02 得 14，在商的下位加积 14，余数为 98，等于余数。

（5）余数 98 与除数相等，可用“去 98 进 1”，加原商“七”得商“八”，即得商数为：378。

		▼			
3	7	0	4	4	
三	0	6			（商三，右边加积 3 ×02 =06）
·	7	6	4	4（余数）	
·	七	1	4	（余首商七，右加积 7 ×02 =14）	
·	·	7	8	4（余数）	
·	·	七	1	4（余首商七，右加积 7 ×02 =14）	
·	·	·	9	8（余数等于除数）	
·	·	一	9	8（去 98 进 1）	
三	七	八		（商数）	

图 6 –22

【活动实例】 4, 144. 98 ÷994 =4. 17

教师点拨： 采用补数除法盘式运算步骤，请与老师一起开始计算。

（1）按 +1 位拨上被除数（见图 6 –23），默记除数补数 006。

（2）以被除数首数 4 作商，在下一档加上商与补数的积 024，余数为 16, 898。

（3）以余数首数 1 作商，在下一档加上商与补数的积 006，余数为 6, 958。

（4）以余数首数 6 作商，在下一档加上商与补数的积 036，余数为 994，与除数相等。

（5）余数 994 与除数相等，可用“去 994 进 1”把商六改为商七。根据已定商位得商为：4.17。

▼						
4	1	4	4	9	8	（拨被除数入盘）
四	0	2	4	（商四，右加积 4 × 006 = 024）		
	1	6	8	9	8	（余数）
	一	0	0	6	（余首商一，右加积 1 × 006 = 006）	
		6	9	5	8	（余数）
		六	0	3	6	（余首商六，右加积 6 × 006 = 036）
			9	9	4	（余数等于除数）
		一	9	9	4	（去 994 进 1）
四	一	七	（商数）			

图 6 – 23

【活动实例】 36, 860 ÷ 485（515）= 76

教师点拨： 采用补数除法简捷盘式运算步骤，请与老师一起开始计算，见表 6 – 11。

表 6 – 11

运算活动步骤	简捷盘式（+1 档为个位档）									
	+10	+9	+8	+7	+6	+5	+4	+3	+2	+1
（1）除数的补数 515 置于算盘左边，被除数置于算盘右边	5	1	5			3	6	8	6	0
（2）36 比 4，估商 8，在本档 8 × 515，原数变为七，8060	5	1	5			七	8	0	6	0
（3）前档出商 7，比估商 8 小 1，调商，商小调减；下档减法 515 一次，原数变为七，2910	5	1	5			七	2	9	1	0
（4）前档出商 7，一致为商，余数 29 比 4；估商 7，本档加 7 × 515，原数变为七六，515	5	1	5			七	六	5	1	5

续表

运算活动步骤	简捷盘式（+1档为个位档）									
	+10	+9	+8	+7	+6	+5	+4	+3	+2	+1
（5）前档出商6，比原估商7小1，商小调减；下档减法515一次，原数变为七六；得76为所求答案	5	1	5			七	六			

【课堂练习】

用补数除法计算下列各题：

（1）96,726 ÷ 9.40 =
（2）25,186 ÷ 98 =
（3）35,672 ÷ 980 =
（4）34,216 ÷ 0.91 =
（5）45,372 ÷ 99.50 =
（6）374,965 ÷ 95 =
（7）53,989 ÷ 999.80 =
（8）7,549.68 ÷ 99.60 =
（9）632,502 ÷ 918 =
（10）99,072 ÷ 9.60 =

课后练习

用补数除法计算下列各题：

（1）525.7148 ÷ 988 =
（2）35.9208 ÷ 997.80 =
（3）0.99425 ÷ 0.97 =
（4）97.6272 ÷ 94.60 =
（5）623.45 ÷ 92.50 =
（6）6,361.60 ÷ 99.40 =
（7）0.1393422 ÷ 0.969 =
（8）421.40 ÷ 9.80 =
（9）890.15 ÷ 9.37 =
（10）57,480 ÷ 9,580 =

活动二　以乘代除法操作技巧

活动小伴读

在除法运算中，根据除法与乘法互逆的运算性质，可以以乘代除，使用这种方法的优点是：以乘代除是根据《斤秤流法》中的倍数关系确定的，实际运算中遇到这类数字的机会较多，可减少计算量和增强心算功能，大大提高计算速度。

任何数字除以“5”的商数，等于任何数字加其本身。根据这个定义得出：凡任何数字被5、25、125、625去除，只要分别乘以2、4、8、16，其商数即可求得。

本算法应采用“双数定位法”定位，从被除数首位大小决定位数。

【活动实例】32.6 ÷ 0.5 = 65.20

教师点拨：

（1）用5除等于被除数自身加倍，故乘以2。

（2）心算两个326等于652。

（3）用比数定位法，除位相减：2位－0位＝2位，被除数首位小于除数首位，不加1位，故商得65.20。

【活动实例】68÷5＝13.60。

教师点拨：

（1）用5除等于被除数自身加倍，故乘以2。

（2）心算两个68等于136。

（3）用比数定位法，除位相减：2位－1位＋1位＝2位，被除首位大于除数首位，加1位，故商得13.60。

【活动实例】42.30÷0.25＝169.20。

教师点拨：

（1）用25除等于被除数自身加倍再加倍，即乘以4。

（2）用分解方法心算：423×2×2＝1,692。

（3）用比数定位法，除位相减，前大加1位，2位－1位＋1位＝2位，故商得169.20。

【活动实例】746÷25＝29.84

教师点拨：

（1）用25除等于被除数自身加倍再加倍，即乘以4。

（2）用分解方法心算：746×2×2＝2,984。

（3）用比数定位法，除位相减，前大加1位，3位－2位＋1位＝2位，故商得29.84。

【活动实例】52.70÷1.25＝42.16

教师点拨：

（1）用125除等于被除数自身加倍加倍再加倍，即乘以8；

（2）用心算，被除数加倍为1,054（即527×2）；加倍为2,108（即527×4）；再加倍为4,216（即527×8）。

（3）用比数定位法，除位相减，被除前大，应加1位，2位－1位＋1位＝2位，故商得42.16。

【活动实例】8,476÷125＝67.808

教师点拨：

（1）用125除等于被除数自身加倍加倍再加倍，即乘以8。

（2）8,476×8＝67808。（备注：还未算出小数点在哪里，故无须千分撇。）

（3）用比数定位法，除位相减，前大加1位，4位－3位＋1位＝2位，故商得67.808。

【活动实例】23.40÷0.625＝37.44

教师点拨：

（1）用625除等于被除数自身加倍加倍再加倍再加倍，即乘以16。

（2）用心算，被除数加倍为468（即234×2）；加倍为936（即234×4）；再加倍为1,872（即234×8）；再加倍为3,744（即234×16）。

（3）用比数定位法，除位相减，被除数前小不加1位，2位－0位＝2位，故商得37.44。

【活动实例】958÷625＝1.5328

教师点拨：

（1）用625除等于被除数自身加倍加倍再加倍再加倍，即乘以16；

（2）958×16＝15328；（备注：还未算出小数点在哪里，故无须千分撇。）

（3）用比数定位法，除位相减，前大加1位，3位－3位＋1位＝1位，故商得1.5328。

【课堂练习】

用“以乘代除法”计算下列各题：

（1）793.50÷0.50＝　　（2）945÷5＝

（3）4,760÷0.25＝　　（4）595÷25＝

（5）3,278÷0.125＝　　（6）8,250÷125＝

（7）526÷0.625＝　　（8）8,125÷62.50＝

（9）4,958÷625＝　　（10）63.80÷6.25＝

课后练习

用“以乘代除法”计算下列各题：

（1）237.50÷0.50＝　　（2）284.50÷5＝

（3）715÷2.50＝　　（4）146÷25＝

（5）4,798÷0.125＝　　（6）7,125÷1.25＝

（7）789÷0.625＝　　（8）689÷6.25＝

（9）876÷62.50＝　　（10）985÷625＝

活动三　省除法操作技巧

活动小伴读

省除法是指在不能整除的多位数小数除法运算中，按要求省略余数并调整最末位商，使商数保留一定位数（如保留两位小数），根据近似计算的原理，当被除数与除数的位数较多，而所要求的商数的位数较少时，可采取先省略被除数与除数的部分尾数使位数减少，然后再进行计算得出近似值的一种计算方法。此法可简化运算程序，提高运算速度。因此，省除法下的商数为近似值。

采用固定个位法时，省除法较为简便，因为商数要求保留到哪位，就运算到哪位，然后比较余数与除数的前两位有效数字，若余数的前两位有效数字小于除数前两位有效数字的一半时，则舍去；反之，就在最末位的商数上加1，运算完成后，盘上数即为商数。

省除法的运算步骤为：

（1）定位：采用固定个位档定位法在盘上定位。

（2）确定截位档和压尾档：以算盘上的第三个记位点作为小数点，商数小数点后的精确位数加1即为截位档，截位档右一档即为压尾档；如商数要求保留到小数点后两位，则截位档定在小数点后第三档，压尾档则在小数点后第四档。

（3）截取运算位码：用截取公式对被除数和除数进行位码截取，以确定运算的数位。截取公式为：m（被除数位数）－n（除数位数）＋精确度（要求保留小数位数）＋2（常数）。

（4）置数：把已截取的被除数拨入算盘，并牢记被除数末尾后一位是压尾档，默记除数。

（5）置商：采用隔位商除法时，按“够除隔位置商，不够除挨位置商”的原则置商。

（6）运算：用基本除法隔位除法计算。计算时减积一律减到截止档为止，落到压尾档上的数字，凡满5就在截止档再减去1，如小于5则舍去不计，压尾档以后的减积一律不再运算。

（7）求商：商求到要求的精确度为止，即压尾档的前两格为余数，取商时，只取到盘上小数点后第二档或第四档，然后将剩下的余数的前两位数字，用心算加一倍，若大于除数前两位数字，商的末位进一，若小于除数的前两位数字，商的末位不变。

提示： 当商数要求准确到0.01时，减积减到－3档止，以下按四舍五入处理；当商数要求准确到0.0001时，减积减到－5档上，以下按四舍五入处理。

【活动实例】 235.76483÷3.5325＝66.74（精确到0.01）

教师点拨： 运用省除法（隔位商除法）运算步骤，采用算前固定个位档定位法在盘上定位，请与老师一起计算。

（1）定位：用算前固定个位档定位法在盘上定位。

（2）截取位数：按照截取公式＝m－n＋要求保留小数点位数＋2＝3位－1位＋2位＋2位＝6位，即被除数和除数截取六位，即235,765和35,325。

（3）置数：将被除数235,765从正一位（m－n＝3位－1位－1位＝1位）置入盘，见图6－24。

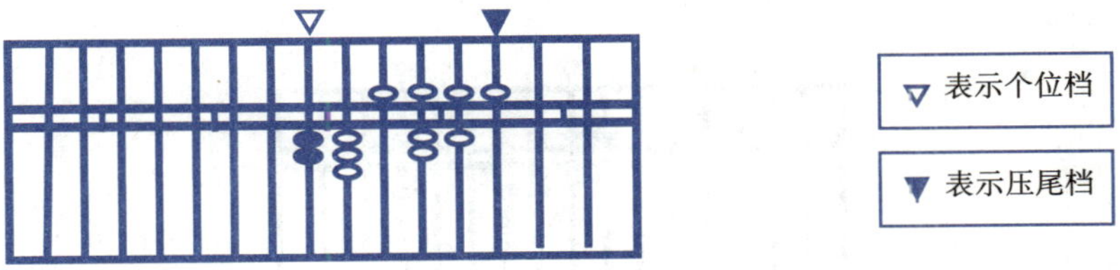

图6－24

（4）求首商：被除数首位2小于除数首位3，“不够除”挨位试商6；减积6×3＝18；6×5＝30；6×3＝18；6×2＝12；6×5＝30；得出盘面数为6,023,815，见图6－25。

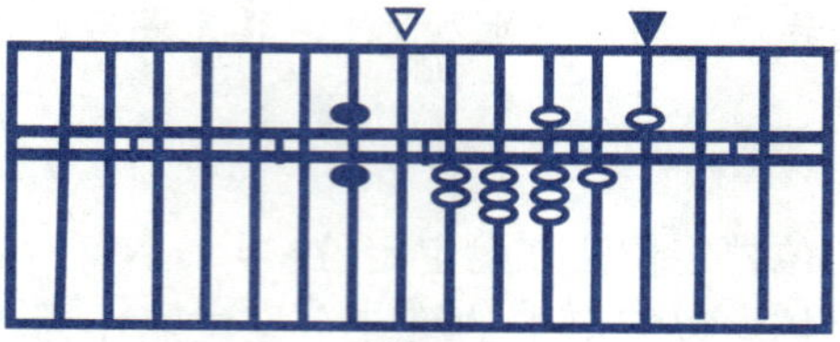

图 6－25

（5）求第二位商：余数首位 2 小于除数首位 3，“不够除”挨位试商 6；减积 6×3＝18；6×5＝30；6×3＝18；6×2＝12；6×5＝30，盘面数为 6, 602, 620，见图 6－26。

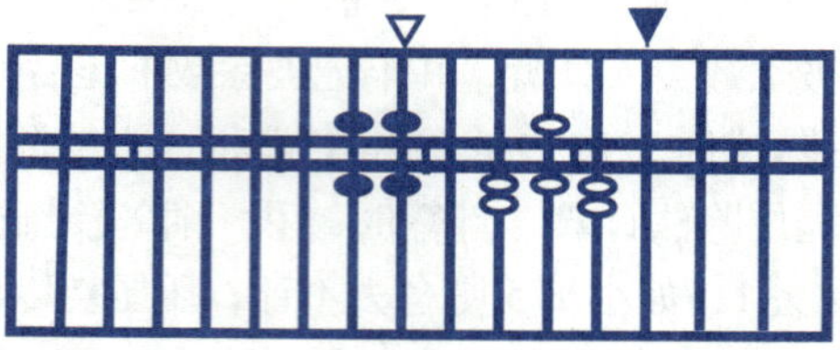

图 6－26

（6）求第三位商：余数 2 小于除数首位 3，“不够除”挨位试商 7；减积 7×3＝21；7×5＝35；7×3＝21；7×2＝14；7×5＝35，商 7 与除数第四位数 2 的乘积 14 的个位数 1 刚好在压尾档上减 1，下位不计，盘面数为 6, 670, 148，见图 6－27。

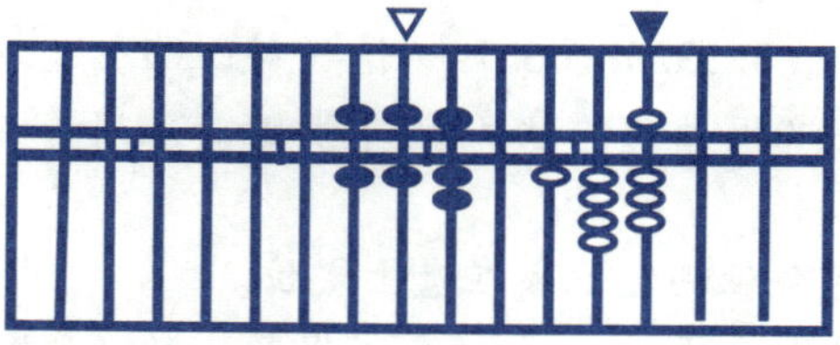

图 6－27

（7）求第四位商：余数 1 小于除数首位 3，“不够除”挨位试商 4；减积 4×3＝12；4×5＝20；4×3＝12；4×2＝08；4×5＝20，商 4 与除数第三位数 3 的乘积 12 的个位数 1 刚好在压尾档上减，下位不计，盘面数为 6, 674, 007，见图 6－28。

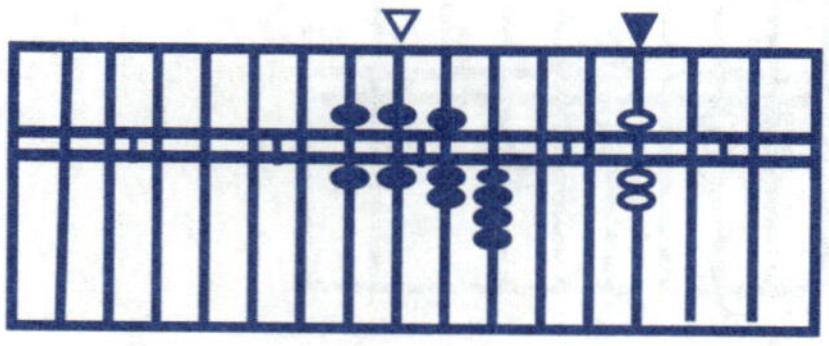

图 6－28

（8）运算完毕，盘面得出商数为 66.74 即为答案。

【课堂比一比】

485.35196 ÷ 562.75 = 0.86（精确到 0.01）

根据上例计算活动步骤，运用省除法（隔位商除法）运算步骤，采用算前固定个位档定位法在盘上定位，请同学们自己试一试。

小贴士

运用算前固定个位档定位法在盘上定位 = 3 位 − 3 位 − 1 位 = −1 位；截取位数 = m − n + 要求保留小数点位数 + 2 位 = 3 位 − 3 位 + 2 位 + 2 位 = 4 位，将被除数和除数截取四位，即 4,854 和 5,628；求首商试商 8，盘面数为 80,352，求第二商试商 6，盘面数 86,015，完成该项运算活动。

【活动实例】3,798.58328 ÷ 586.7523 ≈ 6.47

教师点拨：运用算前固定个位档定法位在盘上定位，采用省除法简捷盘式的运算步骤，请与老师一起计算，见表 6－12。

表 6－12

盘上定位	运算活动步骤	简捷盘式（+1 档为个位档）						
		+2	+1	0	−1	−2	−3	−4
（1）算前定位：定位档 y = m − n − 1 = 4 位 − 3 位 − 1 位 = 0 位 （2）在算盘 0 档置被除数入盘	（1）从 0 位档拨入被除数 37,986，到 −4 档止			三	七	九	八	六
	（2）拨入压尾档，商 6		6	三	七	九	八	六
	（3）减积：6×5=30		6		七	九	八	六
	6×8=48		6		三	一	三	六
	6×6=36		6		二	八	二	六
	6×7=42		6		二	七	八	四
	6×5=30		6		二	七	八	一
	（4）试商 4		6	4	二	七	八	一
	减数：4×5=20		6	4	0	七	八	一
	4×8=32		6	4	0	四	六	一
	4×6=24		6	4	0	四	三	七
	4×7=28		6	4	0	四	三	四
	（5）试商 7		6	4	7	四	三	四
	减积：7×5=35		6	4	7	0	八	四
	7×8=56		6	4	7	0	二	八
	7×6=42		6	4	7	0	二	三
	（6）试商 3		6	4	7	3	二	三
	（7）减积：3×5=15		6	4	7	3	0	八
	3×8=24		6	4	7	3	0	五
	（8）压尾档的商等于 3，四舍五入计算，舍去		6	4	7			

【课堂练习】

运用算前固定个位档定位法在盘上定位，分别用省除法（隔位和不隔位商除法）运算步骤，计算下列各题。(精确到0.01)

（1）56.24735÷7.3562=
（2）576.48326÷25.3674=
（3）75.36245÷8.4356=
（4）135.37825÷6.2347=
（5）84.57862÷67.3526=
（6）275.3845÷358.6273=
（7）5,256.384÷7.6578=
（8）35.6748÷8.2618=
（9）25.3625÷5.2748=
（10）4.85625÷9.3515=

课后练习

运用算前固定个位档定位法在盘上定位，分别用省除法（隔位和不隔位商除法）运算步骤，计算下列各题。(精确到0.01)

（1）456.24735÷5.365641=
（2）2,576.428326÷35.39675=
（3）75.367245÷7.48358=
（4）535.237825÷8.27367=
（5）683.357862÷87.59386=
（6）3,285.53845÷278.52764=
（7）215,456.384÷37.875783=
（8）635.867482÷9.256738=
（9）725.38675÷6.29768=
（10）84.385625÷7.45714=

第三篇
电子计算工具的操作与应用技能

项目七
7 银行票据录入技能

项目描述	本项目主要介绍金融从业工作中应用的电子计算机键盘的结构和使用方法。介绍了银行票据录入的正确坐姿、指法分工以及录入技巧
项目任务	任务一　认识计算机键盘 任务二　计算机键盘银行票据录入技巧 　　活动一　银行票据录入的正确坐姿及指法分工 　　活动二　计算机键盘银行票据录入技巧
德育目标	1. 培养学生良好的金融职业观念、职业作用和职业行为习惯 2. 培养学生团结协作的金融职业态度和节能高效的生活理念 3. 培养学生金融会计工作的安全和保密意识 4. 培养学生主动探索知识和树立诚信为本的职业人格，为他们将来走入社会形成正确的职业判断打下良好基础
建议学时数	16

任务一
认识计算机键盘

课前导读

键盘是计算机的主要输入设备，它也是人与计算机进行沟通的主要工具，我们通过操作键盘向计算机发布指令，输入英文字母、数字、字符和标点符号等信息。计算机中的大部分文字都是利用键盘输入的，同弹钢琴一样，快速、准确、有节奏地弹击计算机键盘上的每一个键，既是一种技巧性很强的技能，也是每个金融从业人员应该掌握的基本功。

对于财经商贸类专业的同学来说，我们在今后的实际工作中，都涉及电子计算机键盘和数字小键盘。为了适应不同岗位需要，我们需要认识计算机键盘，学习和掌握电子计算机的结构、各功能键的使用方法。在这一任务中，我们将学习如何掌握电子计算机键盘按键及其功能键的使用方法。

任务目标

掌握键盘的基本结构布局及其各键功能，正确使用和操作键盘。

一、认识键盘

20 世纪 60 年代以来，计算机以其神奇的功能给人类社会带来了空前的文明，计算机是由美国人发明的，输入信息的主要设备是键盘（见图 7－1），而键盘是由英文字母、数字、符号等组成，键盘是计算机的输入设备，通过键盘，可以向计算机输入信息，包括指令、数据和程序。键盘是由一组矩阵方式的按键开关组成的。根据按键的原理不同，键盘可分为触点式按键和电容式按键。

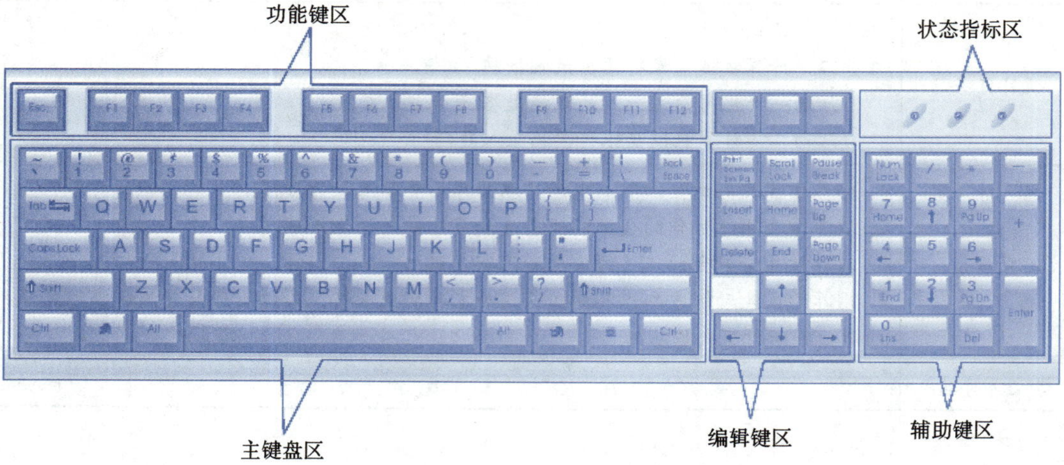

图 7－1

二、键盘键面的分布

一般情况下，不同型号的计算机键盘提供的按键数目也不尽相同。

（一）按键盘的键数划分

按键盘的键数可划分为 81 键盘、83 键盘、93 键盘、96 键盘、101 键盘、102 键盘、104 键盘等许多种类。目前的标准键盘主要有 104 键和 107 键。

104 键盘又称 Win 95 键盘；107 键盘又称为 Win 98 键盘，比 104 键多了睡眠、唤醒、开机等电源管理键。大部分的 107 键在右上方多出了 3 个键位。

（二）按键盘的形式划分

（1）无线键盘。这种由 ACER 公司生产的键盘不需要电缆与计算机相连接，而是通过无线的方式来操作计算机。它避免了由于电缆长度的限制而使操作人员感到不方便的现象。

（2）带托键盘。这种是在击键时手腕所处的位置安装一个托架，这样击键的时候避免了操作者长时间击键的疲劳感。其缺点是托架需要占一定的空间。

（3）USB 接口键盘。这种是使用 USB 接口的键盘，其他同标准的键盘一样。

（4）多功能键盘。这种键盘上面的功能键要比标准键盘多得多。通过键盘上的多功能键，可以上网，听音乐等。

（三）按键盘的区域划分

键盘按区域划分可分为基本键区、功能键区和副（小）键盘区 3 个基本区域。此外，还有一些专用键。

（1）基本键区。基本键区从左上角的【Esc】键起（除【F1】~【F12】这 12 个功能键外）到右下角的【Ctrl】键止，包括 26 个英文字母键、数字键、标点符号键、特殊符号键和一些专用键共计 62 个键，其中包括 3 个 Windows 操作用键。主键盘区分为字母键、数字键、符号键和控制键。该区是我们操作计算机时使用频率最高的键盘区域。基本键区的主要功能是输入字符和数据，还有系统的控制功能。

（2）功能键区。主要分布在键盘的最上一排，由【F1】~【F12】共 12 个功能键组成。在不同的软件中，可以对功能键进行定义，或者是配合其他键进行定义，起到不同的作用，不同的软件环境下有不同的功能。

（3）编辑键区。位于主键盘区的右边，由 10 个键组成。在文字的编辑中有着特殊的控制功能。

（4）数字键区。位于键盘的最右边，又称小键盘区。该键区兼有数字键和编辑键的功能。

（四）按键盘功能划分

101 键盘又可分为：打字键、功能键、光标移动键、编辑/数字键和专用键 5 个键区。

三、特殊键的使用

（一）专用键

（1）【Shift】键。上下档转换键。在基本键区中有 21 个键码标有上下两档不同的字符，称它们为双档键。什么时候输入上档符号，什么时候输入下档符号，就由【Shift】键来控制。若按住【Shift】键的同时，再按双档键，则输入上档的字符；单独按双档键，输入的就是下档字符。因为默认状态是下档字符，考虑上档字符用得少，这样设计有助于快速录入。

此外，对于字母键来说，按住【Shift】的同时按下某一字母键，则输入的是大写字母。

（2）【Enter】键也称回车键。表示一个命令行或一个字符串输入的结束标志，当按下【Enter】键后，系统才接受并处理所输入的命令或字符串。

（3）【Esc】键（即 Escape 的缩写），其功能由操作系统或其他软件系统定义，在运行应用程序环境中，其作用是退出当前工作环境，回到上一层工作环境。

（4）【Backspace】或【←】键。退格键。其作用是删除当前光标左边的字符，光标左移一列。常用于输入后立即发现错了随即删除的场合。

（5）【Caps Lock】键。大/小写转换器，属于开关型键码。开机后字母键处于小写状态，当按下此键后，则右上角中间的指示灯亮，字母处于大写状态；再按一下就还原，指示灯灭，字母又恢复小写状态。

（6）【Num Lock】键（副键盘左上角）。数字锁定键，也是开关型键码。开机后，副键盘双档键码处于数字状态，左上角的指示灯亮；按下此键，指示灯灭，副键盘的双档键就起到光标移动的作用。

（7）【Print/Screen】。屏幕打印键。按下此键，打印屏幕上的整屏信息。

（8）【Pause/Break】。暂停/中断键。

（二）组合控制键

控制键一般简写为“^”，不能单独使用，往往和某些键码同时按下构成组合键，起到控制的作用。

（1）【Ctrl】＋【Alt】＋【Del】。系统热启动键。当同时按下这三键，再同时放开，可以使操作系统重新启动。

（2）【Ctrl】＋【Print/Screen】。联机打印键。同时按这一组合键，则主机与打印机断开，仅在显示的同时，打印输出。再按一次该组合键，则主机与打印机断开，仅显示不打印。

（3）【Ctrl】＋【Pause/Break】。中断键。同时按下该组合键，结束当前程序运行。

计算机键盘按键及其功能见表 7－1。

表 7－1

按键符号	按键名称	按键功能	操作方法
Shift（↑）	上档键（换档键）	控制输入双字符键的上位字符；控制临时输入英文字母的切换大小写字符	按下【Shift】键不放，按下双字符键；按下【Shift】键不放，同时按下字母键
Caps Lock	大小写开关键（大小写锁定键）	字母大小写输入的开关键	按下，对应指示灯亮，输入大写字母；再按下，指示灯灭，则输入字母小写
Num Lock	数字开关键（数字锁定键）	数字小键盘区，数字输入和编辑控制状态之间的开关键	按下，对应指示灯亮，输入数字；再按下，指示灯灭，则输入剪辑键
A～Z	字母键	对应大小写英文字母	同【Shift】，【Caps Lock】键组合输入大小写字母
0～9	数字键	对应十进制数字符号	通过主键盘上排或小键盘在数字输入模式输入

续表

按键符号	按键名称	按键功能	操作方法
其他符号	符号键	对应除字母、数字外的各种符号	下档键直接输入，上档键配合【Shift】键输入
Ctrl（Control）	控制键	与其他键组合使用，能够完成一些特定的控制功能	按下【Ctrl】键不放，再按下其他键
Alt（Alternative）	转换键	与其他键合用时产生一种转换状态；【Alt】与数字小键盘组合输入	按下【Alt】键不放，再按下其他键；按下【Alt】键不放，在数字小键盘数字状态下输入
Space	空格键（空白键）	输入空格	直接按键
Enter	回车键	启动执行命令或产生换行	在主键盘或小键盘处直接按键
Backspace（←）	退格键	光标向左退回一个字符位，同时删掉位置上原有字符	直接按键
Tab（Table）	制表键（表格键）	控制光标右向跳格或左向跳格	直接按键右向跳格；按下【Shift】键后，按键左向跳格
	Windows 键	快速打开 Windows 的开始菜单或同其他键组合成 Windows 系统的快捷键	直接按键或者在按下 Windows 键不放开，按下组合键
	应用程序键	快速启动操作系统或应用程序中的快捷菜单或其他菜单	直接按键，弹出快捷菜单
Ins（Insert）	插入/改写键	在编辑文本时，切换编辑模式。插入模式时输入追加到正文，改写模式输入替换正文	按键后在 2 种模式间切换，在编辑区或数字小键盘处于编辑键模式下按【Insert】键
Del（Delete）	删除键	删除光标位置上右边的一个字符，右边的所有字符各左移一格	直接按键
Home	行首键	控制光标回到行首位置	直接按键，在编辑区或数字小键盘中编辑键模式下按键
End	行尾键	控制光标回到行尾位置	
PgUp（Page Up）	向上翻页键	屏幕显示内容上翻一页	
PgDn（Page Down）	向下翻页键	屏幕显示内容下翻一页	
↑	光标上移键	光标上移一行	
↓	光标下移键	光标下移一行	
←	光标左移键	光标左移一字符	
→	光标右移键	光标右移一字符	
F1～F12	功能键	用于同应用软件的功能相挂接	直接按键
Esc（Escape）	退出键（取消键）	退出或放弃操作	直接按键
PrtScr（Print Screen）	屏幕硬拷贝键（屏幕复制键）	DOS 环境，打印整个屏幕信息 Windows 环境，整个屏幕的显示作为图形存入剪贴板；同【Alt】键组合，拷贝当前窗口显示作为图形存入剪贴板	DOS 环境直接按键；Windows 环境直接按键；按下【Alt】键不放，再按下【Print Screen】键
Pause/Break	暂停键	用于暂停程序执行或暂停屏幕输出	直接按键
（Wake Up）	唤醒键	使 Windows 从睡眠状态启动起来	直接按键

续表

按键符号	按键名称	按键功能	操作方法
Z^Z（Sleep）	睡眠键	使 Windows 进入睡眠状态	直接按键
（Power）	关机键	向 Windows 发出关机命令	直接按键
F1	需要帮助	如果现在处在一个选定的程序中需要帮助，那么请按下【F1】键。如果现在不是处在任何程序中，而是处在资源管理器或桌面，那么按下【F1】键就会出现 Windows 的帮助程序。如果正在对某个程序进行操作，想得到 Windows 帮助，则需要按下【Win + F1】组合键。按下【Shift + F1】键，会出现 What's This？的帮助信息	直接按键
F2	重命名	如果在资源管理器中选定了一个文件或文件夹，按下【F2】键则会对这个选定的文件或文件夹重命名	直接按键
F3	搜索文件	在资源管理器或桌面上按下【F3】键，则会出现“搜索文件”的窗口，因此如果想对某个文件夹中的文件进行搜索，那么直接按下【F3】键就能快速打开搜索窗口，并且搜索范围已经默认设置为该文件夹。同样，在 Windows Media Player 中按下【F3】键，会出现“通过搜索计算机添加到媒体库”的窗口	直接按键
F4	打开 IE 中的地址栏列表	该键用来打开 IE 中的地址栏列表，要关闭 IE 窗口，可以用【Alt + F4】组合键	直接按键
F5	刷新	用来刷新 IE 或资源管理器中当前所在窗口的内容	直接按键
F6	定位到地址栏	可以快速在资源管理器及 IE 中定位到地址栏	直接按键
F7	功能键	在 Windows 中没有任何作用。不过在 DOS 窗口中，它是有作用的	直接按键
F8	启动菜单	在启动计算机时，可以用此键来显示启动菜单。有些计算机还可以在计算机启动最初按下【F8】键来快速调出启动设置菜单，从中可以快速选择是软盘启动，还是光盘启动，或者直接用硬盘启动，不必费事进入 BIOS 进行启动顺序的修改。另外，还可以在安装 Windows 时接受微软的安装协议	直接按键

续表

按键符号	按键名称	按键功能	操作方法
F9	降低音量	在 Windows 中同样没有任何作用。但在 Windows Media Player 中可以用来快速降低音量	直接按键
F10	提高音量	用来激活 Windows 或程序中的菜单，按下【Shift + F10】组合键会出现右键快捷菜单。和键盘中 Application 键（应用程序键）的作用是相同的。而在 Windows Media Player 中，其功能是提高音量	直接按键
F11	IE 全屏显示	可以使当前的资源管理器或 IE 变为全屏显示	直接按键
F12	另存为	在 Windows 中同样没有任何作用。但在 Word 中，按下此键会快速弹出另存为文件的窗口	直接按键

计算机常用控制键和功能键的使用方法见表 7－2。

表 7－2

【Ctrl + Alt + Del】	在 DOS 下完成系统热启动；在 Windows 操作系统下，进入 Windows 安全管理
【Ctrl + Pause/Break】	在 DOS 下终止程序运行
【Ctrl + Print Screen SysRq】	抓取 Windows 当前活动的界面
【Ctrl + Home】	在编辑软件中，光标移到文件首页首行
【Ctrl + End】	在编辑软件中，光标移到文件末页末行
【Alt + Print Screen SysRq】	抓取当前显示器屏幕显示的全部内容
【Alt + X】	剪切掉当前光标选择的字符
【Alt + C】	拷贝当前光标选择的字符
【Alt + V】	将当前拷贝的内容粘贴到光标当前位置
【F1】	获得系统帮助
【F3】	执行查询功能

课后练习

了解计算机键盘按键以及功能与作用。在计算机键盘上操作后，将答案填入表 7－3 内。

表 7－3

按键符号	按键名称	按键功能	操作方法
Enter			
Pause/Break			
PrtScr（Print Screen）			
Alt（Alternative）			
shift			
Ctrl			
Caps Look			
Tab			
Alt			
（Power）			
Esc（Escape）			
Insert			
Delete			
Back Space			
Home			
End			
Page Up（Down）			
Num Lock			
Space			
A～Z			

任务二
计算机键盘银行票据录入技巧

课前导读

银行票据录入技能是金融、会计、会计电算化等专业主要的专业基本技能课程，是学生的一项基本功。长期以来，由于银行票据录入训练枯燥乏味，造成学生学习中的畏难情绪，录入的积极性和训练效率普遍偏低。虽然其枯燥性使学生学习积极性降低，但其重要性仍是不容忽视的。

银行票据录入技能是学生学习计算机各项操作的前提，银行票据录入看似简单，但真正掌握非一日之功，要靠长期的练习。本任务主要以实践为主，使学生掌握正确的银行票据录入方法，养成良好的录入习惯。

任务目标

1. 认识计算机键盘银行票据录入功能。
2. 掌握计算机键盘银行票据录入指法分工。
3. 掌握计算机键盘银行票据录入技巧。

活动一　银行票据录入的正确坐姿及指法分工

活动小伴读

掌握银行票据录入的正确坐姿及指法分工是键盘输入的基础，要掌握这门技术，必须遵守操作规范，按训练步骤循序渐进，注意操作姿势、指法练习要点，只有按照正确的手指分工操作才能提高录入速度和正确率。

一、银行票据录入正确的坐姿（见图 7 – 2）

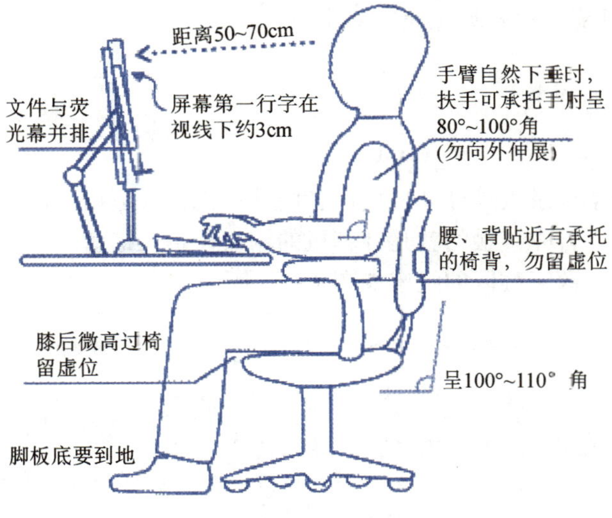

图 7 – 2　银行票据录入坐姿图

（一）桌椅

尽量使用标准的计算机桌，桌的高度以达到臂部为准，椅用可调节高度的转椅，显示屏幕的顶端应略低于水平视线。

（二）坐姿

坐姿端正自然，全身放松，平坐且将身体重心置于椅子上，腰背挺直，双脚自然平放在地上，上身挺直并稍微前倾，与键盘的距离为 30 ~ 40cm。

（三）眼睛

眼睛与显示器的距离为50～70cm，屏幕第一行字在视线下约3cm。

（四）手臂

两臂放松并自然下垂，扶手可承托手关节呈80°～100°角，腰、背贴近有承托的椅背，不要留空位，两肘轻贴于腋边5～10cm处。肘关节垂直弯曲，手腕平直并与键盘下边框保持1cm左右的距离。

（五）手指

手指稍弯曲，指尖轻放在键盘的基本键位上，左右手的拇指轻放在空格键上，按键时，手抬起伸出要用按键的手指按键，按键要轻巧，用力要均匀。

（六）资料

相关资料宜置于键盘的左侧，便于视线集中在相关资料上。

> 提示：正确的计算机键盘中英文及银行票据录入姿势相当重要，如果姿势不当，不仅容易造成疲劳，而且影响输入速度和准确率。

二、银行票据录入指法分工

（一）认识计算机键盘银行票据录入功能

计算机键盘银行票据录入是计算机使用者向计算机输入数据或命令的最基本的设备。在计算机基础的学习中，首先接触的就是计算机的输入设备：键盘。

常用的计算机键盘数字键区的组成如图7－3所示。

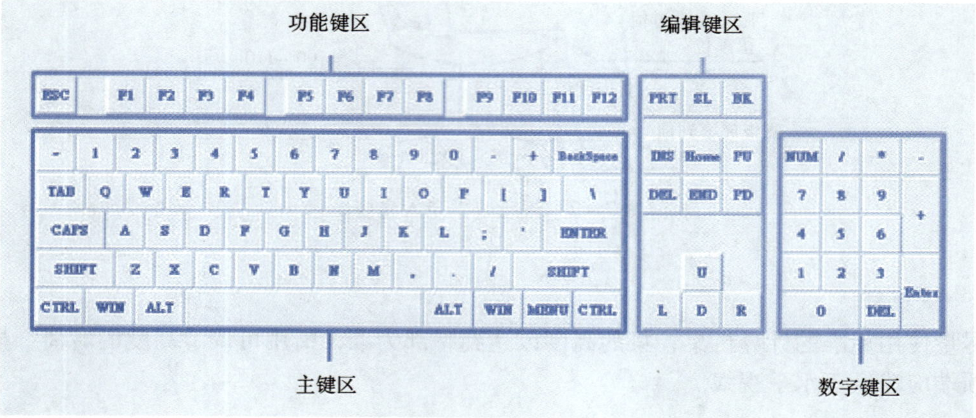

图7－3 计算机键盘组成部分中的数字键区

计算机键盘数字键区（见图7－4）也称为辅助键盘区，位于计算机键盘的最右侧，主要用于银行票据的录入。在金融会计工作中，通常用计算机数字键翻打传票。键盘数字键区一共有 17 个键位，该区的大部分按键具有双重功能：一是代表数字和小数点，即 0～9 数字，图 7－3 所示的键盘数字键区由小数点、加、减、乘、除运算符号及回车确认键组成；二是代表某种编辑功能，如【↑】、【↓】、【→】、【←】等功能键。利用该区左上角的【Num Lock】（数字锁定键）可在这 2 种功能之间进行转换。按下此键，指示灯亮，这个时候键盘数字输入的是数字，再按一下此键，则键盘只能使用功能键。

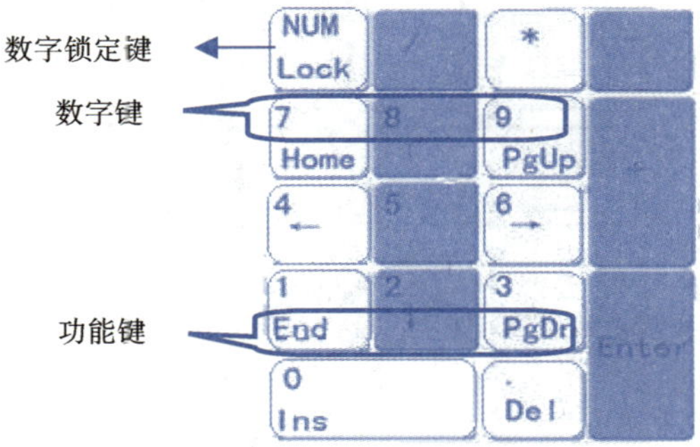

图 7－4　计算机键盘银行票据录入区组成

（二）计算机键盘银行票据录入指法分工

要进行计算机键盘银行票据快速录入，首先要掌握计算机键盘数字盲打，也称为“触觉打字”或称“盲打法”，简单地说，是指击键时不看键盘而能正确、迅速地击键。具体地说，是指操作者打字时眼睛不看键盘，视线专注于数据和屏幕，让眼、脑、手在键盘上的配合逐渐转化成脑和手的配合，使脑、手的配合形成条件反射，减少眼睛参与键盘的操作，在大脑还没印下数字时，手已经潜意识地把数字打出来的操作过程。金融从业人员在日常工作中，通常采用计算机键盘数字盲打来提高工作效率。这种盲打方法的主要特点是规定指法和不看键盘打数字，它可以充分发挥操作者手指的触觉能力而不必再用大脑去思考或用眼睛去看键，从而达到准确、快速输入数字的目的。

在进行计算机键盘银行票据录入盲打过程中，手指在键盘上的位置非常重要。通常将计算机键盘数字键分为 4 个大区域，每个手指负责一个区域，一般规定右手的中指、食指、无名指和小指依次放于第三排的【5】、【4】、【6】和【Enter】基准键上。计算机键盘银行票据录入指法如图 7－5 所示。

提示：实现银行票据录入盲打非一日之功，前提是实现对键位的记忆。首先要熟记小键盘每一个数字键位，体会各键位的位置关系，让其在键盘区中的具体键位分布在脑海中形成影像，然后按步练习，要一个手指一个手指地练，初学者只有勤学多练，才能掌握技巧，达到快速记住数字键位置的目的。

在计算机键盘数字键上中间的基准数字键【5】上有一个小圆点，用右手中指摸可以感觉到，和大键盘的定位键【F】、【J】上的圆点一样，【5】上小圆点明显的凸起，使人很容易找到食指的定位点，从而掌握每个手指分管的范围，操作时将右手中指按数字键【5】，食指按数字键【4】，无名指按数字键【6】，然后右手每个手指控制自己的那一竖排数字键，

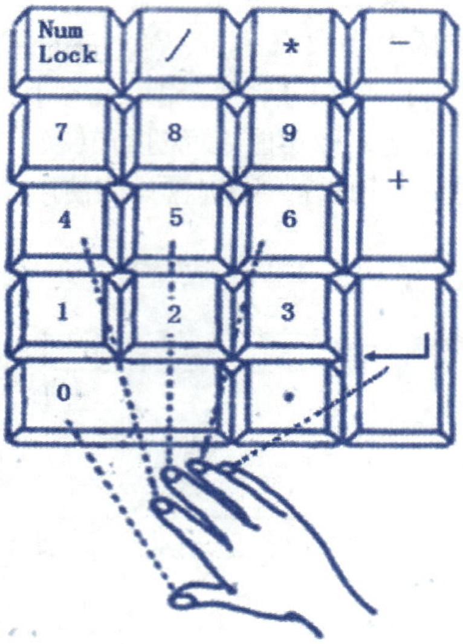

图 7-5 计算机键盘银行票据录入指法

即中指主要负责：数字键【5】、【2】、【8】和【/】键；食指主要负责：数字键【4】、【7】、【1】和【Num Lock】键；无名指主要负责：数字键【6】、【9】、【3】和【*】、【·】键；小指主要负责：【-】、【+】、【Enter】键；大拇指主要负责：数字键【0】。

右手各指分工如图 7-6 所示。

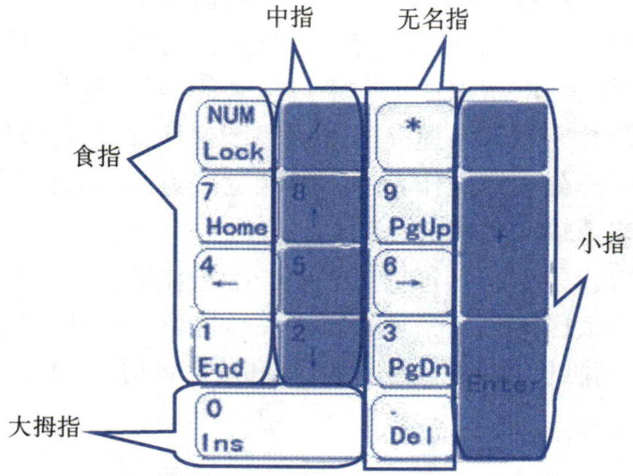

图 7-6 计算机键盘银行票据录入指法分工

【课堂练习】

1. 教师念数字键，学生看着数字键击键，要求指法分工正确。
2. 教师念数字键，学生不看数字键击键，要求指法分工正确。
3. 同桌互相念数字键，同时不看数字键击键，要求指法分工正确。

课后练习

1. 掌握计算机银行票据录入盲打指法的分工，先熟悉基准键数字键【5】、【4】、【6】和【Enter】键，再熟悉数字键【7】、【8】、【9】和【+】键，最后熟悉数字键【1】、【2】、【3】、【0】和【·】键。
2. 练习银行票据录入正确坐姿。
3. 能用正确的指法来敲打计算机键盘。

活动二 计算机键盘银行票据录入技巧

活动小伴读

能熟练操作计算机银行票据录入是操作计算机的最基本技能之一，也是金融、会计等专业学生必须具备的技能。其实掌握计算机键盘录入技巧并非难事，按照正确的方法多加练习，定会事半功倍。

一、计算机键盘数字录入指法要点

银行票据录入速度的关键在于盲打，盲打的关键在于正确的指法。初学者只要严格按照指法训练，就会很快掌握盲打技术，大大提高数据的录入速度。

（1）严格遵守指法的规定。明确手指分工、各司其职、有条不紊，养成正确的打字习惯，手指在键盘上的合理分工，可以实现对键盘快速、准确地敲击。

提示：要求右手手指像一个团队，分工明确、各守岗位、不要错位，不要越俎代庖。如不按指法要点操作会造成指法混乱，甚至影响盲打速度和正确率的提高。

（2）以基准数字键为中心，右手手指则分别对应相应数字键位，是每个手指的定位和归宿，既便于操作，又便于记忆。

（3）手指抬起，指尖轻触键盘，击键时手掌上下浮动带动手指敲击数字键位。只有要击键的手指才可伸出击键，击键后手指立即回到基准键位置，不可停留在已击过的键上。

提示：指尖抬起幅度不要过大，约在 1cm 以内。

二、掌握计算机键盘银行票据录入技巧

掌握了正确的姿势后，还要掌握正确的盲打操作技术要领，击键要做到：“轻”“快”“准”。

（一）轻

击键时动作要有弹性，手指尖垂直对准键位轻轻准确敲击键位。第一步，先将右手手指

轻放在相应的基准数字键【5】、【4】、【6】上，开始进行击键训练。第二步，延展敲击其他数字键，每一次击键完毕后，中指、食指、无名指都要迅速回到基准数字键【5】、【4】、【6】上，再开始新的输入。

（二）快

击键时要以指尖击键，瞬间发力，并快速反弹，用力要适度，节奏要均匀。

提示：切不可用手指压键或用力过猛，也不要把指、腕压到键盘和键盘托架及桌面上，否则不仅影响击键速度，而且会损坏键盘。

（三）准

手指击键要正确，要击中各键中间位置，直到不用眼看就能准确地找准数字键位，最终做到盲打。

提示：初练时可以看着键盘来练习，当练到一定程度，熟悉键盘后，逐步达到不看数字键就能准确击键。击键的速度要均匀，用力要轻，放开要快，不能操之过急，应循序渐进，先准后快，做到眼到手到心到，整个过程要轻、快、准，动作连贯，一气呵成，最终实现盲打。

三、掌握正确的握笔方法和技巧

计算机银行票据录入结束后，要进行书写计算结果。书写速度的快慢直接影响盲打录入的速度。为减少取放笔的次数，快速书写结果，正确的握笔的方法是：把笔横压在右手拇指与手掌之间，使笔与手掌平行，笔杆上端伸出虎口并露出1/3，笔尖露在外侧。

【课堂练习】

1. 请按下列要求进行左、中、右排的键盘训练

（1）竖中排键练习。首先是从基准数字键【5】到数字键【2】和【8】，逐个指头击键五次，然后用拇指击【0】键，寻找指法和手感，揣摩击键的方法。

（2）竖左排键练习。首先是从基准数字键【4】到数字键【1】和【7】，逐个指头击键三次，然后用拇指击【0】键，寻找指法和手感，揣摩击键的方法。在进行竖左排键的练习前一定要掌握竖中排键的击键方法，并按照竖中排键的击键练习步骤进行。

（3）竖右排键练习。首先是从基准数字键【6】到数字键【3】和【9】，逐个指头击键五次，然后用拇指击【0】键，寻找指法和手感，揣摩击键的方法。竖右排键的练习方法与竖左排键的练习相同，在竖中排键的基础上进行。最后可以混合三排键进行练习，寻找正确的键位。

2. 跳跃式击键的练习

（1）按照跳跃式击键方式击键，把手指按照指法分工放在正确的数字键位上，有意识地慢慢记忆各数字键的位置，体会不同数字键位被敲击时手指的感觉。

（2）按照跳跃式击键方式进行看打或听打（听事先设置的数字键位录音）数字键位练习，要求击键准确，击键频率在每分钟200键次以上，逐步养成不看键盘进行敲击数字键位的习惯。

3. 计算机键盘竖式银行票据录入盲打指法训练

（1）中指训练数字键【5】、【2】、【8】。528 +528 + ··· +528 -528 - ··· -528 先连加10次后再连减10次，得出答案为0。

（2）食指训练数字键【4】、【1】、【7】。417 +417 + ··· +417 -417 - ··· -417 先连加10次后再连减10次，得出答案为0。

（3）无名指训练数字键【6】、【3】、【9】。639 +639 + ··· +639 -639 - ··· -639 先连加10次后再连减10次，得出答案为0。

课后练习

1. 计算机键盘横排银行票据录入盲打指法训练

（1）中指训练数字键【5】、食指训练数字键【4】、无名指训练数字键【6】；

（2）中指训练数字键【2】、食指训练数字键【1】、无名指训练数字键【3】；

（3）中指训练数字键【8】、食指训练数字键【7】、无名指训练数字键【9】。

（4）546, 213, 879 + 546, 213, 879 + ··· + 546, 213, 879 - 546, 213, 879 - ··· - 546, 213, 879，先连加10次后再连减10次，得出答案为0。

2. 计算机键盘混合银行票据录入盲打指法训练

（1）数字键【5】、【1】、【9】。指法分工：中指训练数字键【5】、食指训练数字键【1】、无名指训练数字键【9】。519 +519 + ··· +519 -519··· -519 先连加10次后再连减10次，得出答案为0。

（2）数字键【5】、【3】、【7】。指法分工：中指训练数字键【5】、无名指训练数字键【3】、食指训练数字键【7】。537 +537 + ··· +537 -537··· -537 先连加10次后再连减10次，得出答案为0。

（3）数字键【5】、【1】、【3】、【7】、【9】。指法分工：中指训练数字键【5】、食指训练数字键【1】、无名指训练数字键【3】、食指训练数字键【7】、无名指训练数字键【9】。51, 379 +51, 379 + ··· +51, 379 -51, 379··· -51, 379 先连加10次后再连减10次，得出答案为0。

（4）数字键【4】、【6】、【2】、【8】、【0】。指法分工：食指训练数字键【4】、无名指训练数字键【6】、中指训练数字键【2】、中指训练数字键【8】、拇指训练数字键【0】。46, 280 +46, 280 + ··· +46, 280 -46, 280··· -46, 280 先连加10次后再连减10次，得出答案为0。

项目八
8 电子计算器的功能应用

项目描述	本项目主要介绍了金融从业工作中应用的电子计算器的结构和功能的使用方法。通过对本项目的教学和学习，使学生对电子计算器的基本知识有一个新的认识；掌握电子计算器的按键指法训练方法以及操作技巧，认识电子计算器在实际工作中的重要性和培养学生的实际操作水平；通过学习使学生学会电子计算器的日常操作程序，为今后实际工作打下良好的基础
项目任务	任务一　电子计算器的结构及使用方法 任务二　电子计算器的指法训练
德育目标	1. 培养学生养成良好的计算机小键盘及计算器操作习惯 2. 培养学生正确合理操作和维护收银机，防损及服务顾客的意识 3. 培养学生良好的金融职业道德修养，养成踏实认真、细致的职业习惯 4. 培养学生在金融领域的每个岗位上踏实、持之以恒和细致的工作态度
建议学时数	6

任务一
电子计算器的结构及使用方法

课前导读

计算是人类的一种思维活动，要计算，就要有计算工具，人类在同大自然的斗争中创造并逐步发展了计算工具，世界上最早的计算工具是我国的算盘，以后又随着生产的发展开始出现了手摇计算机、计算尺、计算表等比较先进的计算工具。

20 世纪 70 年代，随着微处理器的出现，诞生了电子计算器，它是一种重量轻、速度快、价格低、准确性高、小巧便于携带的新型计算工具，在我国经济管理、会计核算、统计计算及日常工作中的应用越来越广泛，它的推广应用，对于准确解决有关计算问题，提高工作效率发挥了积极有效的作用。

任务目标

1. 熟悉计算器的分类与结构。
2. 熟悉各种电子计算器的按键功能。

知识驿站

1642 年，年仅 19 岁的法国伟大科学家帕斯卡引用算盘的原理，发明了第一部机械式计算器，但是只能做加减计算。1694 年，莱布尼兹在德国将其改进成可以进行乘除的计算器。1946 年，世界上第一台电子计算机在美国诞生，1971 年，世界上第一部袖珍电子计算器由美国加利福尼亚州莫特尔公司的年轻工程师小霍夫研制成功。它具有体积小、重量轻、价格低、计算迅速准确、操作简单、便于携带等优点，解决了电子计算机体积大、耗电多、价格高及不便于携带等问题。因此，很快被市场所接受，并广泛应用于社会经济生活的各个方面，已经成为各行各业不可或缺的计算工具，它和我国发明的古老的计算工具——算盘相辅相成。

一、简单型计算器的结构

目前市场上及日常应用的电子计算器品种很多，功能各异，差别较大，根据计算器所提供的功能的不同，计算器可分为简单型计算器、科学型计算器、专用型计算器、程序型计算器，日常金融工作中使用的是简单型计算器。

简单型计算器一般由显示屏、功能键、内存、运算器四部分组成（见图 8－1）。

（1）显示屏：在计算器的表面，显示屏显示从功能键输入的数据及运算结果，一般为液晶显示。

（2）功能键：在计算器的表面，是计算器的主要外部设置，功能键用来输入计算指令和需要计算的各种数据。

（3）内存：在计算器的内部，是计算器的仓库，用来存放指令和各种数据，以及运算器送来的各种运算结果。

（4）运算器：在计算器的内部，是计算器的运算装置，是对数据信息进行加工和处理的部件，其主要功能就是在控制器的控制下，完成各种运算。

简单型计算器的优点主要有精度高，显示有效数字可达 12 位，且计算准确，完全可以满足一般日常计算需求，速度快、容量大、价格低、体积小、耗电少，采用液晶显示的计算器，耗电量仅 0.00001～0.01W，一个纽扣电池可以使用 1,000 个小时以上。无噪声，使用时对他人无影响，操作简单，只要理解每个键的功能，正确操作按键，就可以进行计算，并能迅速得出正确答案。工作可靠，在正常情况下，可使用上千小时不出故障。简单型计算器的缺点是对环境和温度相当敏感，损坏后不容易修复等。

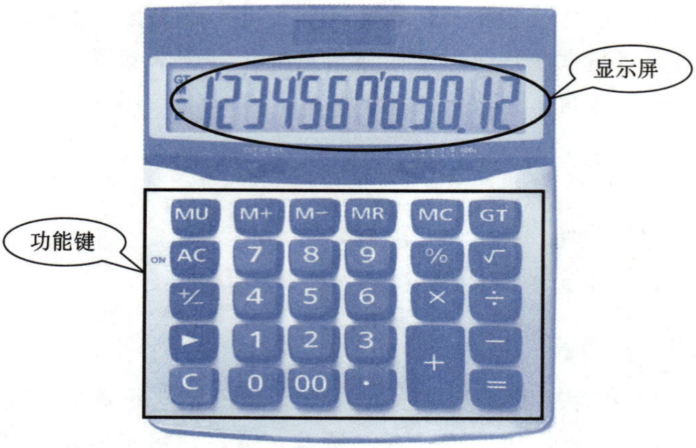

图 8－1　简单型计算器的结构

二、简单型计算器各功能键

简单型计算器在各行业务工作中应用较为广泛，另外简单型计算器与数字小键盘的结构相似，便于我们兼顾练习，故本任务以简单型计算器为例来介绍电子计算器的基本功能。

电子计算器各键在使用中起着不同的作用，这里介绍最常用的按键。

[ON/C]：开启键和清除屏幕键。按下此键即接通电源，如果在操作中按下此键则可删除记忆外的所有输入。

[AC] 或 [CA]：清除计算器内存所有内容，按下此键存储器和总存储器内容均被清除。

[OFF]：关闭电源键。

[M＋]：记忆加法键。可以加上屏幕上的数字并存储在计算器中。

[M－]：记忆减法键。可以减去屏幕上的数字并存储在计算器中。

[MR]：累计显示键。可调出由 [M＋] 或 [M－] 键存入的数据。

[MC]：清除存储器键。按下此键储存器内的内容均被清除。

[CE]：清除错误键。按下此键屏幕上输入的数字均被删除。

[GT]：汇总键。按下“＝”或“%”键，结果会累计在总和中，按下一次可显示总和，如果连续按下两次，可清除总和。

↑5/4↓：位数形态选择键。5/4 表示四舍五入键；↑表示无条件进位数；↓表示无条件舍去数。

F 4 3 2 0 A：小数位数选择键。4、3、2、0 表示小数以下取 4 位、3 位、2 位、0 位数。F 表示满档，计算时按实际数据如实输入。A 表示小数已自动设定为两位数。

提示：不同类型的电子计算器，其计算功能是不同的，即使是同类型的电子计算器，不同的生产厂家、品种和型号等，其外部结构、功能键的多少、称谓、分布与位置等也不尽相同。因此，我们对自己使用的电子计算器各功能键的了解，应以该计算器的说明书为准。

【课后练习】

1. 常见的计算器主要有哪几类?

2. 简单型计算器的结构由哪几部分组成?

任务二
电子计算器的指法训练

课前导读

要想快速提高录入水平，应该养成良好的指法习惯，计算器进行录入时，手指在键盘上的位置非常重要。

任务目标

1. 掌握计算器的基本指法。

2. 掌握电子计算器的操作方法与技巧，要求按照计算器规定指法快速、准确击键，达到录入要求。

为了方便有效地使用键盘，通常将计算器功能键分为 4 个区域，每个手指负责一个区域，一般规定右手的食指、中指、无名指和小指依次放于第三排 4、5、6、+基准键上，当准备操作小键盘时，手指应轻轻放在相应的基准键上，敲击完其他按键后，也应立即恢复到指定的基准按键上，如图 8－2 所示。

一、熟悉电子计算器指法的基本要领

（一）握笔运算

握笔的习惯对于提高运算速度非常关键，直接影响到运算的进程，正确的握笔方法是：把笔横压在右手拇指与手掌之间，使笔与手掌平行，笔杆上端伸出虎口并露出 1/3，笔尖露在外侧。这样执笔对于击键特别有利，而且方便书写计算结果，减少了取放笔的次数，避免时间浪费。正确握笔姿势如图 8－3 所示。

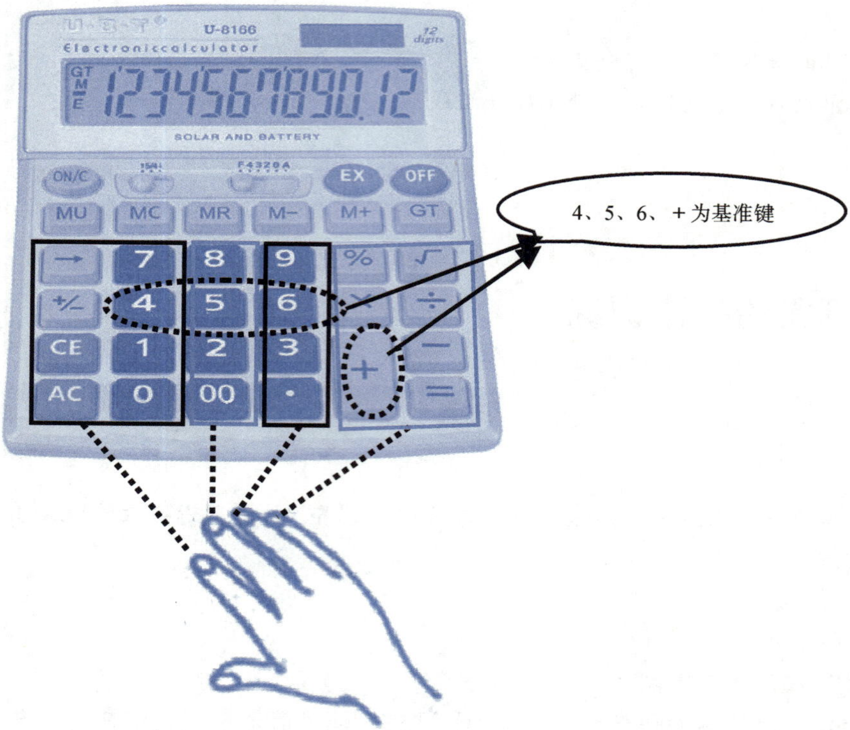

图 8－2　电子计算器指法操作示意图

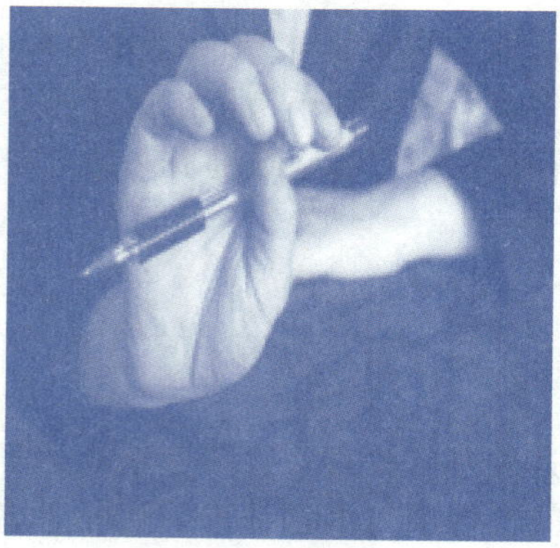

图 8－3　正确的握笔姿势

（二）置数

认清位数，眼看资料，手不停地连续敲击，要求分节看数、分节敲数，置数时要做到“看数不看键”，例如：4,682、513＋730、962＋18、409＋5,294、176，其中4,682为第一组，以后的513、730、962、18、409、5,294、176分别为一组。

（三）正确的指法

在计算器录入练习中，正确的坐姿，标准的指法是提高计算器数据录入最根本的基础，所以在初学及训练中必须严格要求，养成良好的习惯。

标准的计算器在5上应有一个凸出的圆点，是计算器的核心键位，练习时就应以此为核心向其他键位延伸。

提示： 练习指法时，抓住4、5、6三个键位，逐渐向123、789、0、00键延伸，经过一定时间的练习，可以循序渐进地掌握计算器的基本指法，进而为计算器盲打创造条件。

（四）书写答案

眼看显示屏，手不停地将答案从高位到低位逐位抄下来，概括为“看屏不看键”。

（五）清屏

清屏指当末位数据键入完成后，即刻按动清0，做到清0、书写同时完成。

二、掌握电子计算器的按键指法

要提高使用电子计算器的速度，必须运用规范、正确的指法。操作计算器通常使用食指、中指、无名指和小指，一般不使用拇指，拇指用来握笔。手指的分工通常根据电子计算器的现状和各个键的具体位置排列而定，其中，大多数电子计算器用于加减乘除运算的基本键位是大同小异的。电子计算器运算手指分工如图8－4所示。

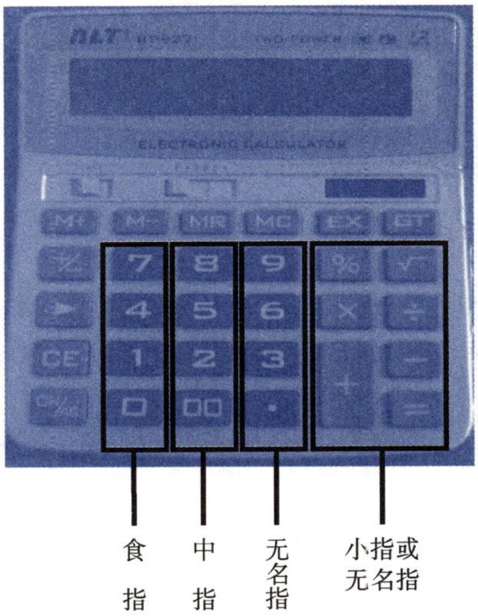

图8－4 电子计算器手指分工示意图

（1）食指：负责“0”“1”“4”“7”这四个键。

（2）中指：负责“00”“2”“5”“8”这四个键。

（3）无名指：负责“.”“3”“6”“9”这四个键。

（4）小指或无名指：负责“+”“-”“×”“÷”“=”等键，如有需要，可由食指负责“AC”“+/_”“→”等键。

在击键之前或使用运算键之后，右手食指、中指、无名指应分别定位在“4”“5”“6”三个键上面。

提示：在击键中，右手的位置有两种方式：一是右手腕悬空，操作时手掌上下移动。二是右手腕放在桌面上，靠手指的移动来完成操作。用什么方式根据自身身体条件而定。

（5）基本键位练习。

第一阶段：将中指放在“5”键上，其余手指放在相应的基本键上，然后以原地踏步的方式敲击数字键和符号键，如5555、4444、6666、7777、8888、9999、1111、2222、3333、0000、0000、++++、----、××××、÷÷÷÷、====、ON/C、ON/C。

第二阶段：手指在相邻和不相邻的几个键位上连续敲击，进一步加深键位印象，如546、879、213、147、852、963、321、456、789、258、741、000、+、-、×、÷、=。

第三阶段：全盘练习。

①常数法练习：如26,785+26,785+26,785+26,785…26,785（10次）。

②用珠算计算，看结果与①是否一致。

提示：在电子计算器的运算过程中，若输入不合规则的数字和指令或超出计算器使用范围，屏幕上就会显示符号“E”，表示输入错误或溢出，例如：输入数字位数超过12位时，屏幕上会显示符号“E”，这就是差错溢出。

三、计算器的指法训练

要提高录入速度，需要从基础做起，按照正确的指法进行训练，这就需要学生尽快熟悉键盘，最终能做到盲打，达到这个目标需要通过各种练习和刻苦训练来完成，以下介绍几种练习方法，可以帮助学生较快地熟悉键盘。

【活动实例】（1）打百子：借助珠算中的打百子，从1+2+3+4+…+99+100，答案是5,050。

（2）减百子：先输入5,050，然后用其依次-1-2-3-4-…-99-100，最后得0。

（3）把123,456,789连加9次，和为1,111,111,101，随后再逐笔减123,456,789直到减完为0。

（4）把1,234,567,890连加9次，和为11,111,111,010，随后再逐笔减1,234,567,890，直到减完为0。

（5）把9,876,543,210连加9次，和为88,888,888,890，随后再逐笔减9,876,543,210，直到减完为0。

提示：①初练时，可先看着功能键练习；②练习速度要由慢而快，速度要均匀，应做到每练习一段时间要比前次有进步；③以上练习必须要多练、苦练，持之以恒，才能达到良好的效果。

四、电子计算器应用活动实例

（一）加减乘除单项运算

此类运算直接按算式顺序输入即可。

【活动实例】（1）13 + 9 = 22

操作顺序：ON/C 13 + 9 =

显示结果：24

（2）25 × 4 = 100

操作顺序：ON/C 25 × 4 =

显示结果：100

（二）加减乘除混合运算

此类运算需考虑运算顺序。

【活动实例】（1）15 + 7 × 6 = 57

操作顺序：ON/C 7 × 6 + 15 =

显示结果：57

（2）7 ×（14 − 5）= 63

操作顺序：ON/C 14 − 5 × 7 =

显示结果：63

（三）方根运算

【活动实例】$\sqrt{7}$ = 8.485281374

操作顺序：ON/C 7 √‾

显示结果：8.485281374

（四）幂的运算

【活动实例】22.5^3 = 11,390.635

操作顺序：ON/C 22.5 × = =

显示结果：11,390.635

提示：N 次幂按（n − 1）次等号，即为得数。

（五）百分比运算

【活动实例】320 × 46% = 147.2

操作顺序：ON/C 320 × 46%

显示结果：147.2

（六）累计与存储类计算

【活动实例】 利用存储功能将下列 3 个算式的计算结果累计起来：

35 +68 =103，18 ×7 =126， −84 ÷14 = −6

操作顺序：ON/C 35 ＋ 68 M＋ 显示结果：M 103

操作顺序 18 ×7 M＋显示结果：M 126

操作顺序 84 ÷14 M－显示结果：M 6

操作顺序 MRC　　　显示结果：223

（七）改错

【活动实例】 在计算 132 +42 =174 时，误将 42 看作 24 输入，但在输入“ = ”前发现了错误。

操作顺序：ON/C 132 +24 CE 42 =

显示结果：174

【课堂练习】

1. 简单型电子计算器的功能键有哪些？如何使用？
2. 用电子计算器计算下列各题：

（1）52 +13 =
（2）65 −12 =
（3）56 ×18 =
（4）65 ÷13 =
（5）25 +19 −8.7 =
（6）35 ×3 ÷2 =
（7）12 +3 ×18 =
（8）7 ×（63 −15） =
（9）43 ×25% =
（10）（12 +15） ×（34 +28） =
（11）7 ×（32 −6） =
（12）累计 85 +32 =117、56 ×45 =22, 520、 −78 ÷13 = −6 的计算结果。

课后练习

用电子计算器计算下列各题：

（1）87 +69 =
（2）98 −58 =
（3）86 ×78 =
（4）82 ÷25 =
（5）79 +37 −8.5 =
（6）85 ×7 ÷2 =
（7）75 +8 ×19 =
（8）9 ×（97 −64） =
（9）68 ×45% =
（10）（85 +75） ×（92 +58） =
（11）9 ×（67 −8） =
（12）54 +83 −9.8 =
（13）92 ×9 ÷5 =
（14）98 +7 ×59 =
（15）67 ×（87 −59） =
（16）83 ×75% =

（17）$58+94=$　　　　（18）$89-68=$

（19）$83\times98=$

（20）累计 $95+86=$ 　　、$89\times97=$ 　　、$-85\div15=$ 　　的计算结果。

第四篇
金融实务操作技能

项目九

9 金融计算实务操作技能

项目描述	本项目主要介绍运用珠算加减计算技能进行手工传票翻打，并运用数字小键盘和电子计算器进行翻打传票及账表和票币计算等活动。通过对本项目的教学和学习，使学生对计算工具有一个新的认识，熟练掌握珠算翻打传票、账表和电子计算器的盲打技能以及票币计算的运算程序、方法与技巧；使学生通过认真练习，在实际工作中，提高珠算、小键盘和电子计算器的实务计算操作能力，培养学生认真负责的工作态度
项目任务	任务一　珠算翻打传票操作技巧 任务二　小键盘和计算器翻打传票操作技巧 任务三　珠算和小键盘及计算器账表算录入法操作技巧 任务四　电子计算器盲打传票和账表算操作技巧 任务五　珠算和小键盘及计算器票币计算操作技巧
德育目标	1. 培养学生坚强意志、毅力和学会克服困难的方法 2. 培养学生坚持不懈、持之以恒、一丝不苟、刻苦训练、精益求精的优良品质 3. 培养学生动手、动脑的探索过程中，真正理解和掌握金融基本的数学知识技能；体验数学是有用的，学会运用所学的知识解决生活实际问题，使学生体验成功的乐趣 4. 培养学生在金融会计岗位上团队合作的精神，互相帮助，共同提高和进步
建议学时数	12

任务一 珠算翻打传票操作技巧

课前导读

传票算是金融会计工作者日常工作中重要的基本功。

传票是指记有文字和数字的单据、凭证，例如，发票、收据、记账传票、出入库单等。翻打传票就是指在经济核算过程中，对各种单据、发票或凭证进行汇总计算的一种方法，在实际工作中一般采用加法运算，可以为金融会计核算、财务分析、统计报表提供及时、准确、可靠的基础数据。

金融实务操作一般有传票计算（根据经济业务核算的需要，把许多单据凭证按其金额加计总额）；账表计算（根据账簿、报表、单据等记录的数字，按一定的要求，核算出它们的发生额和余额）；票币计算（对不同面额、不同张数的票币组合，迅速计算出合计数）。

传票算虽然是一种加法运算，但又不同于一般的加法运算。一般的加法运算只需将列在一起的数字打出合计，而传票算需要将加计的数字分别标在各页传票上，而且必须找到题目要求起讫页数并不断翻动传票页，才能将传票上的数字逐一拨入算盘或输入计算器，因而传票算增加了翻页、找页等动作。因此，要熟练掌握金融会计计算实务操作，必须首先练好珠算、数字小键盘和计算器翻打传票和账表算以及票币计算的基本技能。

珠算翻打传票是日常金融工作中实际业务接触最多，应用较广的计算业务之一，具有很大的实用性。目前，中国珠算协会在珠算技术比赛中已设有翻打传票比赛项目。因此，我们应加以重视，熟练掌握。

任务目标

1. 掌握传票运算前的整理、摆放、找页、翻页、记页、看数、拨珠的方法。

2. 掌握珠算翻打传票算和账表运算程序、方法和操作技巧。

3. 传票翻页计算时只有做到左手翻页与右手拨珠的协调配合，眼睛看数、头脑记数、左手翻页、右手拨珠，才能提高工作效率。

一、传票的检查和整理

（一）传票的检查

进行传票运算前，首先要仔细进行逐页翻看检查，以防漏页和翻重页现象，同时还要注意检查印刷是否清晰。发现问题要及时处理，如发现有漏页，应及时调换。如发现重页，应将重页撕掉。如有印刷数字不清晰的要写清楚。

（二）传票的整理

检查完后应将传票进行及时整理。为加快翻页动作提高运算速度，避免翻重页的现象，运算前应将传票捻成扇页状，使每张传票松动，使原来粘在一起的自然分开。

捻扇的方法是：用左手握住传票的左下角，左拇指放在传票封面的左上方，其余四指放在传票下方握住传票中部偏左的部位；右手握住传票的右上角，右手拇指在传票封面的右上方，其余四指放在传票背面；右手向怀内方向转动，左手配合右手反方向用力，使传票成扇形，使封面向下突出，封底向上突出，以便于翻页，每页纸张之间应保持均匀距离，以看清每张传票的边缘为宜，避免重叠。形成扇形后，用票夹将传票左上角加以固定。

二、传票的找页

找页是珠算翻打传票的基本功之一，找页的动作快慢、准确与否，直接影响翻打传票的准确率和速度。因此，必须刻苦训练找页。

由于传票的命题是任意挑选起止页码的，找页即找到算题的起始页，并不是按页码的自然顺序，而是相互交叉组合进行。为了能快速找页，必须练好手感，即用手摸传票能准确摸到所找的页数。做到在书写答案时，用眼睛稍瞥一下题的起止页码，左手凭感觉迅速翻到起始页，当右手答数抄完，便可计算下一题，照此方法边写答案边找页。

三、传票的翻页及打法

传票的翻页可分为一次一页翻和一次双页翻；翻打方法又分为传统打法和来回打法。

（一）一次一页翻页传统打法

左手小指、无名指和中指放在传票封面的左下方，食指、拇指放在起始页，当右手将传票起始页的有关数拨入算盘还剩下两个数码时，左手拇指将传票掀起用食指与中指夹住，拇指继续翻起下页传票。这样，左手拇指将传票一页一页地翻，右手将每页数字拨入算盘，并一页一页默数页码。当右手拨完最后一笔数时，左手拇指又开始找页，如此往复。

提示：在翻打传票时，精神要集中，翻看传票数字的同时就要默念。首先要进行左手翻页的训练，只有左手准确、连贯、快速地翻动传票，才能进行传票翻打，翻页与拨珠必须同时进行。其次，票页不宜翻得过高，以能看清数据为宜。最后，右手迅速拨动算珠。初练时，两手的操作可放慢一些，练习一段时间后应左右手同时提高速度。

（二）一次一页翻页来回打法

一次一页翻页来回打法是将一页数字从左到右拨入算盘，翻过第二页时，将数字从右到左拨入算盘，这样，依次来回计算方法就是一次一页翻页来回打法。该打法，在运算时手不空回，从右到左拨加时，不用考虑末位定位问题，可加快运算速度。

（三）一次双页翻打法

在传票运算中，将传票一次翻起两页，然后将两页同行数字用心算后一次拨入算盘的方法，称为一次双页翻传票打法。

其翻页方法为：将小指、中指和无名指放在传票封面上，食指放在起始页上，拇指掀起传票，从夹缝中看数，经心算后得出两页同位数拨入算盘时，由拇指和食指配合将打完的双页夹于食指和中指间，同时拇指迅速掀起下一个双页，如此继续，直到完成一道算题为止。

一次双页翻打法较一次一页打法减少了翻页和拨珠次数，提高了计算效率。但是运用该法要具备扎实的基本功，要有心算的能力，加减法的置数要熟练，翻页、看数、拨珠和抄写答案等动作要协调连贯，一次翻双页手感要好，前后翻页动作应协调。

四、传票的记页方法

为保证运算连续流畅，传票运算除翻页外，还需要记页。传票计算每题一般由 20 页组成，为避免在计算过程中发生起页或打不够页的现象，必须在计算过程中默记打了多少次。如用一目一页打法，就要默记 20 次，记到第 20 次时，核对该题起止页，立即书写答案，如采用一目二页打法，即需默记 10 次后核对该题起止页即可书写答数。通过反复记页训练，熟练后就能准确地进行运算。

五、传票摆放的位置

如果使用算盘计算，传票可摆放在算盘的左下方，答题纸放在算盘的右下方。传票贴近算盘摆放位置以看数和计数方便为宜。如果使用小键盘计算，传票应放在左边，答题纸应放在中间。翻打传票时，传票应摆放在合适的位置上，一般应将传票放在小键盘的左上方，采用这种位置摆放，使翻传票、打计算器互不干扰，且又便于看数。

【课堂比一比】

手工传票翻页训练练习

（1）将传票开成扇形。

（2）训练左手从 1～100 页的翻页基本动作。

（3）将传票从 1～100 页进行翻页练习，看哪位同学耗时最少。

课后练习

1. 珠算翻打传票训练

传票翻页计算。左手翻起一页，就把应计算的数字用心算记住，右手即把数字拨入算盘中，右手计算还未完毕，左手又翻起一张，这样循环反复地进行翻页运算活动。

（1）将传票开成扇形；

（2）左手翻页；

（3）右手把数拨入算盘；

（4）计算 1～100 页第二行的答案。

2. 珠算翻打传票计时练习

请同学们准备好一本比赛用传票，计算表 9－1 中各题（计时 15 分钟）。

表 9－1

题号	起止页数	行次	答案	题号	起止页数	行次	答案
1	第 1～20 页	二		11	第 30～49 页	二	
2	第 21～40 页	三		12	第 61～80 页	一	
3	第 43～62 页	一		13	第 28～47 页	四	
4	第 23～42 页	五		14	第 47～66 页	五	
5	第 8～27 页	四		15	第 48～67 页	二	
6	第 45～64 页	二		16	第 8～27 页	三	
7	第 52～71 页	三		17	第 51～70 页	四	
8	第 62～81 页	四		18	第 35～54 页	一	
9	第 5～24 页	五		19	第 56～75 页	二	
10	第 25～44 页	三		20	第 71～90 页	五	

任务二
小键盘和计算器翻打传票操作技巧

课前导读

计算机小键盘和计算器翻打传票不仅是现代商业银行前台柜员和后台柜员必须具备的基本技能，也是国家职业资格考试银行柜员考核的必考项目之一。

翻打传票是小键盘和计算器训练的一个主要项目，在小键盘和计算器的录入训练时，多采用翻打传票的方式进行。翻打传票按是否装订分为：订本式传票算和活页式传票算；按计算的项目分为：单项目传票算和多项目传票算。小键盘和计算器翻打传票运算和珠算翻打传票操作方法一样，要准备、找页、翻页等在此不再阐述。翻打传票时对有关数字从左到右输入，然后再翻过一页，再将有关数字从左到右输入，依此类推直到运算完毕。

任务目标

熟练掌握运用计算机数字小键盘和电子计算器盲打传票操作技巧。

为提高小键盘和计算器的录入速度，小键盘和计算器翻打传票可以进行以下几个方面的训练。

一、翻页训练

在整理好扇面后，左手压住传票，从第 1 页连续向后翻动传票，直到最后一页为止，时间不得超过1分钟。

（1）2人对练，看谁翻得快。

（2）集中训练，在一定时间内看谁翻的页数多。

二、找页训练

（1）老师报页数，学生找页。

（2）2人对练：一位同学报页数，另一位同学找页。

（3）集中训练：给出40道题，学生同时找40道题的起始页，看谁找得既快又准，教师为完成的同学报时。

三、翻页读数训练

翻页读数训练同账表算的读数训练有所不同的是，账表算是一笔一笔读数，而传票算是翻一页读一笔数字。

（1）以百张传票为一个单元，翻一页读一笔数字，注意动作的衔接，使时间缩到最短。

（2）翻页读数比赛：用百张传票做翻读练习，翻一页读一笔数字，再翻到下一页读同一行数字，在规定时间内看谁翻读得更快。

四、翻打百张传票算

练习翻打百张传票，可以先计算第1～50页，接着再计算第51～100页，分别按这种顺序运算每行数字，最后再计算第1～100页求出合计，主要目的是练习翻页和数字输入的协调配合，提高运算效率。

在翻打百张传票时，由于页数太多，计算量太大，影响效率，且容易出错，而出错之处往往只发生在一两处。因此，可采用分段计算再汇总的方法解决。

具体做法：将传票分成几部分，先计算各部分的和并记录下来，然后再将其各部分相加即为总和。

提示：进行计算器翻打传票时，精神一定要集中，在翻看传票数字的同时就要默念，再迅速按键。初练时，两手的动作可慢一些，练习一段时间后，应左右手同时提高速度。

五、综合训练

一次双页打法：小指、中指、无名指放在传票封面上，食指放在起始页上，拇指掀起传票，捻开两页从夹缝中看数，经心算将两页同位数字合并一次输入计算器，待前一次双页最后一位的和数输入计算器时，由拇指和食指配合将打完的双页夹于食指和中指间，同时拇指迅速掀起下一个双页，如此继续，左手翻动10次即完成一道算题，但是，用一次双页打法时要特别注意后位有进位的情况。

【课堂练习】

进行传票翻打比赛

1. 比赛方法

(1) 全班分成四个小组，每组选派两个选手参加比赛。该项目采用定量计时方法，即传票数量固定，比赛选手需按告知的传票页码将100张传票分五组打完，每组答案独立写出，以正确打完一定数量所用的时间为计分标准，如2～29、18～38、42～59、61～78、83～100，由选手按题号分组打数，分别写出答案。每组20分。

(2) 传票金额由4～8位组成，传票每100张为一把，数字印在每页下角，用分位线隔开。

(3) 计算器翻打传票以5分钟为限，超过时间不计分。

2. 比赛要求

合计数的元、角之间应用小数点隔开，整数应用逗号隔开，例如：785,469.75为正确写法。如有错误，应将全行数字划掉，在旁边写上正确的数字。

每组答案正确得20分，其中答案中分节号点错（或漏点）者，每组一处扣1分，出现下列情形之一者，答案视同错误不计分：

(1) 答案中小数点点错（或漏点）。

(2) 小数点后数字不全。

(3) 错误数字不划销，出现多个答案。

(4) 未按照规定改错。

注：在准备的基础上比速度，5分钟内5组答案正确得100分，分数相同者，按速度的快慢排列名次。

课后练习

1. 基本指法练习题

(1)	(2)	(3)	(4)	(5)	(6)
354	671	652	974	378	183
960	732	502	485	960	294
192	361	739	213	103	706
920	703	164	506	425	439
461	928	801	638	691	801
736	652	419	290	257	426

(7)	(8)	(9)	(10)	(11)	(12)
354,645	481,671	478,652	123,974	456,378	148,183
248,960	478,732	589,502	369,485	489,960	126,294
412,192	523,361	597,739	346,213	478,103	258,706
789,920	478,456	258,369	468,506	786,425	346,439

2. 翻打传票20页规则题型（见表9-2）

表9-2

序号	起止页数	行次	答数
1	第1~20	（二）	
2	第21~40	（二）	
3	第41~60	（二）	
4	第61~80	（二）	
5	第81~100	（二）	

3. 翻打传票20页无规则题型（见表9-3）

表9-3

序号	起止页数	行次	答数
1	第11~30	（四）	
2	第66~85	（二）	
3	第18~37	（一）	
4	第39~58	（五）	
5	第67~86	（三）	
6	第15~34	（四）	
7	第70~89	（三）	
8	第19~38	（二）	
9	第40~59	（五）	
10	第68~87	（四）	

任务三
珠算和小键盘及计算器账表算录入法操作技巧

课前导读

账表算又称为表格算，或称为表册算，是指对合并在一张表格中的数据进行纵横加减计算，然后再将纵横数汇总轧平的一种运算方法，是金融从业人员日常结账和汇总数字的重要方法和最常见的加减运算形式，如会计和统计报表的合计、累计、分组算等均属于此类运算。其运算速度及结果准确与否，直接影响到经济业务数据的可靠性和及时性。可见，账表算是金融从业人员日常工作中一项重要的基本功，也是全国珠算技能比赛的五个项目之一。

任务目标

掌握珠算和小键盘及计算器账表算录入技巧。

相关链接

最新吉尼斯点钞世界纪录

一台机器的点钞速度是多少？每分钟 200～600 张。2014 年 4 月，潍坊商校的杜巧和李金峰同学刷新了“点钞达人”陶萍创造的 30 秒内单指单张点钞 190 张、多指多张点钞接近 400 张的世界纪录，以 30 秒，单指单张清点专用券 228 张，多指多张清点专用券 406 张，准确率 100%，成为新的世界纪录创造者。而在荣誉取得的背后，也倾注着两位 90 后女孩的艰辛付出。

现以全国珠算比赛标准设计和要求为例来阐述账表算的操作方法。

一、账表算的题型

现行全国比赛办法规定，账表算的一张表格由 5 列 20 行组成。即纵式 5 个算题，横式 20 个算题。要求纵、横轧平，结出总计数。

二、账表算的运算方法

账表算中既有横式算题，也有竖式算题。账表中的纵式题与珠算等级练习题相同。因此，要提高账表算的水平，在练好纵式的基础上，尤其要加强横式算题的训练。

（一）纵式题计算方法

1. 一目一行直加法

一目一行直加法是将纵栏第一笔数从高位到低位拨入算盘上（小键盘则输入键盘上，以下同），再加纵栏第二笔数，依此类推，直至第 20 笔数加完得出答案为止。

2. 一目多行简捷法

一目二行或一目三行简捷算法，是把账表放在算盘下面（小键盘运算则放在左面），左手指数，纵向二行或三行数字相加一次拨入算盘（如用小键盘或计算器则输入），每计算完一次左手把题边打边向上移动，使其计算的行数尽量与盘面的距离接近，以便快速看数，计算完最后一行数时，右手抄写答数。

（二）横式题计算方法

1. 一目一行直加法

一目一行直加法是将横栏第一笔数从高位到低位拨入盘上，再加横栏第二笔数，依此类推，直至第五笔数加完得出答案为止。

2. 一目多行法

（1）一目二行法。金融从业人员在工作中通常采用此法，是指在掌握了一目一行法的基础上，采用心算结合一目二行运算方法，将横行相邻两数同数位上对应的数字之和，将其一次拨入盘内。

（2）一目三行法。一目三行法和一目一行法基本相同，在运算时，心算横行相邻 3 个数同数位上对应的数字之和，将其一次拨入盘内。

三、账表算的答题要求

（1）既可先从纵式开始计算，也可先从横式开始计算，不管是先从纵式还是先从横式开始计算，都要掌握一个原则，逐题进行计算，不得跳题运算。

（2）若某算题计算完毕后，要把答数写在相应的合计栏中。

（3）当所有纵式和横式题都计算完毕后，要将纵式算题和横式算题的答数加在一起作为账表总合计数，填在该账表右下角的纵横交叉合计栏内，若纵式总合计数与横式总合计数相同，则该账表为轧平。

（4）答题限时 10 分钟。

四、纵横轧平的计算方法

实际工作中的轧平方法，需将纵行合计和横行合计分别运算相等后，才能将结果填写在右下角的合计栏内；若不相等，要查找错误原因，直至合计相等为止。

提示： 比赛中的轧平方法，通常是将纵行合计数相加后直接填入到右下角的合计栏中。因比赛时间有限，一旦出现不平，很难在短时间内查找错误。

五、账表算的计分方法

每张账表算计分为：纵式 5 题，每对一题得 14 分，5 道算题计 70 分；横式 20 题，每对一题得 4 分，20 道算题计 80 分，纵横 2 项计算完全正确合计 150 分，如一张账表答数全部正确且轧平（即横式题答数累计数等于纵式题答数累计数），另加 50 分，即一张账表算算平答数全对得 200 分。

提示： 轧平数另加的 50 分，只有全卷答数正确才能得分；若纵向计算无误，横向计算有误，即使轧平合计数正确，也不能给轧平数的 50 分。因此，账表算的准确性非常重要，在训练时要特别注意多练横式算题看数，横式算题不仅所占比重较大，而且直接影响运算速度和准确率，只有横式看数熟练了，整个账表算操作起来就得心应手了。

【课堂练习】

在账表算中，采用一目一行、一目二行、一目三行法对表 9－4、表 9－5 进行训练，要求运用算盘和小键盘及计算器计算纵横行各题并轧平，请同学们自己练一练，看谁快而准确。

表 9－4

序号	一	二	三	四	五	合计
1	5,897,624	5,489,893	865,793	2,108,971	3,659,874	
2	3,548,975	6,325,897	65,874,932	－768,421	56,796,315	
3	645,873	973,158	4,603,278	596,479	34,605	
4	58,789,460	46,058	780,311	26,874,309	－879,631	
5	97,803	976,034	987,630	－250,436	2,876,348	
6	976,846	7,684,358	879,648	781,605	－867,918	
7	798,468	102,487	9,786,130	5,064,908	7,981,634	
8	38,194,631	9,815,013	7,191,643	－3,768,461	9,648,052	
9	79,186,430	790,634	786,480	345,084	798,460	
10	7,984,630	78,649,087	78,496,031	879,036	－687,319	
11	8,986,431	786,431	7,864,907	－697,804	7,894,637	
12	78,648,573	9,786,431	87,946,508	8,796,458	－34,970	
13	7,894,630	879,648	846,021	894,608	38,460,987	
14	8,761,905	5,403,619	8,496,084	－978,643	546,038	
15	846,098	13,680	4,608,094	54,976,080	－697,436	
16	584,976	4,608,970	21,008	679,180	345,082	
17	6,791,802	306,108	9,760,305	－647,507	648,037	
18	79,160	130,548	643,097	7,163,004	－5,046,973	
19	6,430,518	786,134	796,840	643,187	679,314	
20	643,018	976,184	64,976,487	679,314	9,763,481	
合计						

表 9－5

序号	一	二	三	四	五	合计
1	86,791,643	79,846,431	4,691,287	78,643,184	5,879,463	
2	6,430,548	9,678,101	6,794,350	－81,059	－876,943	
3	73,485,421	7,986,431	9,733,158	387,934	8,973,451	
4	9,783,201	978,463	8,973,461	9,786,431	786,004	
5	987,304	9,783	60,447	－678,049	89,736,450	
6	8,793,438	879,643	87,946,587	8,796,431	－6,973,416	
7	8,796,431	8,796,431	6,408,097	860,490	8,790,464	
8	976,318	8,697,201	64,821,540	－876,947	978,647	
9	8,769,807	97,618,024	8,799,164	4,795,952	97,612,344	
10	7,643,757	6,677,997	85,917	－1,069,572	－876,349	
11	8,739,434	79,894,154	679,304	6,797,657	4,725,754	

续表

序号	一	二	三	四	五	合计
12	67, 576, 525	9, 487, 955	2, 854, 242	957, 445	-643, 014	
13	9, 537, 576	8, 575, 795	6, 757, 579	4, 557, 545	6, 975, 575	
14	8, 547, 557	85, 474, 575	82, 774, 745	857, 427	8, 857, 575	
15	3, 195, 753	641, 287	30, 719	-68, 079	-86, 734	
16	5, 463, 198	574, 757	659, 855	87, 783, 675	659, 797	
17	9, 885, 479	8, 020, 047	87, 200, 427	90, 242, 100	976, 575	
18	5, 454, 752	675, 447	434, 577	93, 047, 265	-678, 097	
19	846, 014	19, 463, 417	7, 508, 269	-876, 341	97, 831, 164	
20	78, 194, 649	7, 816, 431	781, 340	7, 816, 401	9, 783, 054	
合计						

课后练习

在账表算中，采用一目一行、一目二行、一目三行法对表9-6、表9-7进行计算，要求运用算盘和小键盘及计算器计算纵横行各题并轧平，请同学们课后自己练一练，看谁快而准确。

表9-6

序号	一	二	三	四	五	合计
1	86, 479, 210	796, 455	491, 747	679, 779	6, 497, 409	
2	9, 745, 775	6, 487, 306	6, 749, 780	67, 978, 130	-67, 319	
3	986, 130	36, 978, 190	469, 081	-5, 791, 643	6, 798, 031	
4	769, 080	4, 618, 071	4, 690, 784	7, 908, 460	-4, 973, 016	
5	69, 084, 705	4, 609, 817	4, 608, 109	-6, 731, 690	4, 609, 842	
6	6, 490, 874	6, 798, 021	67, 809, 445	64, 978, 031	79, 034, 480	
7	7, 809, 430	549, 730	7, 906, 490	-648, 791	-346, 197	
8	7, 609, 480	4, 609, 421	4, 609, 787	7, 809, 131	469, 081	
9	4, 697, 803	469, 080	46, 098, 112	649, 081	190, 311	
10	460, 981	643, 150	431, 684	7, 980, 316	-6, 794, 310	
11	4, 609, 812	643, 058	978, 645	-648, 790	346, 198	
12	6, 486, 079	796, 480	9, 784, 681	6, 498, 025	678, 512	
13	679, 861	9, 766, 315	978, 641	906, 480	67, 498, 043	
14	976, 481	4, 876, 190	461, 876	8, 761, 913	-4, 860, 101	
15	781, 961	310, 897	87, 608, 796	-764, 913	450, 619	
16	7, 816, 489	64, 806	761, 913	643, 018	-57, 907	
17	7, 890, 316	709, 134	430, 649	7, 913, 468	6, 934, 316	
18	4, 876, 731	460, 879	649, 761	463, 150	-87, 364	
19	78, 894, 301	8, 760, 460	178, 164	-9, 743, 106	736, 029	
20	467, 914	572, 031	976, 031	6, 487, 913	643, 791	
合计						

表 9－7

序号	一	二	三	四	五	合计
1	687, 204	6, 387, 941	3, 698, 742	685, 479	97, 456, 985	
2	78, 976, 064	46, 908	86, 978, 013	8, 497, 801	－487, 961	
3	64, 931	6, 490, 813	469, 084	－467, 951	315, 498	
4	643, 158	6, 431, 807	6, 498, 021	6, 431, 508	6, 431, 508	
5	34, 615, 187	643, 158	312, 058	－453, 104	798, 465	
6	4, 631, 205	46, 321, 508	46, 152, 087	94, 875, 004	3, 461, 520	
7	83, 312, 508	6, 793, 425	342, 015	－73, 451, 678	－4, 576, 903	
8	346, 152	876, 394	8, 764, 943	8, 764, 913	8, 469, 031	
9	6, 498, 754	643, 558	8, 796, 431	－97, 630	97, 460, 978	
10	978, 463	643, 518	86, 312, 508	8, 794, 631	－3, 461, 913	
11	6, 487, 931	5, 487, 964	648, 191	4, 631, 250	87, 649	
12	648, 094	6, 791, 315	4, 561, 974	6, 481, 519	4, 216, 194	
13	136, 019	4, 316, 489	3, 461, 948	－463, 107	－769, 401	
14	879, 465	4, 631, 649	57, 946, 879	3, 615, 497	6, 794, 821	
15	3, 154, 261	34, 615, 487	9, 786, 431	21, 649, 780	－976, 345	
16	65, 978, 561	3, 451, 978	3, 765, 187	－8, 769, 431	34, 615, 497	
17	6, 491, 824	6, 451, 879	66, 579	31, 645, 789	365, 184	
18	3, 615, 425	216, 490	3, 125, 487	3, 164, 587	49, 251, 879	
19	59, 315, 278	4, 631, 257	6, 431, 257	－5, 643, 437	－679, 420	
20	643, 104	4, 613, 679	7, 894, 164	4, 613, 254	4, 631, 578	
合计						

任务四
电子计算器盲打传票和账表算操作技巧

课前导读

电子计算器盲打传票和账表算，就是眼睛看着传票或账表算资料上的数据，手指将数据正确输入，眼睛不看键盘的操作过程。它是使用电子计算器的最高要求，能够大大提高工作效率。我们可以用电子计算器的盲打技能进行传票、账表的计算，提高工作效率。当然要做到盲打，必须通过各种练习和刻苦训练来实现。

任务目标

电子计算器盲打传票和账表算技巧。

一、计算器盲打传票

传票盲打是指在金融核算过程中，对各种单据、发票或凭证进行汇总计算的一种盲打方法，在实际工作中一般采用加减运算，可以为金融会计核算、金融财务分析、金融报表提供及时、准确、可靠的基础数字，是金融工作者的一项基本功，并列入正式比赛项目。

传票分为两种：一种是订本式传票，在传票的左上角装订成册，一般在比赛中使用；另一种是活页式传票，在实际工作中特别是银行系统中使用较多。传票敲打，应掌握找页、翻页、数页等基本功，即需要左右手协调配合，随翻随计算，是盲打中较难的一种。

二、计算器平打账表

账表计算是计算器计算技术在实际工作中的实用操作。是根据账簿、报表、单据等记录的数字，依据一定的计算要求，核算出它们的发生额和余额。需要对账表进行纵向和横向的加减运算并且最后纵横要轧平。账表计算是日常金融工作中发生最多的一项实务计算。账表计算也是考核金融从业人员的一个基本项目。

课后练习

1. 借助珠算中的打百子进行指法练习：从 $1+2+3+\cdots+99+100=5,050$。
2. 可利用珠算等级试题、传票题和账表题进行电子计算器盲打指法练习。
3. 应用计算器盲打指法，对表 9－8 进行复核报表练习，并检查运算是否正确。

表 9－8

序号	一	二	三	四	五	六	七	八	九	十	合计
1	4, 092	7, 069	1, 898	3, 958	6, 503	574	193	6, 018	3, 056	5, 603	
2	18	12	12	－147	795	67	639	407	－591	354	
3	306	4, 905	347	4, 062	1, 049	38	28	913	1, 941	1, 049	
4	2, 958	50	4, 078	71	－32	8, 609	7, 062	58	64	68	
5	731	70	426	315	8, 605	41	－17	3, 806	8, 056	8, 491	
6	49	81	358	6, 084	446	6, 305	9, 601	－59	－27	－29	
7	14	234	9, 206	－508	3, 428	190	18	2, 796	2, 438	3, 846	
8	82	127	58	92	－104	73	536	104	143	27	
9	765	7, 282	3, 179	246	7, 292	748	7, 458	3, 462	729	－175	
10	6, 350	8, 536	6, 504	5, 103	138	4, 936	724	572	－380	927	
合计											

任务五
珠算和小键盘及计算器票币计算操作技巧

课前导读

金融会计工作非常烦琐，既要进行现金收、付，整点和结算，又要记好日记账，其中清点现金后的票币计算就是很重要的一个环节。票币计算程序是：票币计算就是对不同面额、不同张数的票币组合，迅速计算出它们的合计金额。票币计算程序主要分为：看数、拨珠、算数、记数、清盘5个程序。票币计算的速度直接影响金融会计工作的效率。

任务目标

1. 掌握珠算和小键盘及票币计算方法。
2. 票币计算要做到：乘法心算各券别金额要准确，加计金额不错位。

小贴士

在金融会计工作中，金融会计人员在点钞结束后，都要对不同券别票币清点的张数进行填表，先用心折算出券别张数的金额，然后在算盘上加到各券别金额的合计数，求出总金额，就是票币计算。

一、票币计算方法

（1）看数。“券别明细表”最好放在算盘或小键盘或计算器下端，以利于看数，不要将“券别明细表”放在算盘或小键盘或计算器左侧边，以免影响工作效率。

（2）珠算则拨珠，小键盘或计算器则按计算机小键盘或计算器键，右手握笔拨珠或按键计算，按券别逐个边乘边加。

（3）算数。分券别计算金额，在算盘或小键盘或计算器上依次累加。

（4）记数。分节号与小数点要注意漏写、点错，对照算盘或小键盘或计算器数字记录，确保记数准确无误。

（5）珠算清盘或小键盘或计算器清键，用左手清盘或清键，右手抄写答案。

二、票币计算要求

为了做好票币计算工作，要求做到以下几个方面：

（1）人民币的各种券别有两位数或一位数不等的数量，要按照计算步骤进行训练，要反复心算出各券别张（枚）数金额，然后用算盘加计各券别金额数字，坚持每天进行一定数量的练习。

（2）算盘或小键盘或计算器与计算资料摆放要合理，以使计算简捷、准确、快速。

（3）运算时注意心算与计算要有机结合，特别是对于小数点的计算，避免发生错误。

（4）填写试题答案要准确、数字清晰，大小写数字要符合规范书写要求。

（5）整数部分用三位分节制，小数点后如无有效数字时，应用零补齐。

【课堂练习】

根据以下类型，完成下列票币计算活动，将答案正确填写至表9－9中。

表9－9

券别	张（枚）数	张（枚）数	张（枚）数	张（枚）数	张（枚）数
100元	37	57	78	65	32
50元	59	39	34	75	83
20元	92	37	58	85	36
10元	76	59	43	97	83
5元	54	78	62	45	74
2元	34	54	56	38	52
1元	76	97	35	72	34
5角	72	23	82	68	62
2角	45	98	79	56	98
1角	63	43	85	75	66
5分	42	55	48	56	58
2分	82	79	67	48	45
1分	53	96	83	95	76
答案					

课后练习

根据表9－10所示类型，完成下列票币计算，正确填写答案。

表9－10

券别	张（枚）数	张（枚）数	张（枚）数	张（枚）数	张（枚）数
100元	86	94	69	85	99
50元	79	89	74	78	87
20元	98	97	54	65	56
10元	96	89	79	91	84
5元	58	48	82	85	95

续表

券别	张（枚）数	张（枚）数	张（枚）数	张（枚）数	张（枚）数
2 元	94	59	76	78	82
1 元	73	98	85	79	89
5 角	82	83	88	58	92
2 角	85	96	99	96	78
1 角	93	73	82	78	68
5 分	89	95	78	86	58
2 分	87	89	37	98	65
1 分	93	95	89	85	78
答案					

项目十

10 点钞与鉴别人民币真伪技能

项目描述	本项目主要介绍了单指和多指点钞方法和机器点钞法的操作要点以及人民币真伪的鉴别方法。通过对本项目的教学和学习，使学生了解单指和多指点钞的工序和基本要领，认识掌握点钞技能的重要性；了解人民币的基本知识和特征，培养学生对假钞的鉴别能力，从而提高对货币的反假意识；了解手工点钞与整理的基本要领，并熟练掌握钞票的捆扎方法和学会几种较常见的手工点钞法
项目任务	任务一　点钞操作技巧 活动一　点钞操作工序及基本要求 活动二　钞票的整理与捆扎方法 活动三　单指和多指点钞技能 活动四　机器点钞操作技能 任务二　鉴别人民币真伪技巧 活动一　第五套人民币的防伪特征 活动二　鉴别人民币真伪的方法
德育目标	1. 培养学生树立金融意识，提升严谨认真、准确规范、诚实守信的职业道德素质，以及精打细算、当家理财的主人翁意识 2. 培养学生职业道德观念，自觉抵制收受、使用假币意识 3. 培养学生的诚信品质、敬业精神和责任意识、遵纪守法意识，爱护人民币的高尚道德情操 4. 培养学生健全的人格，既能够使学生具备金融领域相应的职业能力和职业岗位能力，又能够适应职业变化和技术进步，促进学生的全面发展
建议学时数	18

任务一
点钞操作技巧

课前导读

点钞又称票币清点，它是指按照一定的方法查数货币的数额。点钞技术是收款员和金融从业人员的一项基本功，也是金融、财会等专业学生必须掌握的一项专业技术，更是前台金融从业人员必备的技能和技术比武项目之一。提高点钞水平，对于保护消费者利益，提高金融工作效率、促进国民经济发展具有重要意义。

人民币是我们日常生活中经常接触的货币。现在市面上假钞很多，假钞伪造得越来越逼真，手工点钞和鉴别人民币真伪的技能，确实是我们从事柜台收银工作人员必须掌握的基本技能。虽然现在点钞机已普遍使用，但点钞机有其局限性，如无法挑选出残损币等，加之遇上停电，就更无法使用了。

我们到银行存取钱，在收取钞票不是很多的情况下，常常看到银行职员习惯先将钞票用手工点一遍，然后再送入点钞机复点验钞。

掌握手工点钞技能并不难，但是要达到既快又准的要求，必须坚持每天练习，还要经常琢磨点钞的技巧。只有经过反复训练，才能达到理想的速度和效果。

我们现在虽然暂时不是从事柜台收银工作的人员，但学好鉴别人民币真伪的技能，在现实生活中当遇到假币时，可运用所学的人民币真伪鉴别技术来鉴别，使不法分子无法得逞，从而保护自己的财产不受损失。

点钞方法分为手工点钞和机器点钞两种方法。手工点钞是用徒手进行钞票计数的一种应用技术，机器点钞是模仿人的手工点钞发展而来的机械化操作技术。手工点钞技术目前在金融行业的出纳、收银、营销等工作中被广泛应用，是各单位会计、业务部门主要的票币整点方法，是金融财经类专业学生的必修技能。近年来，由于社会对点钞技能的日益重视，金融系统经常举行地区性乃至全国性的点钞技能大赛。

点钞是各单位出纳工作尤其是金融系统柜面出纳工作的重要组成部分。点钞速度的快慢和质量的好坏直接影响工作效率，只有通过苦练加巧练，才能掌握好这项技能。

通过本任务的学习，熟练掌握点钞技能，对同学们今后从事金融会计工作是非常有用的，许多金融财经类专业的优秀学生凭借过硬的点钞技能被金融系统优先聘用。因此，我们应重视点钞技能的学习。

任务目标

1. 掌握点钞的基本要求，钞票的整理与捆扎方法。
2. 掌握单指单张点钞方法。

3. 掌握多指多张点钞方法。
4. 掌握点钞机的性能和操作方法。

活动一　点钞操作工序及基本要求

活动小伴读

票据整点必须做到的五点：点准、挑净、墩齐、扎紧、盖章清楚。清点票币做到不错不乱，准确无误。据了解，目前超市收银员的点钞水平要求单指单张达到30秒内点100张；银行职员的点钞水平要求单指单张速度达到10秒内点100张；多指多张要求达到8秒内点100张。因此，同学们在掌握了点钞要领后，一定要坚持不懈地刻苦练习，有着“只要功夫深，铁杵磨成针”的精神，通过刻苦练习，自己的点钞水平就一定能达到用人单位的要求。

那么，如何掌握点钞技术呢？俗话说：“万丈高楼平地起。”让我们先从点钞的工序和基本要求开始吧。

一、点钞的工序

一般将点钞的工序分为拆把、点数、墩齐、扎把、盖章5个环节。

（一）拆把

成把清点钞票时，首先应将封条拆掉（封条可脱去，保持原样；也可将封条用手指弄断），然后把钞票按不同点钞方法的要求放在手中，做好点数的准备。如果清点的是零散钞票，则将钞票进行清理并墩齐。

小贴士

什么叫“一把”？一般在点钞时，相同面值的钞票点够了100张后，要用封条将这100张现钞扎成一小捆，称为“一把”。

（二）点数

点数即清点钞票的数量。它是点钞的关键，运用规范的指法，在清点中要做到手中点数，脑中记数，既快又准地点出100张钞票，同时还要将残损币和假币挑选出来。

（三）墩齐

清点完100张钞票后，将钞票四面边端墩齐，不露头或不呈梯形错开，卷角的钞票应拉平，然后持钞做扎把准备。

（四）扎把

把清点准确的100张钞票墩齐后，用扎钞条在钞票中间扎好；不足百张的钞票则将扎钞条捆扎在钞票一端的1/3处，并将张数、金额写在扎钞条正面。

（五）盖章

盖章是点钞程序的最后一环。在钞把侧面扎条上加盖点钞人员的印章，以明确责任；成捆钞票在顶端十字结上加贴封签，并加盖捆扎人员名章，盖章要清晰可见。

二、点钞的基本要求

要想练好点钞技能，特别是手工点钞技术，需做到：指法准确，准确率高、速度快。为了使点钞达到“快”“准”“好”的要求，练就过硬的点钞本领，须达到以下八点基本要求。

点钞的基本要求

（一）坐姿端正

不正确的坐姿会使点钞时肌肉紧张，动作生硬，不协调，增加劳动强度，会直接影响点钞技术的发挥和提高。正确的坐姿应该是身体坐直，两脚平踏地面，全身肌肉放松，双肘自然放在桌上，持票的左手腕接触桌面，右手腕稍微抬起。

（二）用品定位

点钞时用的笔、印泥、图章、海绵缸、点钞纸、点钞机、捆扎条等根据自己平常工作习惯，按固定位置放好，以便点钞时使用顺手。例如，将未清点的钞票放在左侧，将海绵缸放在中间，捆扎条放在右侧上部，点完的款项放在右侧。这样摆放紧凑，方位得当，距离适宜，便于操作。

（三）开扇均匀

手工点钞时，手持式点钞和扇面点钞都需要把钞票打成扇面或微扇面，使钞票均匀错开，便于清点。特别是扇面点钞法，开扇是一个重要环节，扇开得匀不匀，决定着点钞准不准，如图10－1所示。

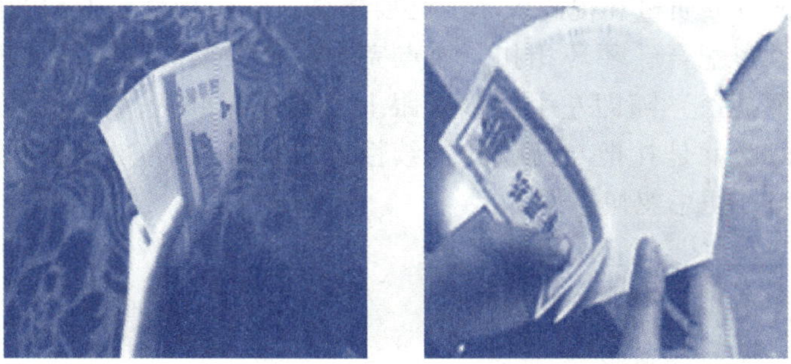

(a)　　(b)

图10－1　开扇

（四）点数准确

清点和计数准确是点钞的基本要求，点数的关键是一个“准”字。点数不准确不仅影响日常工作质量，而且会造成损失。点数时必须集中精神，双手点钞，眼睛看钞，脑子计数，手、脑、眼三位一体，协调配合，这样才能达到点数准确的目的。

（五）钞票墩齐

点数前把钞票墩齐，点完一把钞票后，也要把钞票墩齐才能扎把。

（六）扎把牢固

钞票应尽量捆扎牢固，以不散把，抽不出票为准。扎小把时，将第一张钞票轻轻向上方捏拉，以抽不出票为标准（见图 10－2）。扎大把（十把为一大把）时，应按“井”字形捆扎大把，以用力推不变形，抽不出钞票为准。

图 10－2　扎把牢固

（七）盖章清晰

扎条上的盖章，是分清责任的标志。每个人整点后都要盖章，图章要清晰可辨，不能模糊。

（八）动作连贯

动作连贯是保证点钞质量和提高效率的必要条件。它包括两个方面的内容：一是点钞过程的每个环节必须紧密配合、环环相扣，如点完 100 张钞票后，将钞票墩齐的同时左手持票，右手取腰条（捆扎条）随即左手的钞票跟上去迅速扎好把，在左手放钞票的同时，右手取另一把钞票等，这就是扎把与持钞的连续性；二是清点时动作要连贯，双手动作要协调，清点速度要均匀，切忌忽快忽慢。

课后练习

1. 点钞有哪些工序和基本要求?
2. 正确摆放点钞用品，以点钞时顺手为准，一经确定，不要轻易改动。

活动二　钞票的整理与捆扎方法

活动小伴读

钞票扎捆是先点钞100张以后，把钱压平，钱墩齐抓紧，松紧度自己掌握。用手稍微把钱捏成一个弯度，使用银行专用的长条油纸（术语叫PP带），先把长纸条随机插入1万元的中间（纸币1/3处），围着钞票围两圈，再结成三角形插至钞票或油纸条内，再把另一端系在刚绕的白条上。

一、钞票的整理

钞票的整理主要包括以下两个方面。

（一）清点前的整理

先按类别（券别）分类，然后挑出损伤券，最后将断裂券粘好。挑损伤券时，按中国人民银行发行制度的标准办理，凡属以下标准之一者均应挑出，作为损伤票币处理：

（1）票面缺少一块，损及行名、花边、字头号码、图徽者。

（2）裂口超过纸幅的1/3或票面裂口损及花边图案者。

（3）纸质较旧，四周或中间有裂缝，或票面断开又粘补者。

（4）油渍、墨渍造成票面污染的面积较大，或涂写字迹过多，妨碍票面整洁者。

（5）票面变色，严重影响图案清晰者。

（6）硬币破损、穿孔、变形或磨损、氧化、腐蚀损坏部分花纹者。

钞票捆扎的拧扎法

小贴士

点钞过程若发现混有损伤券，就将这一组排除，并牢记已点的数字，以左手保持钞票现状，用右手将损伤券向内向下折叠，使折叠面露出一端，再继续点钞。当一把点完后抽出损伤券，随即补足与抽出数等量的完整券。

（二）清点完的整理

在按完整券和损伤券分别清点并同时进行真伪鉴别后，在捆扎前的整理操作要点是：将券角拉平，钞票墩齐，然后用专用扎钞条捆扎牢固。

二、钞票的捆扎方法

捆扎技术是纸币清点中的一个重要环节，捆扎速度的快慢直接影响点钞的整体速度。

（一）捆扎要求

捆扎纸币要求每百张为一把，用扎钞专用纸条在钞票中间扎好，不足百张的则把扎钞条捆扎在钞票一端的1/3处，并将张数、金额写在扎钞纸条上面。

凡经过整点的现金必须在钞把侧面扎钞条上加盖经办人员名章；每十把扎一大捆时，钞票用细绳以“井”字形扎为一捆，做到用力推不变形，抽不出票为准，并在顶端加贴封签，加盖捆扎人员名章。

（二）扎把方法

钞票的捆扎方法主要是扎把，扎把是手工点钞的操作程序之一，常用的扎把方法主要有缠绕式捆扎法和扭结式捆扎法。现将两种方法的操作程序详细介绍如下：

1. 缠绕式捆扎法

临柜收款多采用此方法，需要使用牛皮纸扎钞条，具体操作程序如下：

（1）将清点过的100张钞票墩齐，钞票正面向内横立，左手从钞票左侧握着钞票，左手拇指在正面，其余四指捏在钞票的背面，然后拇指向外、四指向内用力，将票面压成瓦形（瓦状的幅度影响扎钞的松紧，在捆扎中幅度不能变），见图10－3。

钞票捆扎的缠绕折掖法

（2）左手食指放在钞票的上边缘，将钞票从中间拨开一条缝，见图10－4。

图10－3

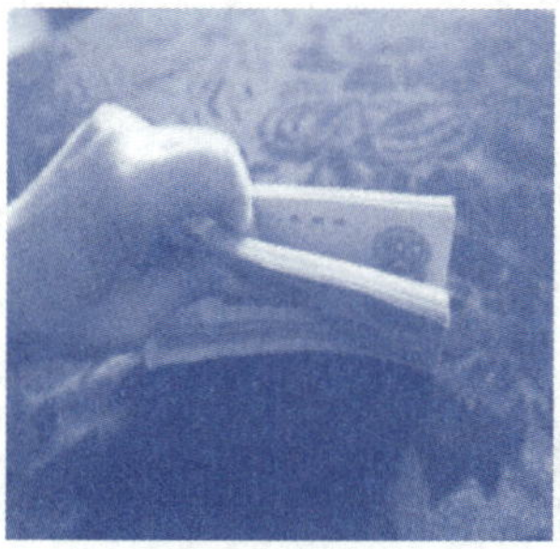

图10－4

（3）右手将扎钞条的一端夹在钞票中间，右手的拇指、食指、中指捏住扎钞条由内向外缠绕1～2圈，见图10－5。

（4）当扎钞条缠绕至钞票厚度转角处时，右手拇指、食指、中指压住扎钞条，沿钞票边缘向右折90°，见图10－6。

图 10－5

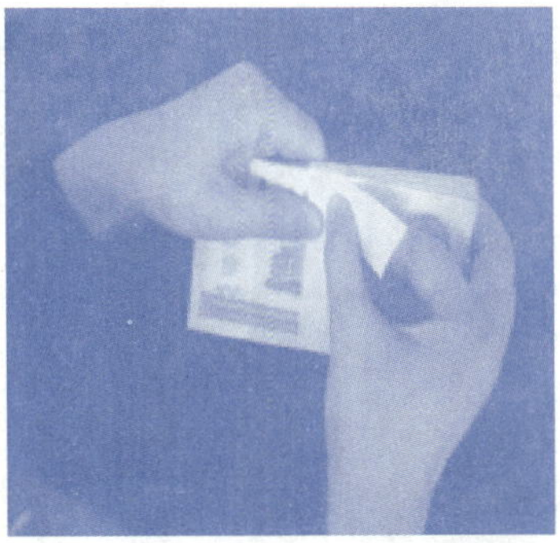

图 10－6

（5）将扎钞条头绕扎钞条转两圈打结，见图 10－7。

（6）完成后的效果，见图 10－8。

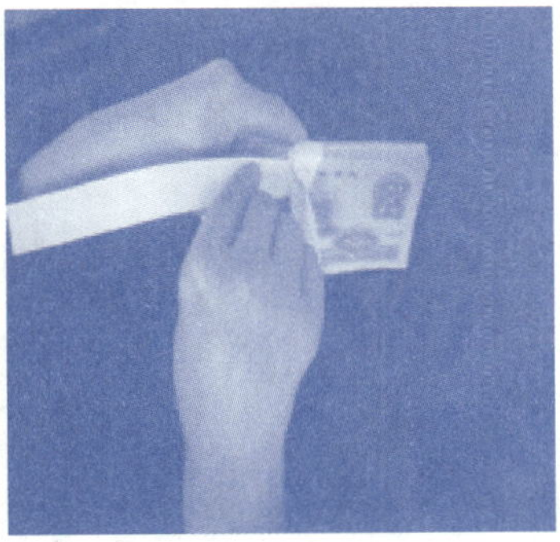

图 10－7

图 10－8

2. 扭结式捆扎法

考核、比赛多采用此方法，需要使用韧性较好的绵纸扎钞条。其具体操作方法如下：

（1）与缠绕式捆扎法握钞姿势相同，见图 10－9。

（2）右手将扎钞条从钞票背面放置，将两扎钞条头绕到正面，左手食指按住扎钞条与钞票厚度交界处，见图 10－10。

图 10－9

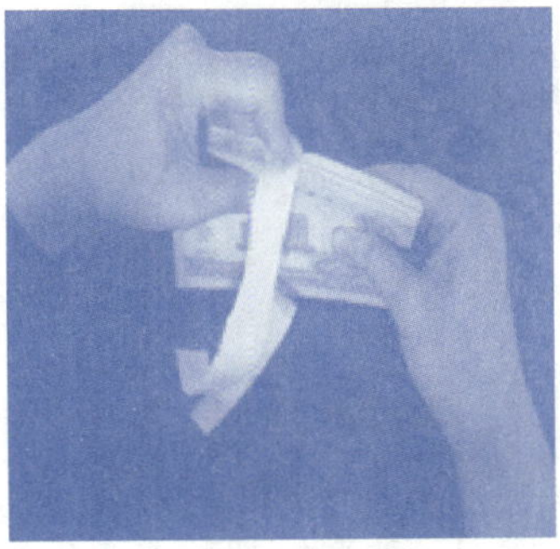

图 10－10

（3）右手拇指和食指夹住一端扎钞条，中指和无名指夹住另一端扎钞条，将两端扎钞条合在一起，见图 10－11。

（4）右手顺时针旋转 180°，同时左手逆时针旋转 180°，将两扎钞条头扭结在一起，见图 10－12。

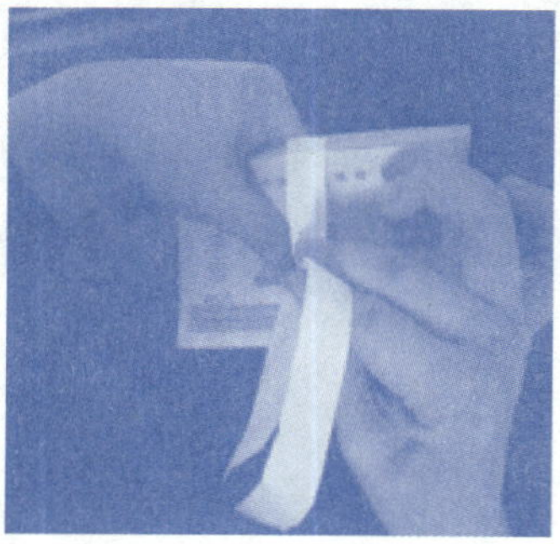

图 10－11

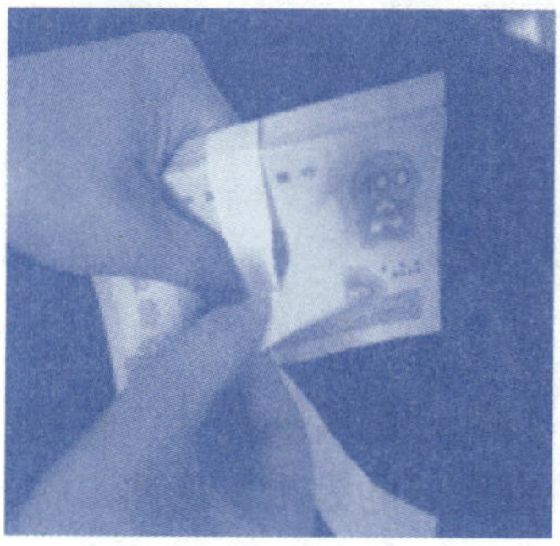

图 10－12

（5）将拇指和食指夹住的那一头从扎钞条与钞票之间绕过打结，见图 10－13。

（6）完成后的效果，见图 10－14。

图 10－13

图 10－14

小贴士

扎把是点钞的一道重要环节，既要扎得快，又要扎得紧。一般以每 2 秒扎一把为快，成把后最上面一张用手自然抽起，以抽不出为紧。

课后练习

1. 钞票的捆扎要求有哪些？

2. 按扎把的两种方法进行扎把练习。经过一定时间练习后，课堂上可分组进行扎把测试。测试可从扎把速度和扎把后的效果两方面作为评判标准（注：扎把速度标准：5 秒扎一把为合格；3 秒扎一把为良好；2 秒扎一把为优秀）。

活动三　单指和多指点钞技能

活动小伴读

根据持钞姿势的不同，手工清点纸币的方法可分为手持式点钞法和手按式点钞法。手持式点钞法是在手按式点钞法的基础上发展起来的，其速度比手按式点钞快，但其准确性又低于手按式点钞，所以实际工作中多采用手按式点钞，比赛中多采用手持式点钞。每一类点钞法中又包含若干不同的具体方法。同学们可以根据自身条件选取恰当的点钞方法，加以勤学苦练达到点钞技能要求。

一、手持式点钞法

手持式点钞法是将钞票拿在手上进行清点的方法，在指法上一般有手持式单指单张点钞法、手持式单指多张点钞法、手持式四指四张点钞法和手持式五指五张点钞法等多种方法。现分别介绍如下。

（一）手持式单指单张点钞法

用一个手指一次点一张钞票的方法称为手持式单指单张点钞法，是点钞中最基本也是最常用的方法，适用于收款、付款和整点各种新、旧、大小钞票，尤其适用不足 100 张零票的整点。这种方法由于持票面小，能看到票面的面积较大，容易发现假钞及残缺币，但缺点是点一张记一张，速度较慢。具体操作方法如下：

手持式单指单张点钞法

1. 持钞

（1）用左手的中指和无名指夹住票面的左端中部，左手中指、无名指和小指向内弯曲，将钞票左下角夹紧。用左手的拇指将钞票背面向上翻起，如图 10－15、图 10－16 所示。

图 10－15

图 10－16

（2）用左手的拇指将钞票背面向上翻起，右手拇指将钞票翻成反弓形，钞票侧面成小扇形，左手食指在后顶住钞票，左手手腕向里弯曲，使钞票背面正对点钞者，如图 10－17、图 10－18 所示。

图 10－17

图 10－18

2. 点钞

（1）右手的拇指和食指点钞。右手拇指从右上角开始向下捻动钞票，食指放在钞票的右上角配合拇指进行捻钞。右手无名指要将捻下的钞票往身体方向弹，捻一张弹一张。左手拇指随着钞票的捻动向后移动，食指向前推动钞票，以加快钞票的下落速度，如图 10－19、图 10－20 所示。

图 10－19

图 10－20

提示： 左手拇指捏钞不要过紧；左手中指、无名指要夹紧钞票左下角，以防钞票随着捻动而散把。右手拇指捻动时不要抬得太高，动作幅度应尽量小，捻出一张钞票后，迅速移回右上角捻下一张，食指尽量不动；右手无名指弹钞时要注意轻点快弹。

（2）当点到只剩余三四张时，右手拇指和食指捻开清点张数，然后再用无名指同时弹出，完成点钞工作，如图 10－21 所示。

图 10－21

3. 记数

记数要与清点同时进行。在点钞速度快的情况下，应采用分组记数法。即每 10 张记为 1 组。如：1. 2. 3. 4. 5. 6. 7. 8. 9. 1（即 10）；1. 2. 3. 4. 5. 6. 7. 8. 9. 2（即 20）依此类推，当默念组数到 10 时，即点到了 100。采用这种记数法的优点是将十位数字变成一位数字，省力又好记。但记数时要默念，不要念出声，做到脑、眼、手密切配合，既快又准。

4. 扎把盖章（略）

（二）手持式单指多张点钞法

手持式单指多张点钞法是在熟练掌握手持式单指单张点钞法的基础上发展起来的一指同时点 2 张或 2 张以上钞票的方法。适用于收、付款和各种券别的整点工作。其优点是记数简单、方便、效率高；缺点是一指能捻下几张钞票，中间几张能看到的票面面积小，残损票和假票不易发现。具体操作方法如下：

手持式单指多张点钞法

1. 持钞

持钞的方法与手持式单指单张点钞法相同。

2. 点钞

（1）右手拇指肚放在钞票的右上角，拇指尖超出票面，右手食指放在钞票右上角配合拇指捻钞。一指点两张时，拇指肚先捻第一张，指尖捻第二张，食指在票后配合捻动，无名指将两张钞票往身体方向弹，弹的速度要快，如图 10－22、图 10－23 所示。

图 10－22

图 10－23

（2）一指点三张时，拇指肚先捻第一张、第二张，指尖捻第三张（见图 10－24）；一指点四张时，方法同样，拇指肚先捻第一张、第二张、第三张，拇指尖捻第四张。拇指肚要用力均匀，捻动的幅度不要太大。点钞时眼睛从侧面看，这样看的幅度大（见图 10－25）。

提示：点钞时，根据每组点钞张数的多少，拇指指尖伸出票面右上角的长短也有所不同，每组点钞张数越多，拇指指尖伸出票面就越大。记数要看清张数，准确无误后再快速弹出。

图 10－24

图 10－25

3. 记数

采用分组记数法。点两张时，两张为一组记一个数，50 组就是 100 张；点三张时，每三张一组记一个数。33 组余一张就是 100 张；点四张时，每四张为一组记一个数，25 组就是 100 张。

4. 扎把盖章（略）

（三）手持式四指四张点钞法（手持式四指拨动点钞法）

这种点钞方法以左手持钞，右手除拇指外其余四指依次各点一张，一次 4 张，轮回清点。它适用于收、付款和整点工作，优点是省脑、省力、速度快，还能逐张识别真假币和挑选损伤券，是近年来普及较快的一种点钞方法。具体操作方法如下：

手持式四指四张点钞法

1. 持钞

（1）钞票竖立于桌面，左手持钞，中指在前，食指、无名指、小指在后，将钞票夹紧，如图 10－26（正面图）与图 10－27（背面图）所示。

图 10－26

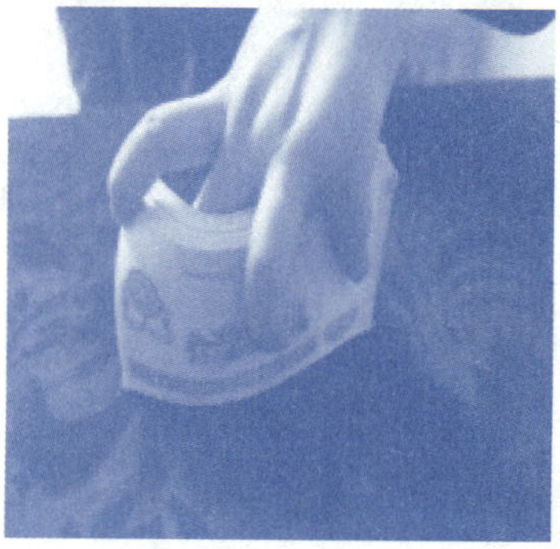
图 10－27

（2）四指同时弯曲将钞票压成“瓦形”，左手拇指按住钞票右侧外角向内按压，使右侧展开成斜面扇形，然后手腕向里转，使钞票的右里角抬起，如图 10－28、图 10－29 所示。

图 10－28

图 10－29

2. 点钞

右手手腕抬起，右手拇指贴在钞票的右里角，其余四指自然弯曲并拢，以小指、无名指、中指、食指依次捻动钞票右下角与拇指摩擦后拨票，一指一张，一次点 4 张为一组。循环操作，直到点完 100 张。左手拇指、中指随着右手清点逐步向后移动，食指稍加用力向前推动以适应清点钞票的厚度，如图 10－30、图 10－31 所示。

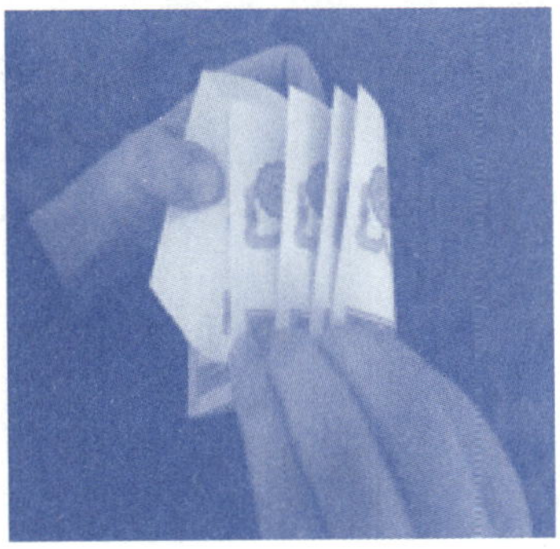

图 10－30

图 10－31

提示： 手持式四指拨动点钞法速度快的关键是右手四指拨钞时，以指尖捻动钞票右下角，四指并拢，尽量减小运动幅度，一气呵成，沙沙有声。点准的关键是清点时目光应集中在钞票右下角，手点、眼看和心记密切结合。

3. 记数

采用分组记数法。每点 4 张为一组记一个数，记满 25 组为 100 张。

4. 扎把盖章（略）

（四）手持式五指五张点钞法（手持式五指拨动点钞法）

右手 5 个手指依次各捻动一张钞票，一次 5 张，循环操作。其适用范围及优缺点与四指四张点钞法相同。具体操作方法如下：

手持式五指五张点钞法

1. 持钞

（1）用左手的无名指和小指夹住钞票左端，无名指和小指向内弯曲夹紧钞票左下角，如图 10－32、图 10－33 所示。

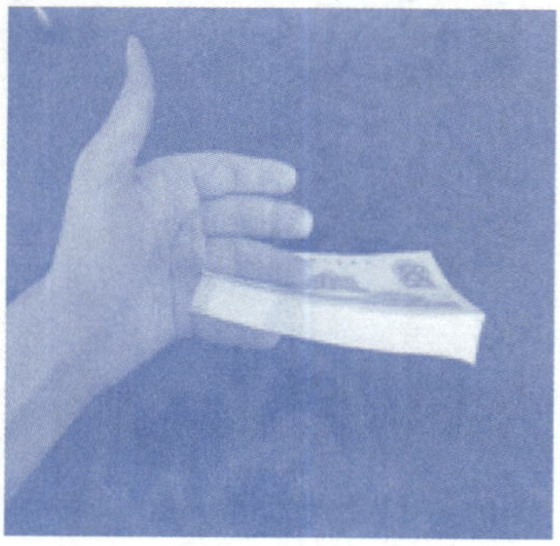

图 10－32

图 10－33

（2）用左手拇指、中指从钞票两侧卡住钞票，将钞票向上翻起，使钞票呈反弓形，同时用食指顶住钞票背面，如图 10－34（正面）、图 10－35（背面）所示。

图 10－34

图 10－35

2. 点钞

右手拇指尖按住钞票右上角向外点拨，同时食指、中指、无名指、小指依次按住钞票右上角向内点拨。一指清点一张，5 张为一组，大拇指捻票时手腕向外转，其余四指捻票时手腕向内转，动作舒展连贯，如图 10－36 至图 10－38 所示。

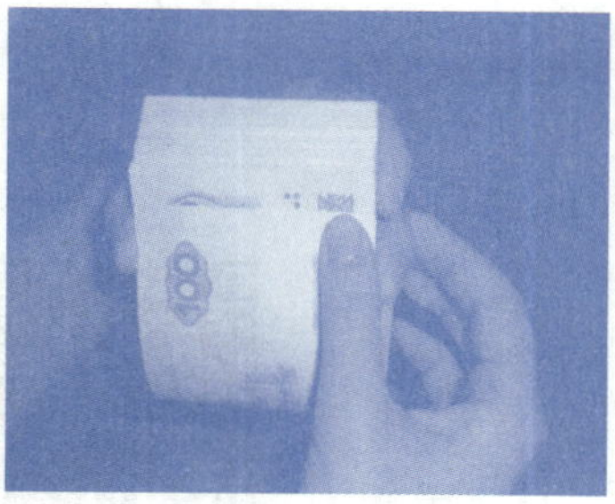

图 10－36

图 10－37

图 10－38

3. 记数

采用分组记数法，每 5 张为一组记一个数，数至 20 组为 100 张。

4. 扎把盖章（略）

二、手按式点钞法

手按式点钞法是将钞票按放在桌面上进行清点的方法，是一种运用较广的点钞方法。在指法上有单指单张点钞、多指多张点钞、多指拨动点钞和推捻点钞等多种点钞方法。下面重点介绍手按式单指单张点钞法、手按式多指多张点钞法和手按式多指拨动点钞法。

（一）手按式单指单张点钞法

手按式单指单张点钞法是一种传统的点钞方法，在我国流传甚广。它适用于收、付款和整点各种钞券。此方法的优点是清点时能看到的票面较大，便于挑选损伤券和假币。缺点是在速度上比手持式单指单张点钞法慢。具体操作方法如下：

手按式单指单张点钞法

1. 按钞

将钞票横放在桌面上，与身体平行。左手小指、无名指微弯按住钞券左下角，拇指、食指和中指微屈。右手拇指从右下角托起部分钞票，如图 10－39 与图 10－40 所示。

图 10－39

图 10－40

2. 点钞

用右手食指捻动钞票，右手其余手指自然放于钞票右侧，右手食指每捻起一张，左手拇指便将钞券向上推送到左手食指与中指间夹住，如此反复，点完为止，如图 10－41 至图 10－43 所示。

图 10－41

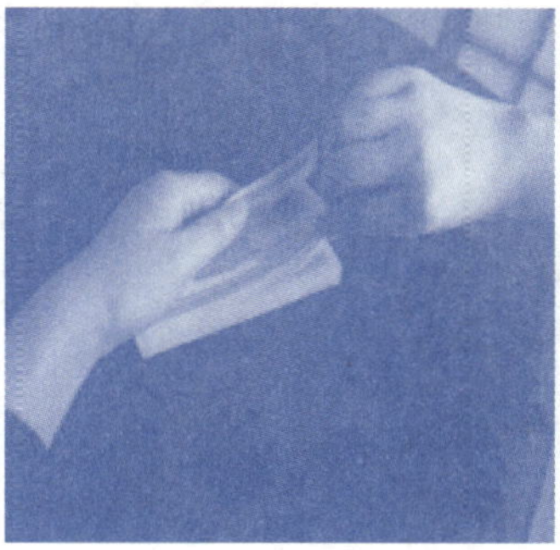

图 10－42

图 10－43

提示：左手要按稳钞票，不要使钞票移动，右手拇指托起的钞票不能太多，也不能太少，否则都会影响点钞速度，一般一次 20 张左右为最好。

3. 记数

采用分组记数法，以 10 张为一组记数，记数方法与手持式单指单张相同。

4. 扎把盖章（略）

（二）手按式多指多张点钞法

手按式多指多张点钞法

手按式多指多张点钞法是在手按式单指单张点钞法基础上发展起来的点钞方法。适用于收、付款和整点各种钞券。其优点是速度比单指单张快，缺点是除了第一张外，其余各张能看到的票面较小，不易挑选出残损券和假币。手按式多指多张点钞法又可分为两指两张、三指三张和四指四张几种方法，现具体介绍如下：

1. 按钞

按钞方法与手按式单指单张点钞法相同。但钞票应斜放在桌面上，右下角伸出桌面，坐的椅子也要斜放，便于右手肘部枕在桌面上，使操作时省力。右手拇指托起右下角部分钞票，如图 10－44、图 10－45 所示。

图 10－44

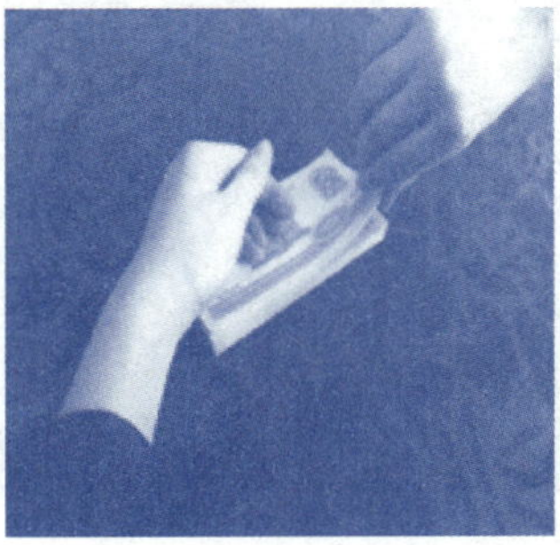

图 10－45

2. 点钞

两指点两张时，先用右手中指捻起第一张，随后用食指捻起第二张，然后用左手拇指向上推送到食指和中指间夹住。如此反复，点完为止，如图 10－46、图 10－47 所示。

图 10－46

图 10－47

三指点三张时（见图 10－48），先用右手无名指捻起第一张，随后用中指和无名指分别捻起第二张和第三张；四指点四张时（见图 10－49），先用小指捻起钞票第一张，随后用无名指、中指和食指分别捻起第二张、第三张、第四张。左手接钞方法与两指点两张一样。

图 10－48　三指点三张

图 10－49　四指点四张

提示：在手按式多指多张点钞法中，三指三张点钞速度比两指两张点钞快，掌握上又比四指四张容易，且准确率较高。同学们可将三指三张点钞法作为重点练习。此外，点钞时右手掌心朝外，比较容易捻起钞票；点数时右手手指不宜抬得过高，否则会影响进纸的速度。

3. 记数

采用分组记数法，每 3 张为一组记一个数，数到 33 组最后余一张就是 100 张。

4. 扎把盖章（略）

（三）手按式多指拨动点钞法

此方法又分为三指拨动点钞法和四指拨动点钞法两种。现重点介绍三指拨动点钞法。

1. 按钞

按钞方法与手按式单指单张点钞法相同。但钞票应斜放在桌面上，与桌子边缘呈 45°，如图 10－50 与图 10－51 所示。

图 10－50

图 10－51

2. 点钞

用右手食指从钞票右上角向胸前拨动第一张钞票，紧接着依次用中指、无名指分别拨起第二张、第三张钞票，每拨起3张钞票就用左手拇指向上推送到食指、中指间夹住，这样就完成了一组动作，以此重复，直至清点完毕，如图10－52至图10－54所示。

图10－52

图10－53

图10－54

3. 记数

采用分组记数法，每3张一组记一个数，数到33组余一张就是100张。

4. 扎把盖章（略）

三、扇面式点钞法

扇面式点钞法是从手持式点钞法发展起来的一种速度较快的点钞方法。适用于整点新币和复点工作，但这种点钞方法清点时只看到票边，看不到票面，不便挑选残损券和假币。

扇面点钞法一般分为拆把、开扇、清点、记数、合扇等几个环节。其中开扇是掌握这种方法的难点和关键，初学者一般感觉较困难，需要较长时间的练习。扇面式点钞法又可分为一指点多张和多指点多张两种方法，下面重点介绍扇面式一指多张点钞法。

（一）持钞

钞券竖拿，左手拇指在前，食指和中指在后握住钞票下端的中心，无名指、小指自然放在钞票后面，右手拇指放在钞票右侧的1/3处，其余四指托在钞票的后面，如图10－55所示。

图10－55

（二）开扇

开扇也称打扇面，是扇面点钞最关键的环节。扇面开得匀不匀，直接影响点钞的准确性。开扇有一次性开扇和多次开扇两种方法。一次性开扇法速度快，但难度较大，多次开扇法费时，但较易掌握，这里重点介绍多次开扇法。

多次开扇法以左手拇指、食指和中指持票点为轴心，右手拇指向左侧推钞票的右边，同时食指、中指在钞票的后面将钞票的右侧向左下方压，压出一个弧形时，食指、中指由后向前，向右侧推按钞票的背面，使钞票左右边缘稍错开，如此往返运动，将钞票打开成扇面，如图 10－56 至图 10－58 所示。

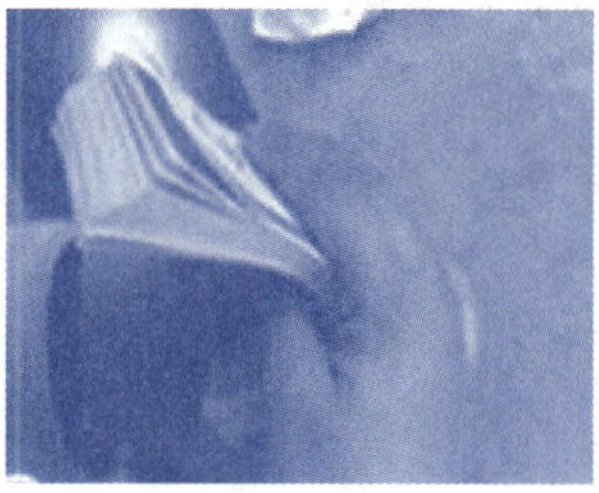

图 10－56

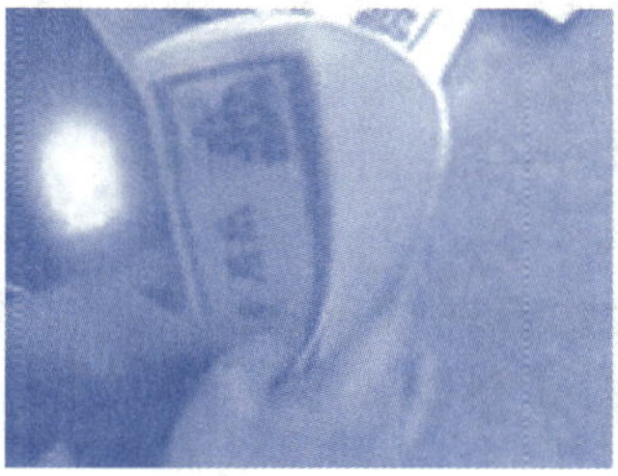

图 10－57

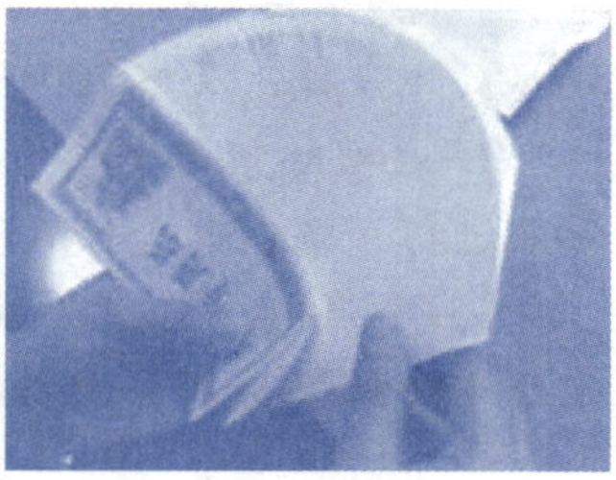

图 10－58

提示： 用多次开扇法时要注意开扇动作的连贯性，动作不连贯，会影响整体点钞速度。

（三）点钞

右手食指、中指等四指轻轻托住钞票的背面，拇指肚从前面依次点数 5 张或 10 张钞票并下压，食指迅速前移卡住已点过的钞票，拇指迅速回位继续向下点数，直到点完为止，如图 10－59、图 10－60 所示。

手扳式点钞法

图 10－59

图 10－60

（四）记数

采用分组记数法。如一次点 5 张，则 5 张为一组，记一个数，20 组为 100 张；如一次点 10 张，则 10 张为一组记一个数，10 组为 100 张。

（五）合扇

清点完毕即可以合扇，合扇时，将左手向右手倒，右手用 4 个拇指稍弯曲托住钞票的右侧由右向左合拢，左右手指稍向中间一起用力使钞票竖立在桌上，两手松拢轻墩，把钞票墩齐准备扎把。

（六）扎把盖章（略）

其他点钞法

【课堂练习】

1. 单指单张点钞法的指法训练。可根据练习情况进行随堂测试。

（注：单指单张点钞法课堂练习等级标准：优秀 400 张/5 分钟；良好 300 张/5 分钟；及格 200 张/5 分钟。）

2. 在熟练掌握单指单张点钞法的基础上，可选择 1 ~ 2 种多指多张点钞法进行训练，并进行随堂测试。

（注：多指多张点钞法课堂练习测试等级标准：优秀 600 张/5 分钟；良好 400 张/5 分钟；及格 400 张/5 分钟。）

课后练习

1. 经过一段时间的练习后，为了检验同学们的练习效果，提高兴趣，可进行分组测试。

（1）测试形式和要求。

①形式：按组别，每轮测试每组出 1 人。

②要求：准、快、好。

（2）测试规则。

①采用定时计量的方法，要求在 5 分钟内完成点数、扎把等工序。

②点钞测试到最后 30 秒时，老师报时一次。

③点钞结束后，将所点钞券的把数和零头钞券填在记录单上，零头钞券不用捆扎。

（3）评分标准。

①一把为 100 张，凡多或少于 100 张，该把不计成绩。

②零头钞券张数必须正确，否则不计成绩。

③因扎把不紧或扎条断裂造成散把，该把不计成绩。

（4）成绩标准（见表 10 – 1）。

表 10 – 1

时间	5 分钟	成绩标准
单指单张点钞法	600 张	合格
	800 张	良好
	1,000 张	优秀
多指多张点钞法	800 张	合格
	1,000 张	良好
	1,200 张	优秀

2. 手工点钞主要有哪几种方式？
3. 单指单张和多指多张点钞法各有什么特点？

活动四　机器点钞操作技能

活动小伴读

点钞机是一种以自动清点钞票数额为目的的机电一体化装置，一般带有伪钞识别功能。随着市场经济的发展，各单位经济业务中现金收付业务量在日益增加，点钞机在这些单位特别是金融部门已普遍使用，成为业务工作中不可缺少的工具和帮手。点钞机代替手工点钞对提高工作效率、减轻劳动强度、改善服务等发挥了积极作用。目前我国使用的点钞机根据功能可分为全智能型点钞机、半智能型点钞机和普通型点钞机。随着印刷技术、复印技术和电子扫描技术的发展，伪钞制造水平越来越高，必须不断提高点钞机的辨伪功能。目前点钞机的辨伪功能主要有：荧光检验装置、磁性检验、红外线穿透检验、激光检验等，随着科学技术的发展，防伪功能将会更加先进和完善。

常见点钞机如图 10－61 所示。

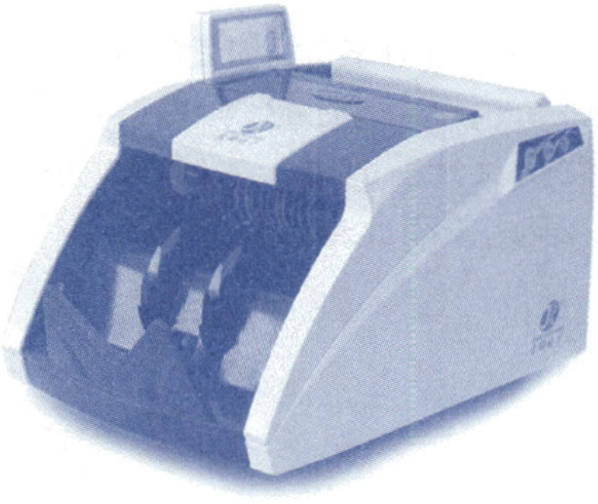

(a)

(b)

图 10－61

一、熟悉点钞机的功能键

点钞机有许多种类和型号，不管哪种类型的点钞机，其功能主要是点钞和防伪。点钞机的操作比较简单，在操作前应认真阅读说明书，清楚每个按键的功能和操作方法。现以各商业银行常用的数码防伪智能点钞机为例（见图 10－62），具体介绍点钞机的按键功能。

图 10－62

（一）启动键

当停机需再运行或使用手动键时，按动此键。

（二）清零键

按动此键，可清除当前计数值，即回到“0”重新计数。

（三）智能键

按此键，智能指示灯亮，计数窗显示“－0”，即已打开智能功能，包括检测荧光、磁性、夹张、安全线、宽度等功能，以及新旧版100元、50元的混点。再按此键，计数窗显示“－1”，此时除了以上功能外，还有光谱、磁性以及分新旧版、大面额、小面额等功能，并显示相应票面面额。再按此键，智能指示灯灭，表示关闭此功能。

（四）荧光键

荧光功能对所有的纸币都能进行检测。

（五）磁性键

磁性功能对带有磁性油墨的纸币进行检测。

（六）累加键

累加功能可以连续累计清点数的总值，直至数值显示“9,999”张后，即回到“0”重新计数。

（七）预置键

每按动此键一次，预置显示窗将会依次显示为10、20、25、50、100、空白等字样，再按动“＋”或“－”键，预置窗显示将加或减“1”；如果持续按住“＋”或“－”键，预置显示窗将每隔1/4秒会自动加或减“1”。

提示： 操作面板上各功能键，应在待机状态下进行。

二、掌握机器点钞的操作程序

（一）点钞前准备

点钞机的使用

（1）点钞机一般放在操作人员右前方，点钞机使用前要进行调整和实验，力求转速均匀、点钞准确、下钞流畅、落钞整齐。

（2）接上电源，打开电源开关，观察荧光数码显示是否为“00”，如不是，请按“清零”键，使其复“00”位。当蜂鸣发出“滴”声，自检停机后再开始点钞。

（二）拆把

右手持票，拇指和食指在票前，中指、无名指和小指在票后，捏住钞票的右上角，然后用食指弄断封条，准备下钞。

（三）点钞

右手握票，拇指稍用力，将钞票捻成前低后高的斜坡形，放入传钞斗，如果放钞不正确，会产生真钞误报或机器提示出钞不准。随着点钞机开始工作，握钞手指逐渐松开，切不可往下推挤钞票，钞票经下钞斗通过捻钞轮和荧光数码管，自然下滑到传送带，落到接钞台，下钞斗内的钞票清点完毕后，机器可自动停止。

机器运行时，操作人员要认真进行检查，如发现有假钞、破损或其他异物，或者有绵软、霉烂的钞票时，要立即剔除，然后再继续清点。清点过程中若发现假钞，机器就会自动停止，发出报警信号，或者在任意工作状态下指示灯亮，并且闪烁，计数器显示窗里显示相应的检测信息代号，可将疑币停留在接钞台表面的第一张，取出假钞后，按启动键继续清点。操作完毕，要注意检查机器上是否有遗漏钞票，如为整把清点，应核实显示器读数是否为100。

提示：对于压紧的纸币应拍松后再捻开，否则容易下双张或出现“拥塞”现象。

（四）扎把

左手从接钞台取出钞票，右手当即投入第二把，同时把钞票墩齐，进行扎把（扎把方法与手工点钞扎把法相同），扎把时眼睛仍需看住机器跑道上的钞票。

（五）盖章（略）

提示：点钞机应注意日常保养。保养点钞机的关键就是除灰尘，积尘过多会造成计数、识别不准确，所以至少每星期用毛刷清扫灰尘一次，防止灰尘的沉积。点钞机的位置还应避开光源，如果光源过强，会使硅光电池损坏，缩短点钞机的使用寿命。我们使用完点钞机后，应及时关闭电源，这样既能延长点钞机的寿命，又能节约用电。

课后练习

1. 机器点钞的操作程序是怎样的？

2. 教师组织学生到学校的会计技能实训室进行点钞机模拟训练，有条件的可组织到商场、超市、银行，进行点钞机实际操作训练。

任务二
鉴别人民币真伪技巧

课前导读

人民币是我们日常生活中经常接触的货币，你收到过假币吗？在生活中又应如何鉴别真假人民币呢？

鉴别人民币真伪的方法分为人工鉴别法和机器检测法。人民币是我国的法定货币，是我国经济主权的象征。人民币有主币和辅币之分，人民币主币的单位为元（简写“RMB”，以“¥”为代号），人民币辅币单位为角、分。

目前，我国流通中人民币实物总量位居世界前列。为加强人民币管理，维护人民币信誉，稳定金融秩序，《中华人民共和国银行法》对人民币做了专门规定，并依据《中华人民共和国银行法》制定《中华人民共和国人民币管理条例》，将人民币的使用与流通管理上升到法律的层面予以规范。我们每位公民都应该依法使用人民币，爱护人民币，凡残损的人民币不宜继续流通，应按照《中国人民银行残缺污损人民币兑换办法》到办理人民币存取款业务的金融机构进行兑换，金融机构应无偿为公民兑换残缺、污损人民币，不得拒绝兑换。对故意损毁人民币的，可由公安机关给予警告，并处以1万元以下的罚款，在宣传品、出版物或者其他商品上非法使用人民币图样的，中国人民银行应当责令改正，并销毁非法使用的人民币图样，没收违法所得，并处以5万元以下的罚款。

任务目标

- 掌握真假人民币鉴别技巧。
- 掌握第五套人民币的防伪特征，提高社会实践能力。

活动一　第五套人民币的防伪特征

活动小伴读

中国人民银行成立至今共发行了五套人民币，有纸币也有金属币，每套人民币的设计特征都体现了各个时期的社会发展和民族风格。第一套、第二套、第三套人民币已停止在市面上流通。经国务院批准，中国人民银行自2018年5月1日起停止第四套人民币100元、50元、10元、5元、2元、1元、2角纸币和1角硬币在市场上流通。

1999年10月1日，根据中华人民共和国国务院令第268号，中国人民银行发行了第五套人民币，共有100元、50元、20元、10元、5元、1元纸币和5角、1角硬币8种。第五套人民币（1999年版）自1999年10月1日陆续发行。共有1元、5元、10元、20元、50元、100元6种面额，其中1元有纸币、硬币2种。第五套人民币根据市场流通需要，增加了20元面额，取消了2元面额，使面额结构更加合理。第五套人民币各面额货币正面均采用毛泽东主席建国初期的头像，底衬采用了中国著名花卉图案，背面主景图案选用有代表性的寓有民族特色的图案。

2005年8月31日起，中国人民银行发行2005年版第五套人民币，主图案与1999年版保持一致，但光变数字、面额水印位置调整，增加凹印手感线、防复印标记、背面面额数字加后缀“YUAN”等。

第五套人民币采取“一次公布，分次发行”的方式。1999年10月1日，首先发行了100元纸币；2000年10月16日发行了20元纸币、1元和1角硬币；2001年9月1日，发行了50元、10元纸币；2002年11月18日，发行了5元纸币、5角硬币；2004年7月30日，发行了1元纸币。

为提高第五套人民币的印刷工艺和防伪技术水平，经国务院批准，中国人民银行于2005年8月31日发行了第五套人民币2005年版100元、50元、20元、10元、5元纸币和不锈钢材质1角硬币。第五套人民币1角硬币材质由铝合金改为不锈钢，色泽为钢白色。正面为“中国人民银行”“1角”和汉语拼音字母“YIJIAO”及年号，背面为兰花图案及中国人民银行的汉语拼音字母“ZHONGGUO RENMIN YINHANG”，直径为19毫米。

2015年11月12日起，中国人民银行发行了新版100元纸币；2019年8月30日起，中国人民银行发行了2019年版第五套人民币50元、20元、10元、1元纸币和1元、5角、1角硬币。新版人民币使用了世界最先进的凹版雕刻防伪技术，功能布局更加合理，整体防伪能力和印制质量较现行纸币有明显提升。

2020年11月5日起，发行了2020年版第五套人民币5元纸币。在保持现行第五套人民币5元纸币主图案、主色调、规格尺寸等相关要素不变的前提下，对票面效果、防伪特征及其布局等进行了调整，采用先进的防伪技术，提高防伪能力和印制质量，使公众和自助设备易于识别。

随着科学技术的发展，货币制造技术日益先进，防伪技术越来越高。但先进的技术也为一小部分不法分子提供了可乘之机，假币伪造形式多样化，仿真度越来越高的假币逐渐潜入流通市场。这对人民币的设计水平、防伪技术和印制质量提出了更高要求。

全国公安机关始终把打击假币犯罪作为一项维护国家金融秩序稳定、保障国家经济运行安全的重要任务。据报道，近年来，全国公安机关共破获假币犯罪案件 2 万多起，年平均收缴假币 8 亿多元。

因此，正确掌握人民币的防伪特征和鉴别假币的技能，对于增强广大人民群众反假币的意识，充分认识假币的危害，维护和净化货币流通市场已成为当务之急。

一、第五套人民币 100 元人民币的防伪特征

（一）2005 年版

2005 年版 100 元人民币的防伪标志共有 11 处，它们分别是：

（1）固定人像水印：票面正面左侧空白处，仰光透视，可见与主景人像相同，立体感很强的毛泽东头像水印。

（2）全息磁性开窗安全线：位于票面中间偏右，上下贯通，开窗部分可以看到由微缩字符“￥100”组成的全息图案，仪器检测有磁性。

（3）手工雕刻头像：票面正面主景毛泽东头像，采用手工雕刻凹版工艺，形象传神、凹凸感强，易于识别。

（4）胶印微缩文字：票面正面上方椭圆形图案中，多处印有微缩文字，在放大镜下可看到“RMB100”字样。

（5）光变油墨面额数字：票面正面左下角“100”字样，以垂直角度观察为绿色，倾斜一定角度则变为蓝色。

（6）阴阳互补对印图案：票面正面主景图案左侧中部和背面主景图案右侧中部均有一圆形局部图案，正面和背面的图案合并组成一个完整的古钱币图案。

（7）雕刻凹版印刷：票面正面主景毛泽东头像、中国人民银行行名、面额数字、盲文及背面主景人民大会堂等均采用雕刻凹版技术，用手指触摸有明显的凹凸感。

（8）双色异形横号码：票面正面左下角印有双色异形横号码，左侧部分为暗红色，右侧部分为黑色。字符由中间向左右两边逐渐变小。

（9）隐形面额数字：票面正面右上方有一装饰性图案，将票面置于与眼睛接近平行的位置，面对光源做上下倾斜晃动，可以看到面额数字“100”字样。

（10）白水印：正面双色隐形横号码的下方，仰光透视，可以看到透光性很强的水印“100”字样。

（11）凹印手感线：正面主景图案右侧，有一组自上而下规则排列的线纹，采用雕刻凹版印刷工艺印制，用手指触摸，有极强的凹凸感。

2005 年版 100 元人民币样币如图 10－63、图 10－64 所示。

图 10－63　2005 年版 100 元人民币样币正面

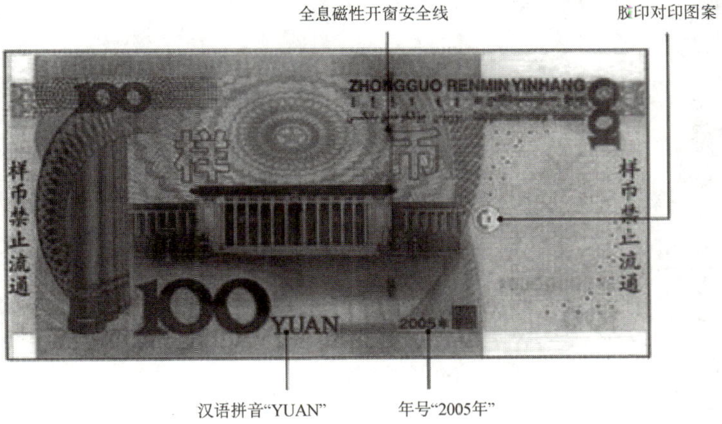

图 10－64　2005 年版 100 元人民币样币背面

（二）2015 年版

2015 年版第五套人民币 100 元纸币在 2005 年版第五套人民币 100 元纸币规格、正背面主图案、主色调、“中国人民银行”行名、国徽、盲文面额标记、汉语拼音行名、民族文字等要素不变的基础上，增加了防伪性能较高的光彩光变数字、光变镂空开窗安全线、磁性全埋安全线等防伪特征，提升了人像水印等防伪性能，改变了原有的冠字号码字形并增加了竖号码。随着防伪技术的新发展，取消了 2005 年版第五套人民币 100 元的光变油墨面额数字、隐形面额数字、凹印手感线 3 项防伪特征。总体来看，2015 年版第五套人民币 100 元纸币集成应用的防伪技术更为先进，布局更为合理，防伪技术水平较 2005 年版 100 元纸币有明显提升，使公众更易于识别真伪。

1. 2015 年版 100 元纸币相比 2005 年版 100 元纸币正面改动（见图 10－65）

(a) 2005年版

(b) 2015年版

图 10－65 正面改动

2. 2015 年版 100 元纸币相比 2005 年版 100 元纸币背面改动（见图 10－66）

3. 2015 年版 100 元人民币防伪识别

（1）正面图案。票面中部增加光彩光变数字“100”，其下方团花中央花卉图案调整为紫色。取消左下角光变油墨面额数字，调整为胶印对印图案，其上方为双色横号码；正面主景图案右侧增加光变镂空开窗安全线和竖号码；右上角面额数字由横排改为竖排，并对数字样式进行了调整。

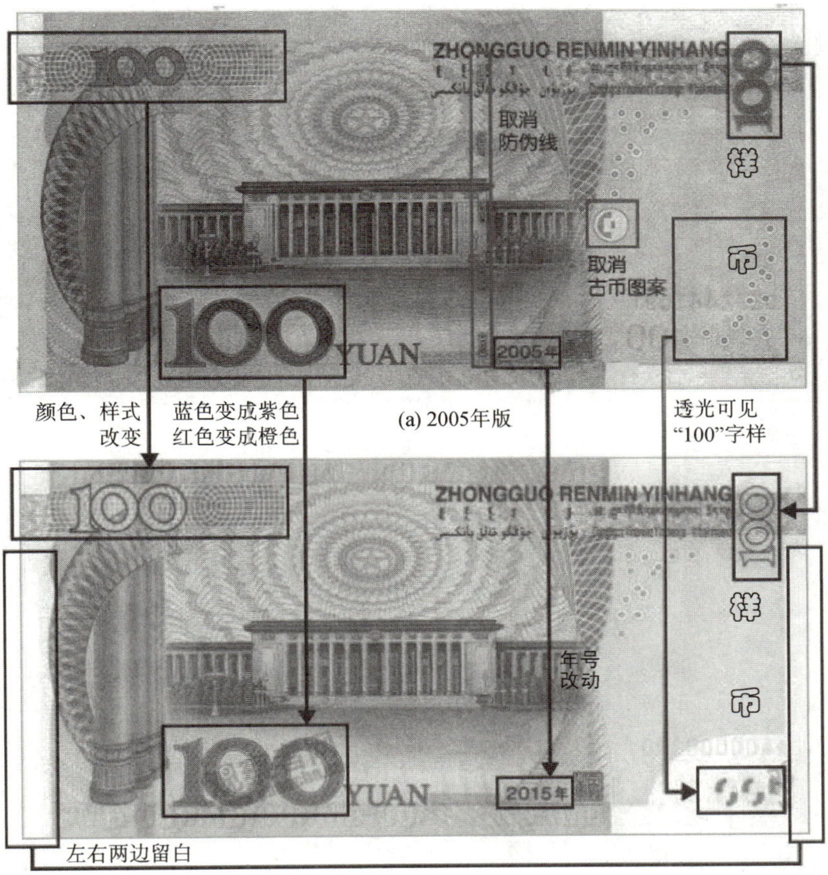

(a) 2005年版

(b) 2015年版

图 10－66　背面改动

（2）背面图案。票面年号改为“2015 年”；取消了右侧全息磁性开窗安全线和右下角防复印图案；调整了面额数字样式、票面局部装饰图案色彩和胶印对印图案及其位置。

（3）防伪标识布局（见图 10－67 和图 10－68）。

①光变镂空开窗安全线，位于票面正面右侧。不同的角度观察票面，安全线颜色会变成红色或绿色：垂直票面观察时，安全线呈品红色；与票面于一定角度观察时，安全线呈绿色；透光观察时，安全线中正反交替排列着镂空文字“￥100”（见图 10－69）。

②光彩光变数字，位于票面正面中部。不同角度观察票面，数字“100”会变为金色或绿色：垂直票面观察时，数字以金色为主；平面观察时，数字以绿色为主；随着观察角度的改变，数字颜色在金色和绿色之间交替变化，并可见到一条亮光带在数字上下滚动（见图 10－70）。

③人像水印，位于票面正面左侧。透光观察，可见毛泽东头像，而且头像比 2005 年版 100 元人民币更加清晰（见图 10－71）。

图 10－67　2015 年版 100 元人民币正面

图 10－68　2015 年版 100 元人民币背面

图 10－69

图 10－70

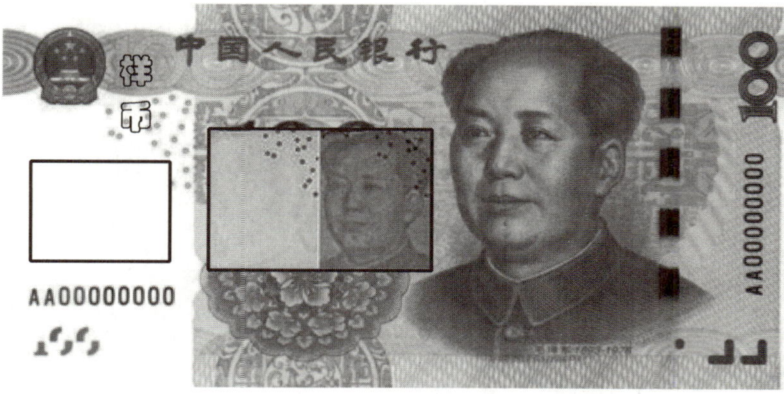

图 10－71

④胶印对印图案，位于票面正面左下方和背面右下方均有面额数字“100”的局部图案。透光观察，正背面图案组成一个完整的面额数字“100”（见图 10－72）。

图 10－72

⑤横竖双号码，位于票面正面左下方和正面右侧。票面正面左下方采用横号码，其冠字和前两位数字为暗红色；后六位数字为墨色；右侧竖号码为蓝色（见图 10－73）。

图 10－73

⑥白水印，位于票面正面横号码下方。透光观察，可以看到透光性很强的水印面额数字“100”，而且 2015 年新版人民币的水印比 2005 年版人民币的水印透光性更强，看得更加清晰明了（见图 10－74）。

图 10－74

⑦雕刻凹印，票面正面毛泽东头像、国徽、“中国人民银行”行名、右上角数字、盲文及背面“人民大会堂”图案等均采用雕刻凹版印刷，用手去触摸会有明显的凹凸感。旧版币是毛泽东头像的头发和衣领的凹凸感比较明显，2015 年新版人民币增加了更多地方的凹凸感，大大提升其防伪性（见图 10－75）。

图 10－75

二、第五套人民币 50 元人民币的防伪特征

（一）2005 年版

1. 票面特征

主色调为绿色，票幅长 150mm、宽 70mm。票面正面主景为毛泽东头像、左侧为“中国人民银行”行名、阿拉伯数字“50”、面额“伍拾圆”和花卉图案。票面左上角为中华人民共和国国徽图案，票面右下角为盲文面额标记。票面背面主景为“布达拉宫”图案。票面右上方为“中国人民银行”的汉语拼音字母和蒙、藏、维、壮四种民族文字的“中国人民银行”字样和面额。正面主景图案右侧为凹印手感线，左侧中间处为胶印对印图案；左下角为光变油墨面额数字和白水印面额数字，其上方为双色异形横号码。背面主景图案左下方为面额数字和汉语拼音“YUAN”；右侧中间处为胶印对印图案；年号为“2005 年”，如图 10 – 76 所示。

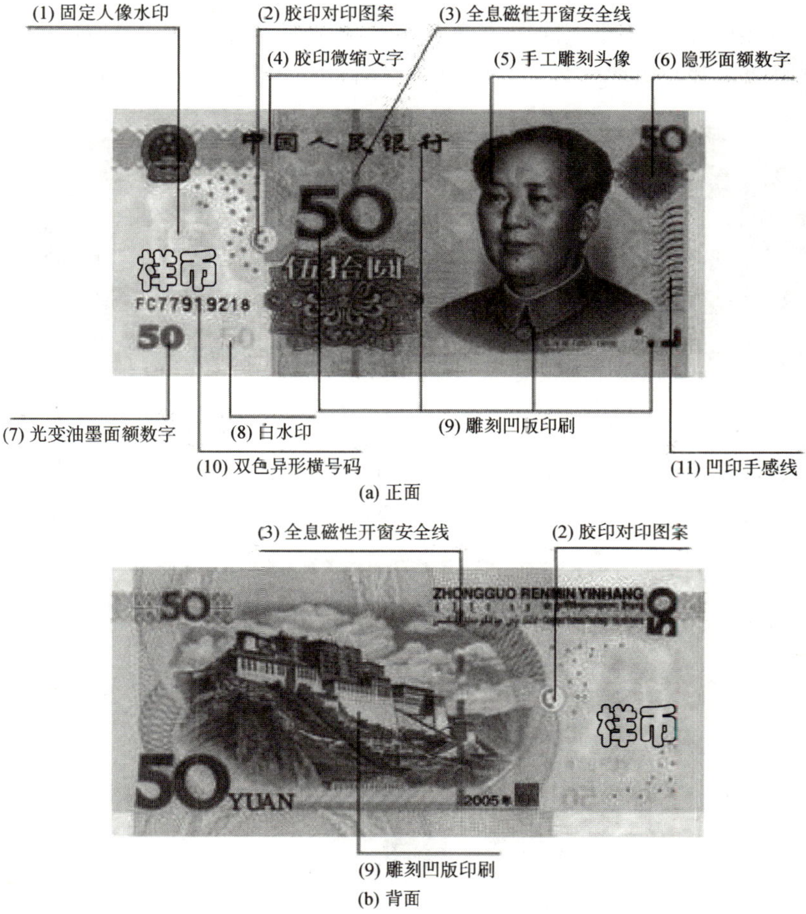

图 10 – 76　2005 年版 50 元人民币票面特征

2. 防伪特征

（1）固定人像水印。位于票面正面左侧空白处，迎光透视，可见与主景图像相同、立体感很强的毛泽东头像水印，如图 10－77 所示。

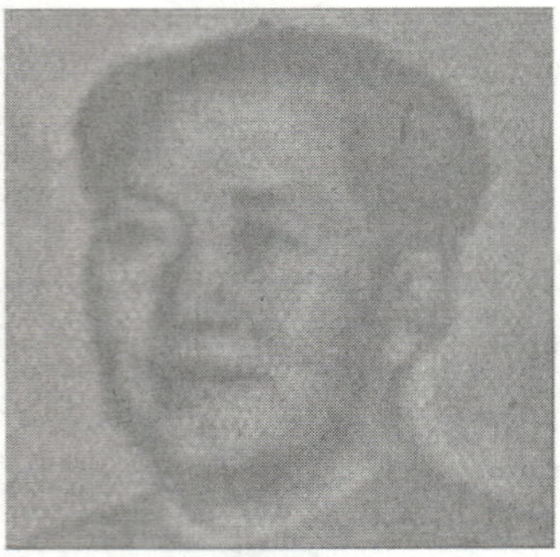

图 10－77　固定人像水印

（2）胶印对印图案。票面正面左下角和背面右下角均有一圆形局部图案，迎光透视，可以看到正背面图案合并组成一个完整的古钱币图案，如图 10－78 所示。

图 10－78　胶印对印图案透视效果图

（3）全息磁性开窗安全线。钞票背面中间偏右以及正面均有一条开窗安全线，开窗部分可以看到由缩微字符“￥50”组成的全息图案，仪器检测有磁性，如图 10－79 所示。

图 10－79　全息磁性开窗安全线

（4）胶印缩微文字。票面正面上方图案中，多处印有胶印缩微文字，在放大镜下可看到“50”和“RMB50”字样，如图 10－80 所示。

图 10－80　胶印缩微文字

（5）手工雕刻头像。票面正面主景毛泽东头像，采用手工雕刻凹版印刷工艺，形象逼真、传神，凹凸感强，易于识别，如图 10－81 所示。

图 10－81　手工雕刻头像

（6）隐形面额数字。票面正面右上方有一装饰性图案，将票面置于与眼睛平行的位置，面对光源做上下倾斜晃动时，可以看到面额数字“50”字样，如图 10－82 所示。

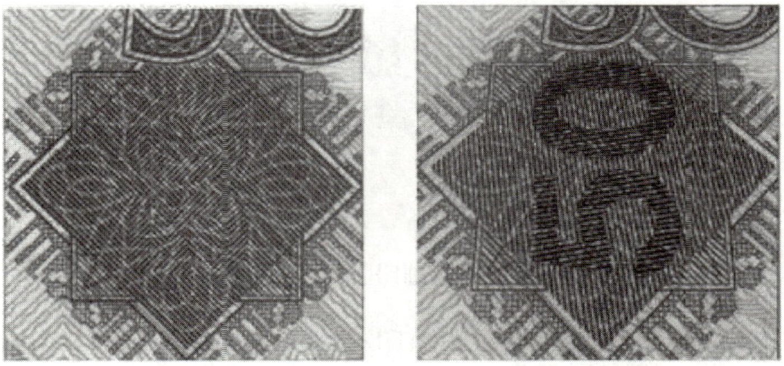

(a) 晃动前　　(b) 晃动后

图 10－82　隐形面额数字效果图

（7）光变油墨面额数字。票面正面左下方“50”字样，与票面垂直角度观察为金色，倾斜一定角度则变为绿色，如图 10－83 所示。

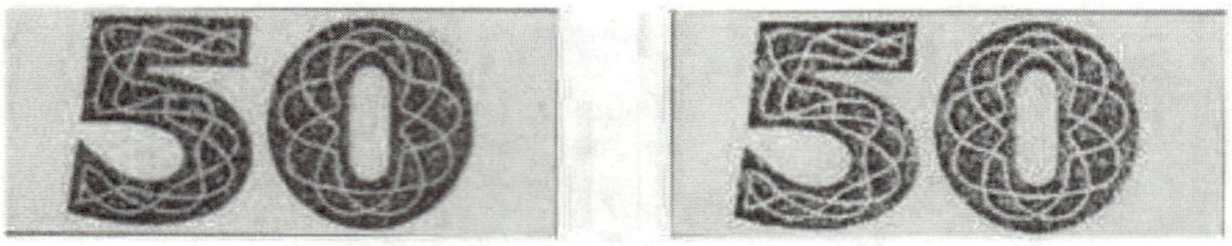

图 10－83　光变油墨面额数字

（8）白水印。位于正面双色异形横号码下方，迎光透视，可以看到透光性很强的水印“50”字样，如图 10－84 所示。

图 10－84　白水印

（9）雕刻凹版印刷。票面正面主景毛泽东头像、“中国人民银行”行名、盲文面额标识及背面主景“布达拉宫”图案等均采用雕刻凹版印刷，用手指触摸有明显凹凸感，如图 10－85 所示。

图 10－85　雕刻凹版印刷（部分）

（10）双色异形横号码。票面正面左下角印有双色异形横号码，左侧部分为暗红色，右侧部分为黑色。字符由中间向左右两边逐渐变小，如图 10－86 所示。

（11）凹印手感线。正面主景图案右侧，有一组自上而下规则排列的线纹，采用雕刻凹版印刷工艺印制，用手指触摸，有极强的凹凸感，如图 10－87 所示。

图 10－86 双色异形横号码

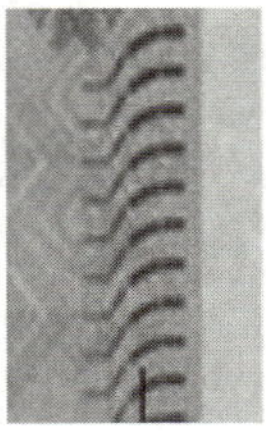

图 10－87 凹印手感线

（二）2019 年版

> **小贴士**
>
> 为适应人民币流通使用的发展变化，更好地维护人民币信誉和持有人利益，提升人民币整体防伪能力，保持第五套人民币系列化，中国人民银行发行的 2019 年版第五套人民币 50 元、20 元、10 元纸币，在保持纸币规格、正背面主图案、主色调、“中国人民银行”行名、国徽、盲文面额标记、汉语拼音行名、民族文字等要素，雕刻凹印、白水印等防伪特征与 2005 年版第五套人民币 50 元、20 元、10 元纸币不变的前提下，对光彩光变面额数字和动感光变镂空开窗安全线防伪特征及其布局等进行了调整，采用先进的防伪技术，提高防伪能力和印制质量，使公众和自助设备易于识别。

1. 主要防伪特征

（1）光彩光变面额数字。位于票面正面中部。改变钞票观察角度，面额数字“50”的颜色在绿色和蓝色之间变化，并可见一条亮光带上下滚动。

（2）动感光变镂空开窗安全线。位于票面正面右侧。改变钞票观察角度，安全线颜色在红色和绿色之间变化，亮光带上下滚动。透光观察可见“￥50”。

（3）雕刻凹印。票面正面毛泽东头像、国徽、“中国人民银行”行名、装饰团花、右上角面额数字、盲文面额标记及背面主景等均采用雕刻凹版印刷，触摸有凹凸感。

（4）人像水印。位于票面正面左侧。透光观察，可见毛泽东头像水印。

（5）白水印。位于票面正面左侧下方。透光观察，可见面额数字“50”。

（6）胶印对印图案。票面正面左下角和背面右下角均有面额数字“50”的局部图案。透光观察，正背面图案组成一个完整的面额数字“50”。

2. 主要防伪特征布局示意图（见图 10－88）

图 10－88　主要防伪特征布局示意图

3. 2019 年版 50 元相比 2005 年版 50 元正面改动（见图 10－89）

(b) 2005年版

图 10－89　正面改动

4. 2019 年版 50 元相比 2005 年版 50 元背面改动（见图 10 - 90）

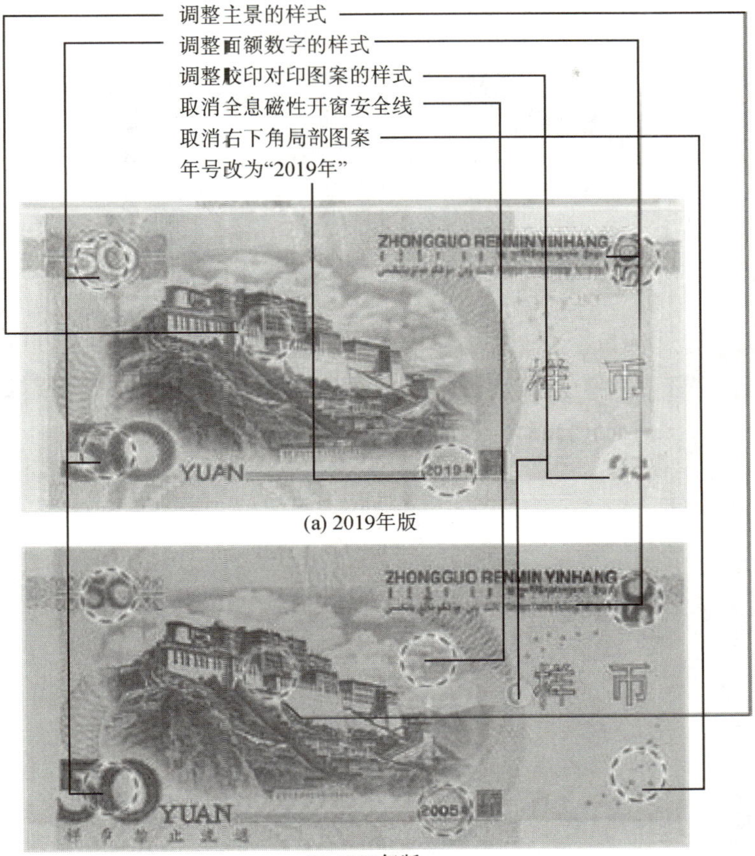

(a) 2019年版

(b) 2005年版

图 10 - 90　背面改动

三、第五套人民币 20 元人民币的防伪特征

（一）2005 年版

1. 票面特征

主色调为棕色，票幅长 145mm、宽 70mm。票面正面主景为毛泽东头像、左侧为“中国人民银行”行名、阿拉伯数字“20”、面额“贰拾圆”和花卉图案。票面左上角为中华人民共和国“国徽”图案，右下方为盲文面额标记。票面背面主景为“桂林山水”图案。票面右上方为“中国人民银行”的汉语拼音字母和蒙、藏、维、壮四种民族文字的“中国人民银行”字样和面额。正面主景图案右侧为凹印手感线，左下角为胶印对印图案和白水印面额数字。背面主景图案左下方为面额数字和汉语拼音“YUAN”；年号为“2005 年”。

2. 防伪特征布局图（见图 10－91）

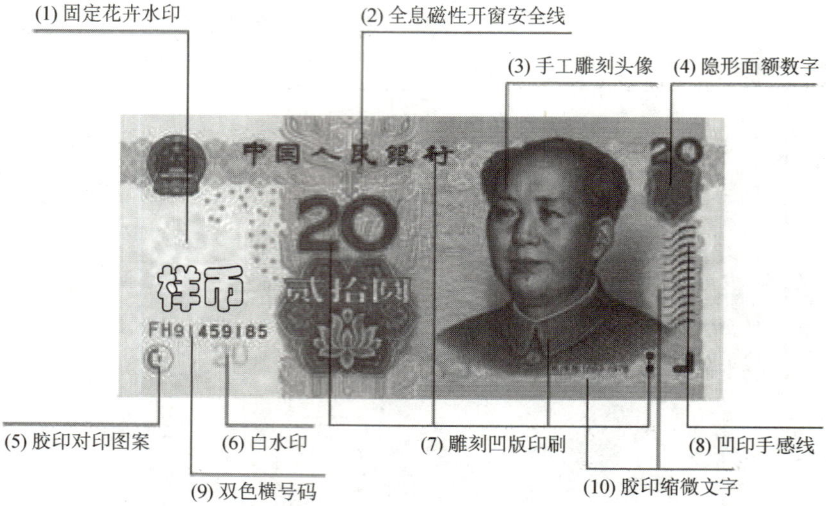

(a) 正面

(b) 背面

图 10－91　防伪特征布局图

（1）固定花卉水印。位于票面正面左侧空白处，迎光透视，可以看到立体感很强的荷花水印，如图 10－92 所示。

图 10－92　固定花卉水印

（2）全息磁性开窗安全线。正面中间偏左，有一条开窗安全线，开窗部分可以看到由缩微字符“￥20”组成的全息图案，仪器检测有磁性，如图 10－93 所示。

图 10－93　全息磁性开窗安全线

（3）手工雕刻头像。票面正面主景为毛泽东头像，采用手工雕刻凹版印刷工艺，形象逼真、传神，凹凸感强，易于识别，如图 10－94 所示。

图 10－94　手工雕刻头像

（4）隐形面额数字。票面正面右上方有一装饰图案，将票面置于与眼睛平行的位置，面对光源做上下倾斜晃动，即可看到面额数字“20”字样，如图 10－95 所示。

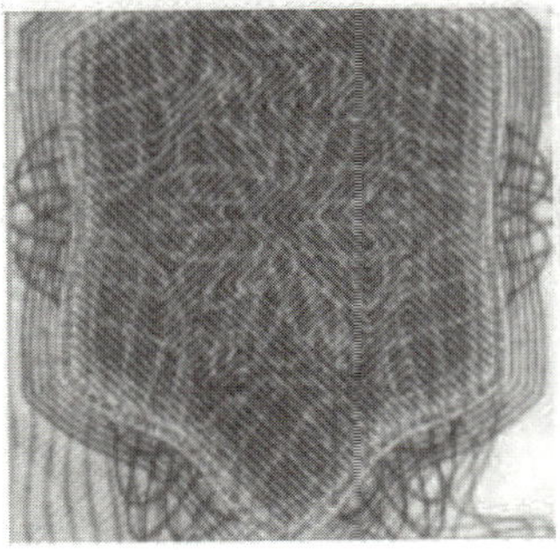

(a) 晃动前

(b) 晃动后

图 10－95　隐形面额数字

（5）胶印对印图案。正面左下角和背面右下角均有一圆形局部图案，迎光透视，可以看到正背面的局部图案合并为一个完整的古钱币图案，如图 10－96 所示。

图 10－96　胶印对印图案透视效果图

（6）白水印。位于正面双色横号码下方，迎光透视，可以看到透光性很强的水印“20”字样，如图 10－97 所示。

图 10－97　白水印

（7）雕刻凹版印刷。票面正面主景毛泽东头像、“中国人民银行”行名、面额数字、盲文面额标识和背面主景“桂林山水”图案等均采用雕刻凹版印刷，用手指触摸有明显凹凸感，如图 10－98 所示。

图 10－98　雕刻凹版印刷（部分）

（8）凹印手感线。正面主景图案右侧，有一组自上而下规则排列的线纹，采用雕刻凹版印刷工艺印制，用手触摸，有极强的凹凸感，如图 10－99 所示。

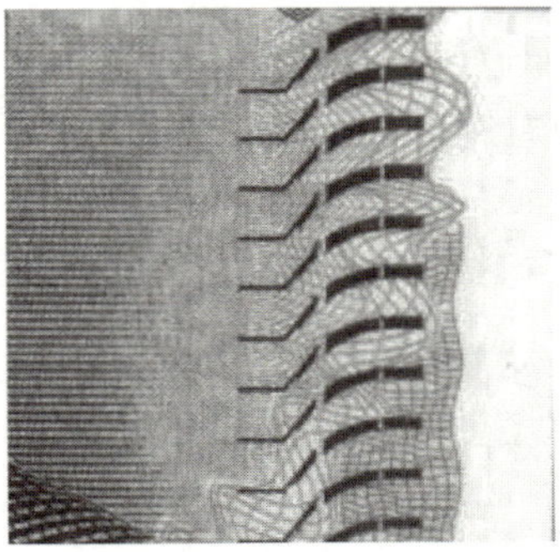

图 10－99　凹印手感线

（9）双色横号码。票面正面采用双色横号码印刷，号码左半部分为红色，右半部分为黑色，如图 10－100 所示。

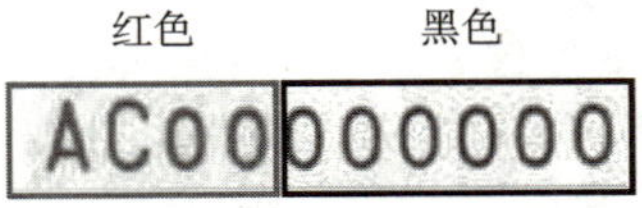

图 10－100　双色横号码

（10）胶印缩微文字。票面正面右侧和下方及背面图案中，多处印有胶印缩微文字，在放大镜下可看到“RMB20”字样，如图 10－101 所示。

图 10－101　胶印缩微文字

（二）2019 年版

1. 主要防伪特征

（1）光彩光变面额数字。位于票面正面中部。改变钞票观察角度，面额数字“20”的颜色在金色和绿色之间变化，并可见一条亮光带上下滚动。

（2）光变镂空开窗安全线。位于票面正面右侧。改变钞票观察角度，安全线颜色在红色和绿色之间变化。透光观察可见“￥20”。

（3）雕刻凹印。票面正面毛泽东头像、国徽、“中国人民银行”行名、装饰团花、右上角面额数字、盲文面额标记及背面主景等均采用雕刻凹版印刷，触摸有凹凸感。

（4）花卉水印。位于票面正面左侧。透光观察，可见花卉图案水印。

（5）白水印。位于票面正面左侧下方。透光观察，可见面额数字“20”。

（6）胶印对印图案。票面正面左下角和背面右下角均有面额数字“20”的局部图案。透光观察，正背面图案组成一个完整的面额数字“20”。

2. 主要防伪特征布局示意图（见图 10－102）

图 10－102　主要防伪特征布局示意图

四、第五套人民币 10 元人民币的防伪特征

（一）2005 年版

1. 票面特征

主色调为蓝黑色，票幅长 140mm、宽 70mm。票面正面主景为毛泽东头像、左侧为“中国人民银行”行名、阿拉伯数字“10”、面额“拾圆”和花卉图案。票面左上角为中华人民共和国“国徽”图案，右下方为盲文面额标记。票面背面主景为“长江三峡”图案。票面右上方为“中国人民银行”的汉语拼音字母和蒙、藏、维、壮四种民族文字的“中国人民银行”字样和面额。正面主景图案右侧为凹印手感线。背面主景图案左下方为面额数字和汉字拼音“YUAN”；年号为“2005 年”。

2. 防伪特征布局图（见图 10－103）

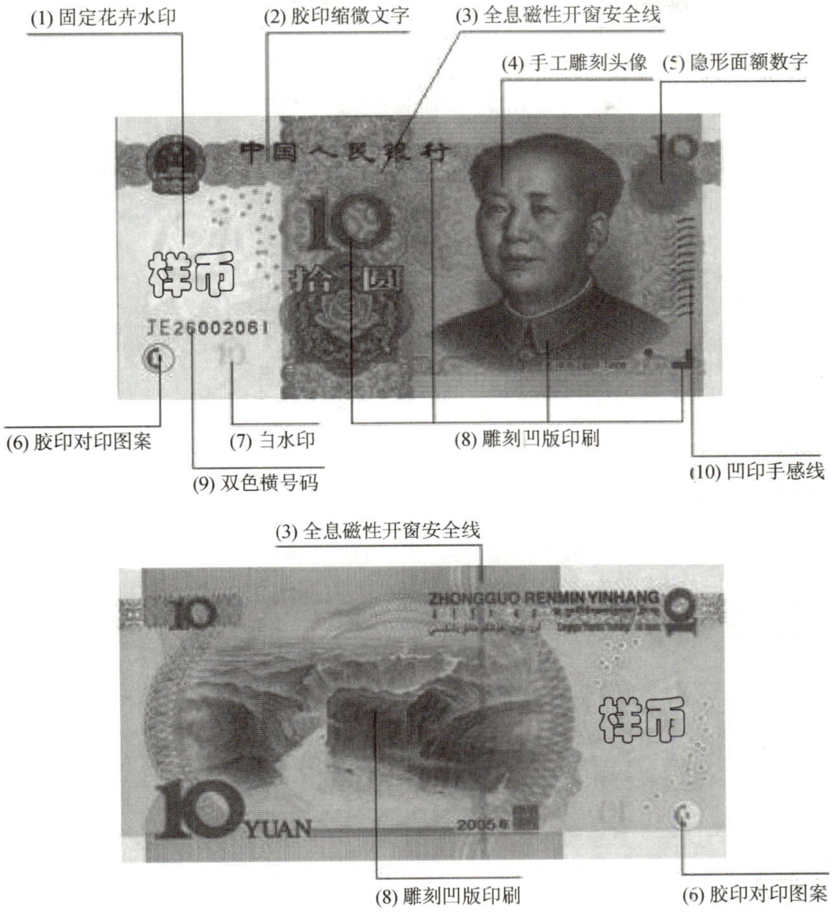

图 10－103　防伪特征布局图

（1）固定花卉水印。位于票面正面左侧空白处，迎光透视，可以看到立体感很强的月季花水印（见图 10－104）。

图 10－104　固定花卉水印

（2）胶印缩微文字。票面正面上方胶印图案中，多处印有胶印缩微文字，在放大镜下可看到“RMB10”字样，如图 10－105 所示。

图 10－105　胶印缩微文字

（3）全息磁性开窗安全线。正面中间偏左，有一条开窗安全线，开窗部分可以看到由缩微字符“￥10”组成的全息图案，仪器检测有磁性，如图 10－106 所示。

图 10－106　全息磁性开窗安全线

（4）手工雕刻头像。票面正面主景毛泽东头像，采用手工雕刻凹版印刷工艺，形象逼真、传神，凹凸感强，易于识别，如图 10－107 所示。

图 10－107　手工雕刻头像

（5）隐形面额数字。票面正面右上方有一装饰性图案，将票面置于与眼睛平行的位置，面对光源做上下倾斜晃动，即可看到面额数字“10”字样，如图 10－108 所示。

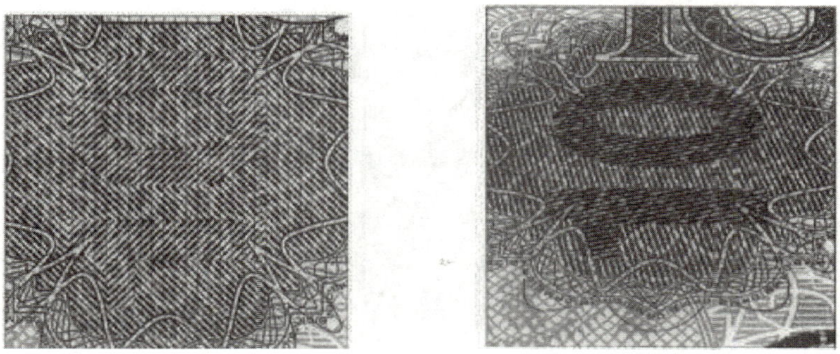

(a) 晃动前 (b) 晃动后

图 10－108 隐形面额数字

（6）胶印对印图案。票面正面左下角和背面右下角均有一圆形局部图案，迎光透视，可以看到正背面图案合并组成一个完整的古钱币图案，如图 10－109 所示。

图 10－109 胶印对印图案透视效果图

（7）白水印。位于双色横号码下方，迎光透视，可以看到透光性很强的水印“10”字样，如图 10－110 所示。

图 10－110

（8）雕刻凹版印刷。票面正面主景毛泽东头像、“中国人民银行”行名、面额数字、盲文面额标识和背面主景“长江三峡”图案等均采用雕刻凹版印刷，用手指触摸有明显凹凸感，如图 10－111 所示。

图 10－111　雕刻凹版印刷（部分）

（9）双色横号码。票面正面采用双色横号码印刷，左侧部分为红色，右侧部分为黑色，如图 10－112 所示。

图 10－112　双色横号码

（10）凹印手感线。正面主景图案右侧，有一组自下而上规则排列的线纹，采用雕刻凹版印刷工艺印制，用手指触摸，有极强的凹凸感，如图 10－113 所示。

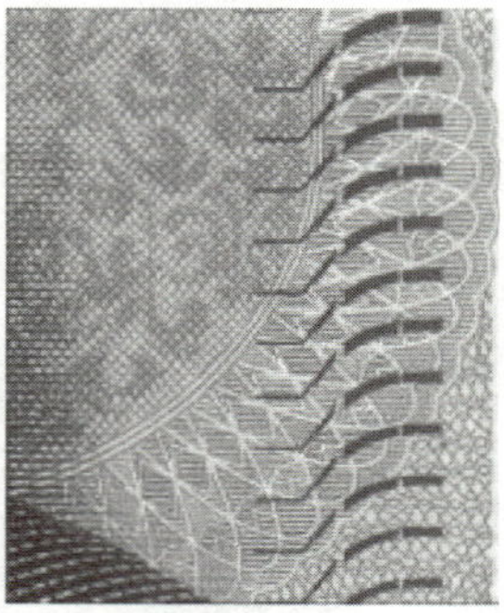

图 10－113　凹印手感线

（二）2019 年版

1. 主要防伪特征

（1）光彩光变面额数字。位于票面正面中部。改变钞票观察角度，面额数字“10”的颜色在绿色和蓝色之间变化，并可见一条亮光带上下滚动。

（2）光变镂空开窗安全线。位于票面正面右侧。改变钞票观察角度，安全线颜色在红色和绿色之间变化。透光观察可见“￥10”。

（3）雕刻凹印。票面正面毛泽东头像、国徽、“中国人民银行”行名、装饰团花、右上角面额数字、盲文面额标记及背面主景等均采用雕刻凹版印刷，触摸有凹凸感。

（4）花卉水印。位于票面正面左侧。透光观察，可见花卉图案水印。

（5）白水印。位于票面正面左侧下方。透光观察，可见面额数字“10”。

（6）胶印对印图案。票面正面左下角和背面右下角均有面额数字“10”的局部图案。透光观察，正背面图案组成一个完整的面额数字“10”。

2. 主要防伪特征布局示意图（见图 10－114）

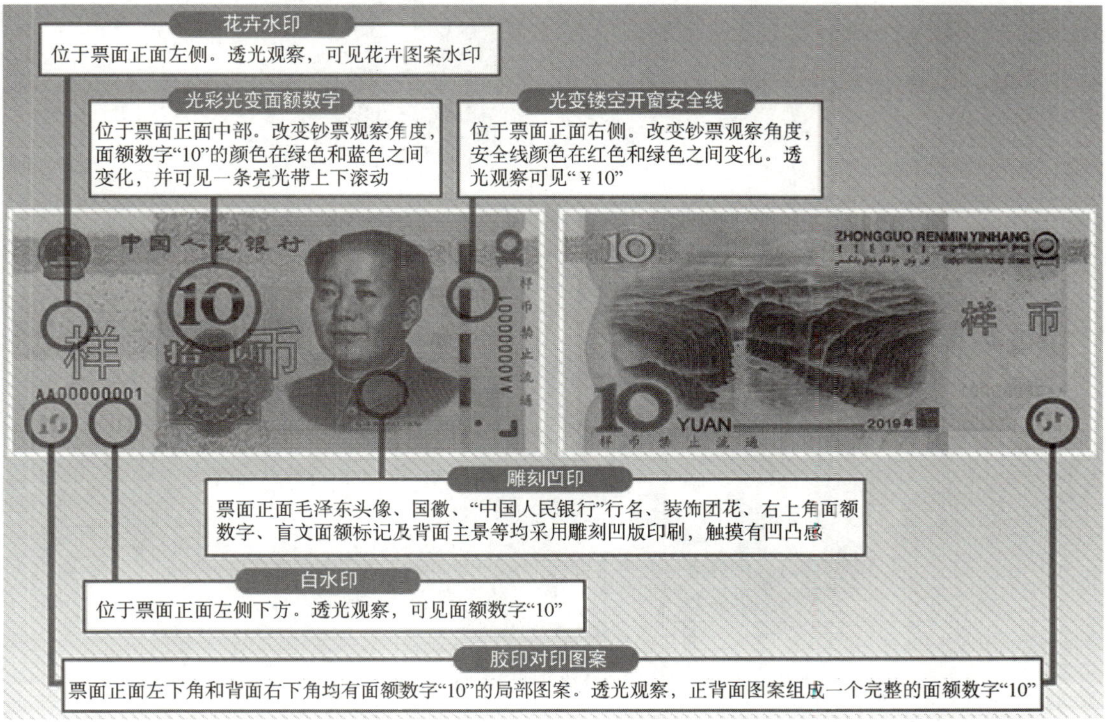

图 10－114 主要防伪特征布局示意图

五、第五套人民币 5 元人民币的防伪特征（2005 年版）

（一）票面特征

主色调为紫色，票幅长 135mm、宽 63mm。票面正面主景为毛泽东头像、左侧为“中国人民银行”行名、阿拉伯数字“5”、面额“伍圆”和花卉图案。票面左上角为中华人民共和国“国徽”图案，左下角印有双色横号码，右下方为盲文面额标记。票面背面主景为“泰山”图案。票面右上方为“中国人民银行”的汉语拼音字母和蒙、藏、维、壮四种民族文字的“中国人民银行”字样和面额。正面主景图案右侧为凹印手感线。背面主景图案左下方为面额数字和汉字拼音“YUAN”；年号为“2005 年”。

（二）主要防伪特征布局示意图

主要防伪特征布局示意图见图 10－115。

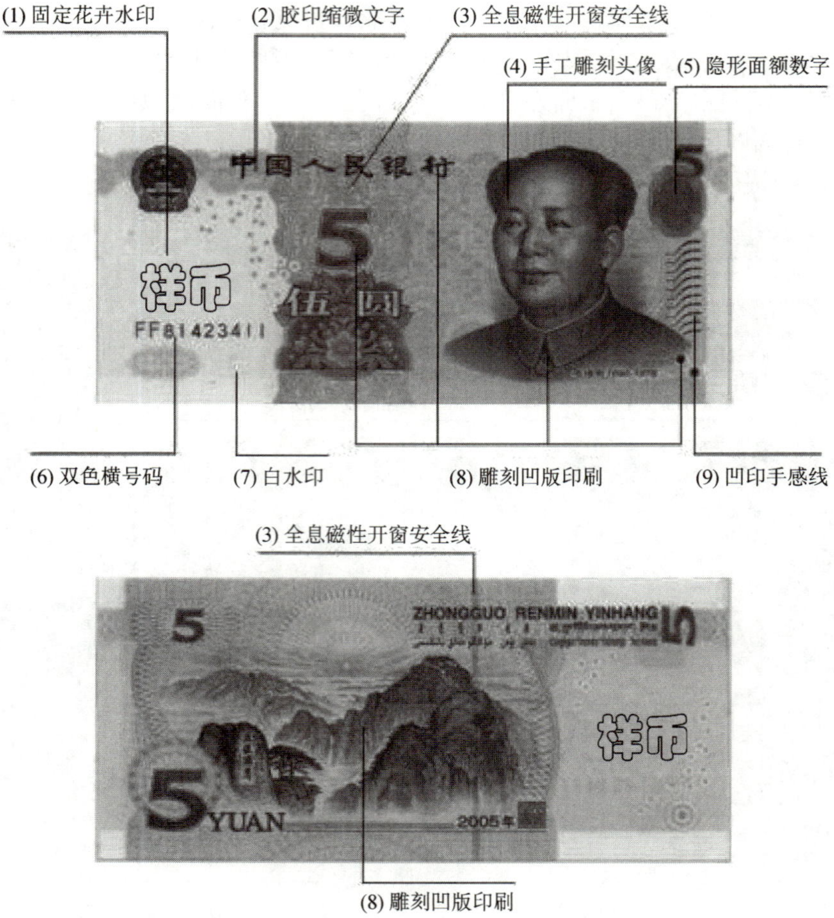

图 10－115

1. 固定花卉水印

位于票面正面左侧空白处，迎光透视，可以看到立体感很强的水仙花水印，如图 10－116 所示。

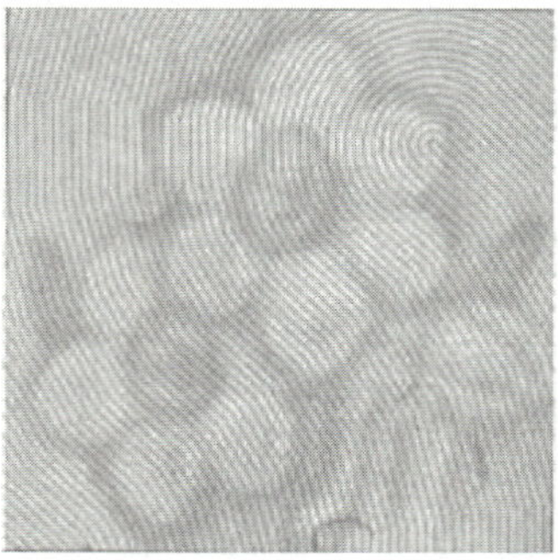

图 10－116

2. 胶印缩微文字

票面正面上方胶印图案中，多处印有胶印缩微文字，在放大镜下可看到“RMB5”和“5”字样，如图 10－117 所示。

图 10－117　胶印缩微文字

3. 全息磁性开窗安全线

正面中间偏左，有一条开窗安全线，开窗部分可以看到由缩微字符“￥5”组成的全息图案，仪器检测有磁性，如图 10－118 所示。

图 10－118　全息磁性开窗安全线

4. 手工雕刻头像

票面正面主景毛泽东头像，采用手工雕刻凹版印刷工艺，形象逼真、传神，凹凸感强，易于识别，如图 10－119 所示。

图 10－119　手工雕刻图像

5. 隐形面额数字

票面正面右上方有一装饰图案，将票面置于与眼睛平行的位置，面对光源做上下倾斜晃动，即可看到面额数字“5”字样，如图 10－120 所示。

图 10－120　隐形面额数字

6. 双色横号码

票面正面采用双色横号码印刷，左侧部分为红色，右侧部分为黑色，如图 10－121 所示。

图 10－121　双色横号码

7. 白水印

位于双色横号码下方，迎光透视，可以看到透光性很强的图案“5”水印，如图 10－122 所示。

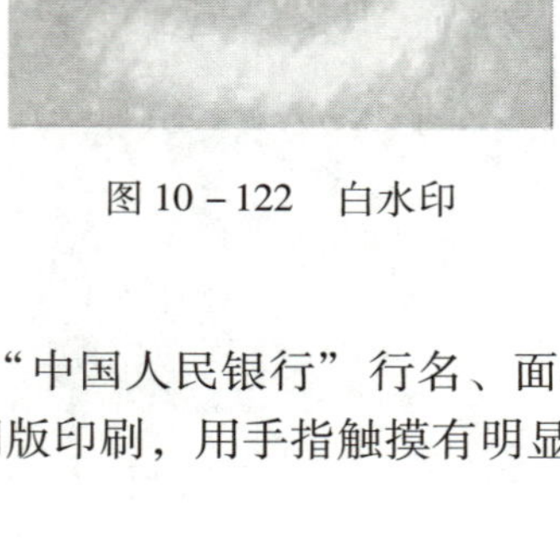

图 10－122　白水印

8. 雕刻凹版印刷

票面正面主景毛泽东头像、“中国人民银行”行名、面额数字、盲文面额标识和背面主景“泰山”图案等均采用雕刻凹版印刷，用手指触摸有明显凹凸感，如图 10－123 所示。

图 10－123　雕刻凹版印刷（部分）

9. 凹印手感线

正面主景图案右侧，有一组自下而上规则排列的线纹，采用雕刻凹版印刷工艺印制，用手指触摸，有极强的凹凸感，如图 10－124 所示。

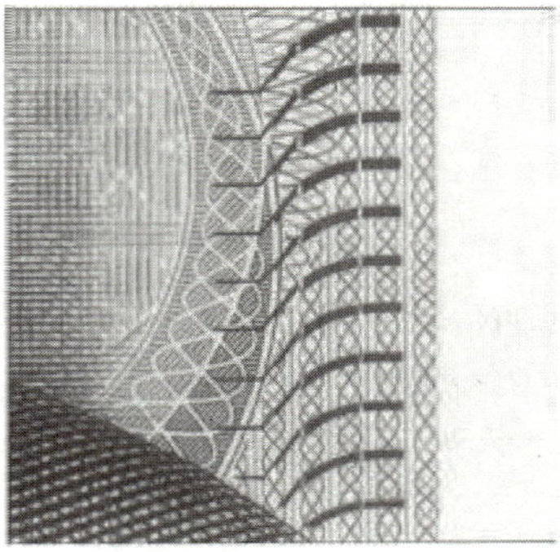

图 10－124　凹印手感线

六、第五套人民币 1 元人民币的防伪特征（2019 年版）

（一）2019 年版 1 元纸币

2019 年版第五套人民币 1 元纸币规格、主图案、主色调、“中国人民银行”行名、国徽、盲文面额标记、汉语拼音行名、民族文字等要素，雕刻凹印等防伪特征，均与 1999 年版第五套人民币 1 元纸币相同。取消了正面右侧凹印隐形面额数字和手感线图案。

1. 主要防伪特征

（1）雕刻凹印。票面正面毛泽东头像、国徽、“中国人民银行”行名、装饰团花、右上角面额数字、盲文面额标记等均采用雕刻凹版印刷，触摸有凹凸感。

（2）花卉水印。位于票面正面左侧。透光观察，可见花卉图案水印。

（3）白水印。位于票面正面左侧下方。透光观察，可见面额数字“1”。

2. 主要防伪特征布局示意图（见图 10－125）

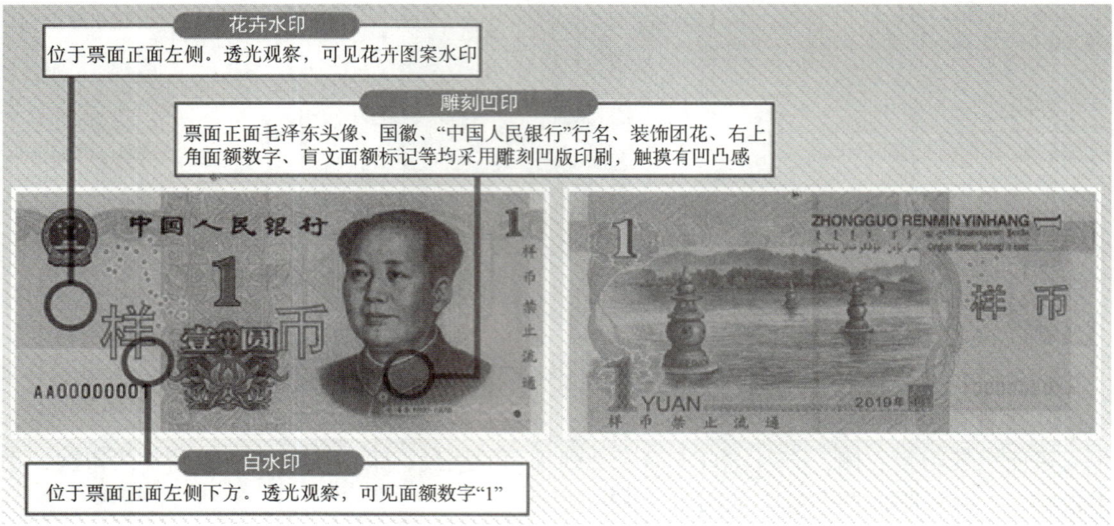

图 10－125　主要防伪特征布局示意图

（二）2019 年版 1 元硬币

硬币清点方法

1. 调整元素

2019 年版第五套人民币 1 元硬币（见图 10－126）在保持 1999 年版第五套人民币 1 元硬币外形、外缘特征、“中国人民银行”行名、汉语拼音面额、人民币单位、花卉图案、汉语拼音行名、材质等要素特征不变的情况下，做了如下调整：

（1）增加元素。

①隐形图文：正面面额数字“1”轮廓线内增加隐形图文“￥”和“1”（见图 10－127）。

②圆点：正面边部增加圆点，丰富了币面形式美（见图 10－128）。

（2）调整元素。

①面额数字：正面面额数字“1”字体由衬线体调整为无衬线体并稍作倾斜处理（见图 10－129）。

②菊花：背面菊花图案适当收缩（见图 10－130）。

③规格：直径由 25mm 调整为 22.25mm（见图 10－131）。

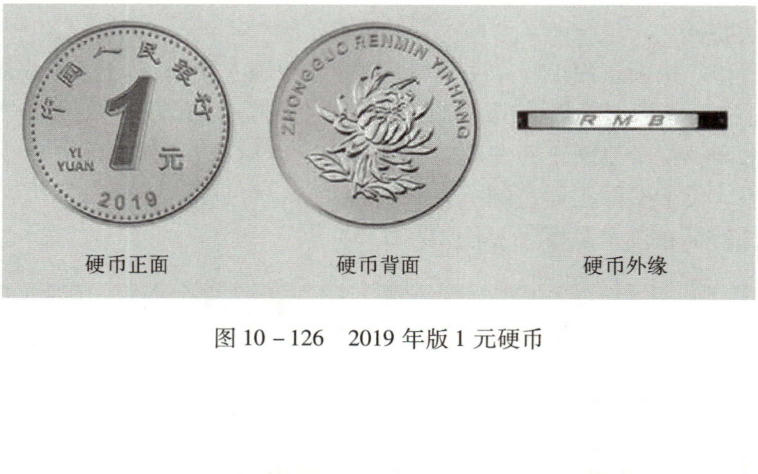

图 10－126　2019 年版 1 元硬币

图 10－127

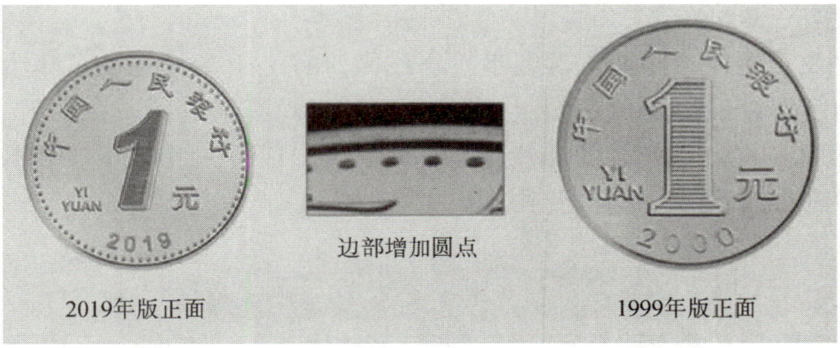

图 10－128

图 10－129

图 10－130

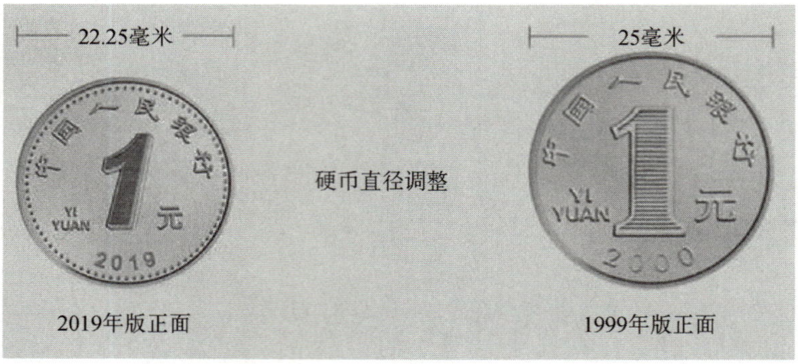

图 10－131

2. 主要防伪特征

（1）隐形图文。在硬币正面面额数字轮廓线内，有一组隐形图文“￥”和“1”。转动硬币，从特定角度可以观察到“￥”，从另一角度可以观察到“1”。

（2）外缘滚字。在硬币外缘的圆柱面，有等距离分布的三组字符“RMB”。

3. 主要防伪特征布局示意图（见图 10－132）

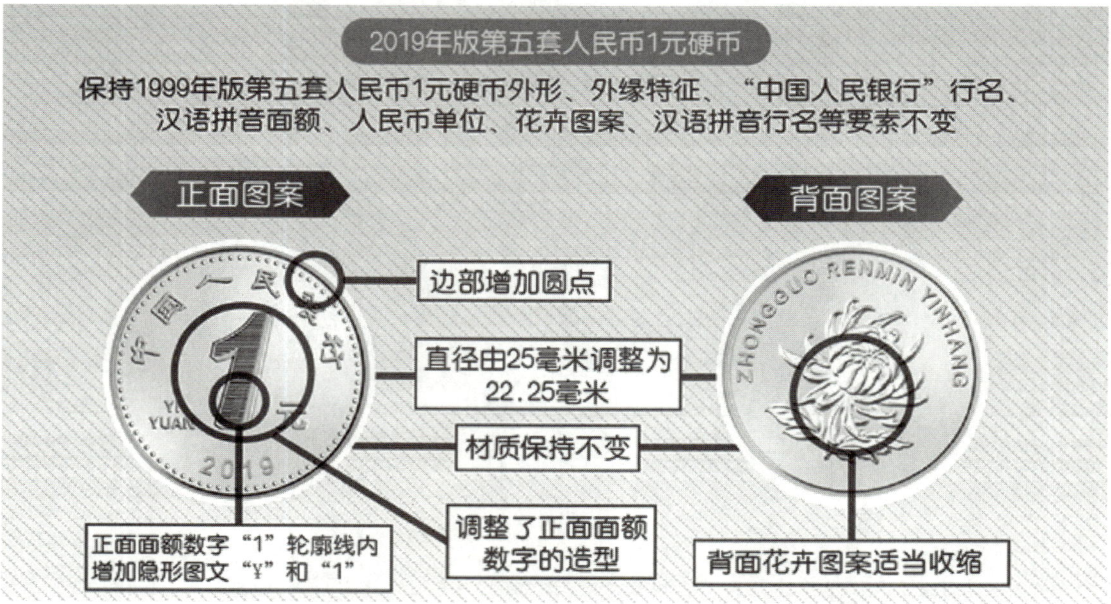

图 10－132 主要防伪特征布局示意图

七、第五套人民币 5 角人民币的防伪特征（2019 年版）

2019 年版第五套人民币 5 角硬币（见图 10－133）保持 1999 年版第五套人民币 5 角硬币外形、外缘特征、“中国人民银行”行名、汉语拼音面额、人民币单位、花卉图案、汉语拼音行名等要素不变。正面面额数字“5”字体由衬线体调整为无衬线体并稍作倾斜处理

（见图 10－134）。背面花卉图案适当收缩（见图 10－135）。材质由钢芯镀铜合金改为钢芯镀镍（见图 10－136），色泽由金黄色改为镍白色（见图 10－137）。正背面内周缘形状由圆形调整为多边形，直径保持不变（见图 10－138）。

图 10－133

图 10－134

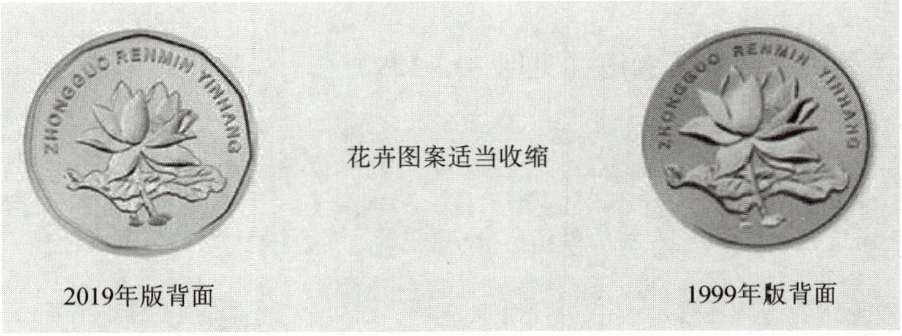

图 10－135

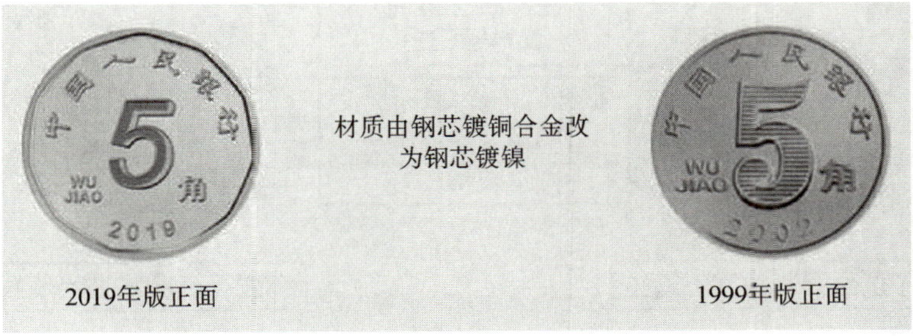

图 10－136

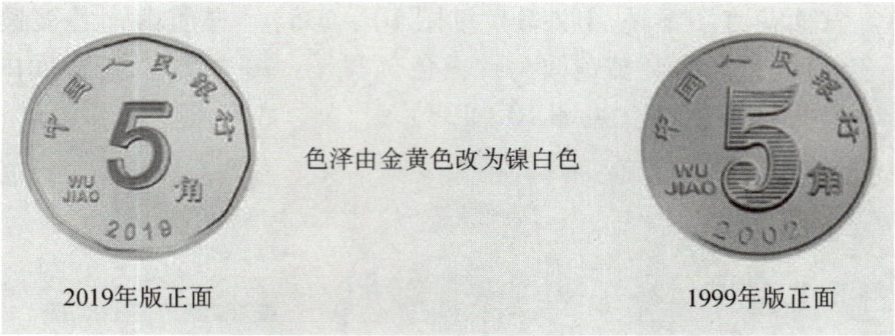

图 10－137

图 10－138

（一）主要防伪特征

间断丝齿：在硬币外缘的圆柱面，共有六个丝齿段，每个丝齿段有八个齿距相等的丝齿。

（二）主要防伪特征布局示意图（见图 10－139）

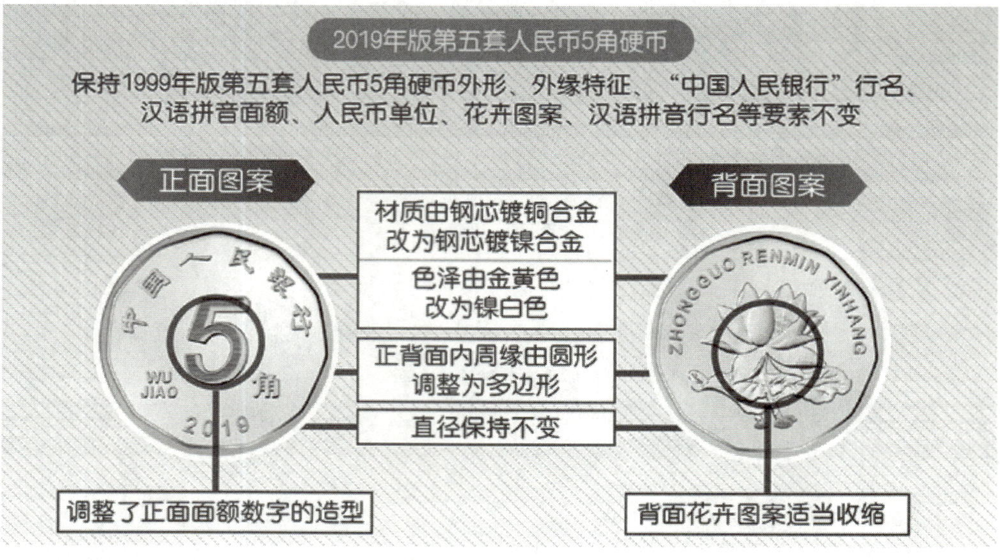

图 10－139　主要防伪特征布局示意图

八、第五套人民币 1 角硬币防伪特征（2019 年版）

（一）主要防伪特征

2019 年版第五套人民币 1 角硬币（见图 10－140）保持 2005 年版第五套人民币 1 角硬币外形、外缘特征、“中国人民银行”行名、汉语拼音面额、人民币单位、花卉图案、汉语拼音行名等要素不变。调整了正面面额数字的造型（见图 10－141）。背面花卉图案适当收缩（见图 10－142）。正面边部增加圆点（见图 10－143）。直径和材质保持不变。

图 10－140

图 10－141

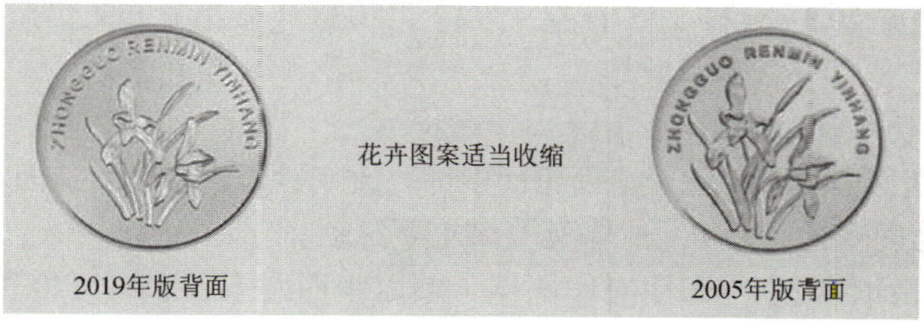

图 10－142

图 10－143

（二）主要防伪特征布局示意图（见图 10－144）

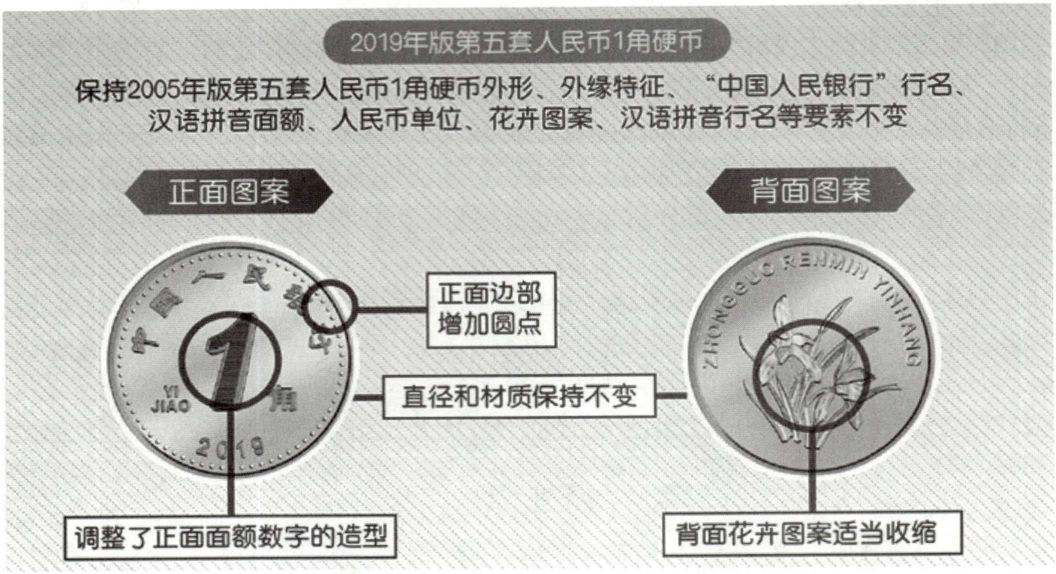

图 10－144

提示： 不同的假币其特征是不同的。只有掌握人民币的防伪特征，才能更有效地提高鉴别假币的能力。

九、2020 年版第五套人民币 5 元纸币的主要防伪特征

中国人民银行于 2020 年 11 月 5 日起，发行了 2020 年版第五套人民币 5 元纸币。

（一）主要防伪特征

（1）光彩光变面额数字。位于票面正面中部。改变钞票观察角度，面额数字“5”的颜色在金色和绿色之间变化，并可见一条亮光带上下滚动。

（2）凹印对印面额数字与凹印对印图案。票面正面左下角、右上角和其对应背面的右下角、左上角有面额数字“5”和对印图案的局部图案，透光观察，正背面图案组成完整的面额数字与对印图案。

（3）雕刻凹印。票面正面毛泽东头像、国徽、“中国人民银行”行名、对印面额数字与图案、装饰团花、盲文面额标记及背面主景、对印面额数字与图案等均采用雕刻凹版印刷，触摸有凹凸感。

（4）花卉水印。位于票面正面左侧。透光观察，可见花卉图案水印。

（5）白水印。位于票面正面左侧。透光观察，可见面额数字“5”。

（二）2020 年版第五套人民币 5 元纸币的防伪标识

2020 年版第五套人民币 5 元纸币样币如图 10－145 和图 10－146 所示。

图 10－145

图 10－146

（1）位于票面正面中部。改变钞票观察角度，面额数字“5 ”的颜色在金色和绿色之间变化，并可见一条亮光带上下滚动，如图 10－147 所示。

图 10－147

（2）调整装饰团花与层次效果（见图 10－148）。
（3）取消全息磁性开窗安全线（见图 10－148）。

图 10－148

（4）取消右侧凹印手感线和隐形面额数字。
（5）调整花卉水印样式和白水印位置。
①位于票面正面左侧。透光观察，可见花卉图案水印（见图 10－149）。
②位于票面正面左侧。透光观察，可见面额数字“5”（见图 10－150）。

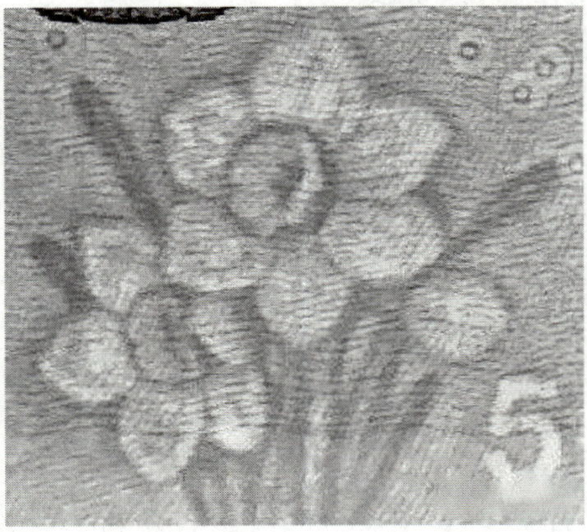

图 10－149

图 10－150

（6）调整左下方双色横号码字形。
（7）调整装饰纹样为凹印对印图文。
（8）调整毛泽东头像样式与雕刻凹印。票面正面毛泽东头像（见图 10－151）、国徽、“中国人民银行”行名、对印面额数字与图案、装饰团花、盲文面额标记及背面主景、对印面额数字与图案等均采用雕刻凹版印刷，触摸有凹凸感。

图 10－151

（9）凹印对印面额数字。票面正面右上角和其对应的背面左上角有面额数字“5”，触摸有凹凸感；透光观察，正背面图案组成完整的面额数字与对印图案（见图 10－152 和图 10－153）。

图 10－152

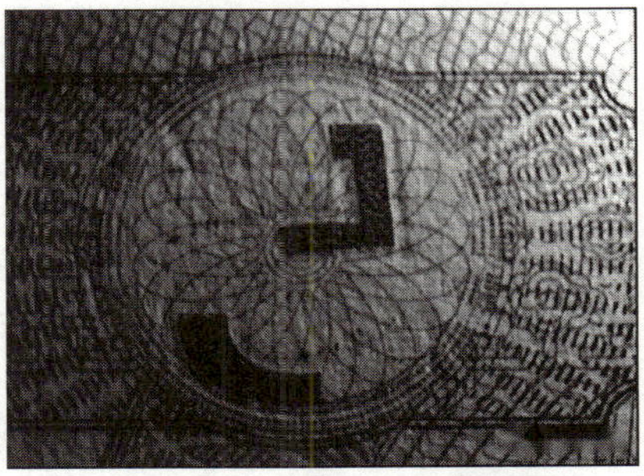

图 10－153

（10）凹印对印面额数字、图案。票面正面左下角和其对应的背面右下角花卉图案触摸有凹凸感；透光观察，正背面图案组成完整的对印图案（见图 10－154 和图 10－155）。

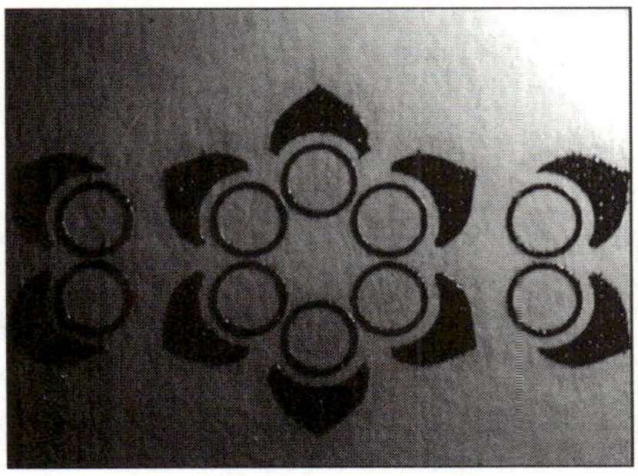

图 10－154

图 10－155

票面正面左下角和其对应的背面右下角有面额数字“5”，触摸有凹凸感（见图 10－156 和图 10－157）；透光观察，正背面图案组成完整的面额数字与对印图案。

图 10－156

图 10－157

（11）调整背面主景图案造型和层次效果（见图 10－158）。

（12）年号改为“2020”年（见图 10－158）。

图 10－158

十、2020 年版第五套人民币 5 元纸币与 2005 年版第五套人民币 5 元纸币区别

2020 年版第五套人民币 5 元纸币与 2005 年版第五套人民币 5 元纸币相比，优化了票面结构层次与效果。

2020 年版 5 元纸币保持 2005 年版第五套人民币 5 元纸币规格、主图案、主色调、“中国人民银行”行名、国徽、盲文面额标记、汉语拼音行名、民族文字等要素不变，优化了票面结构层次与效果，提升了整体防伪性能。

（一）正面

（1）中部面额数字调整为光彩光变面额数字“5”（见图 10－159）。

图 10－159

（2）调整中部装饰团花的样式（见图 10－160）。

图 10－160

（3）取消中部全息磁性开窗安全线（见图 10－161）。

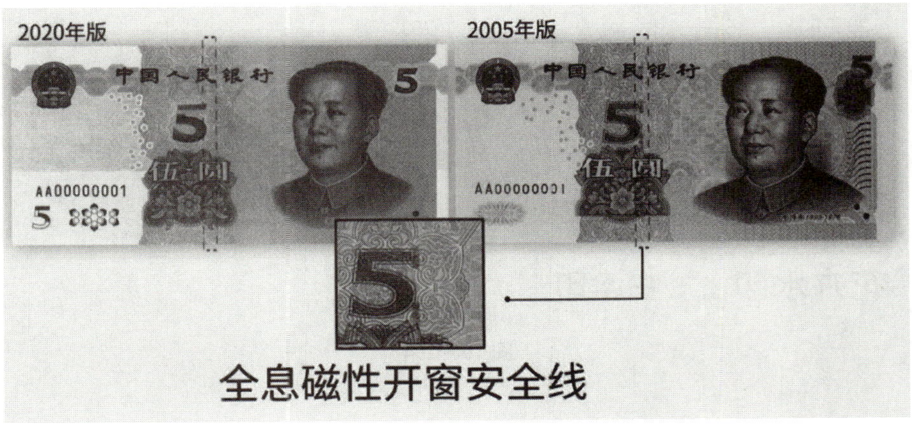

图 10－161

（4）左侧增加装饰纹样（见图 10－162）。

图 10－162

（5）调整左侧花卉水印的样式（见图 10－163）。

图 10－163

（6）调整左侧面额数字白水印的位置（见图 10－164）。

图 10－164

（7）调整左侧横号码的样式（见图 10－165）。

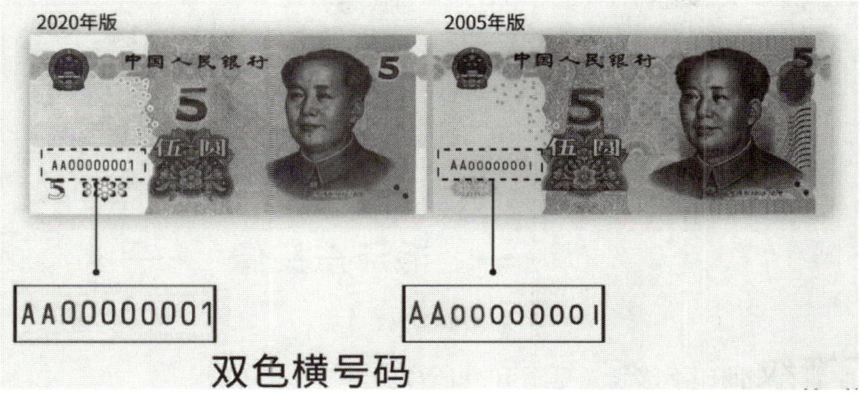

图 10－165

（8）左下角和右上角局部图案调整为对印面额数字与凹印对印图案（见图 10－166 和图 10－167）。

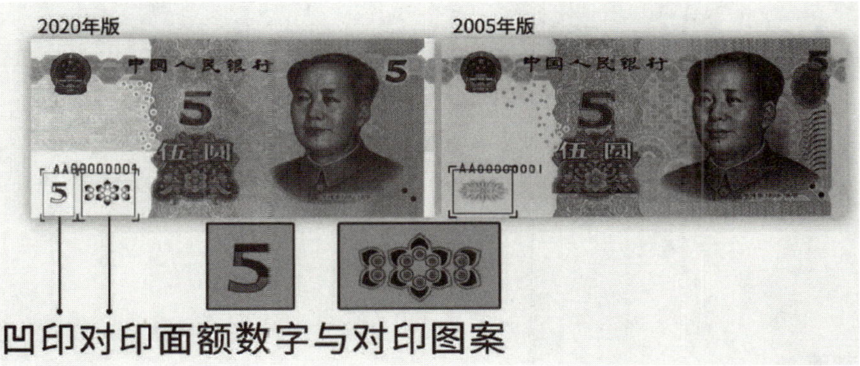

图 10－166

图 10－167

（9）调整右侧毛泽东头像的样式（见图 10 – 168）。

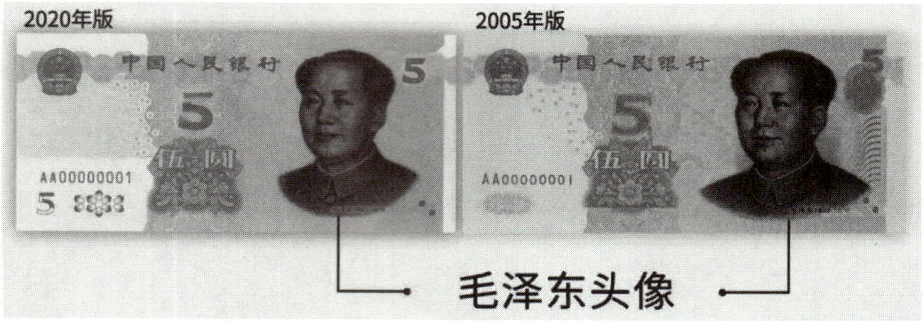

图 10 – 168

（10）取消右侧凹印手感线（见图 10 – 169）。

图 10 – 169

（二）背面

（1）左上角和右下角局部图案调整为凹印对印面额数字与凹印对印图案（见图 10 – 170）。

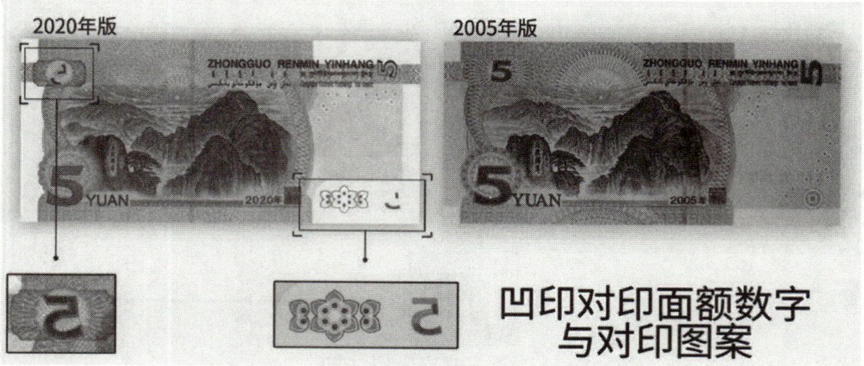

图 10 – 170

（2）调整主景的样式。

（3）调整面额数字的样式（见图 10－171）。

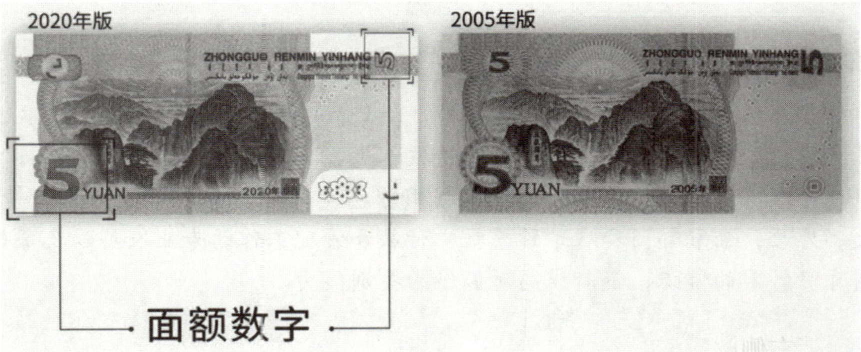

图 10－171

（4）票面年号改为“2020 年”（见图 10－172）。

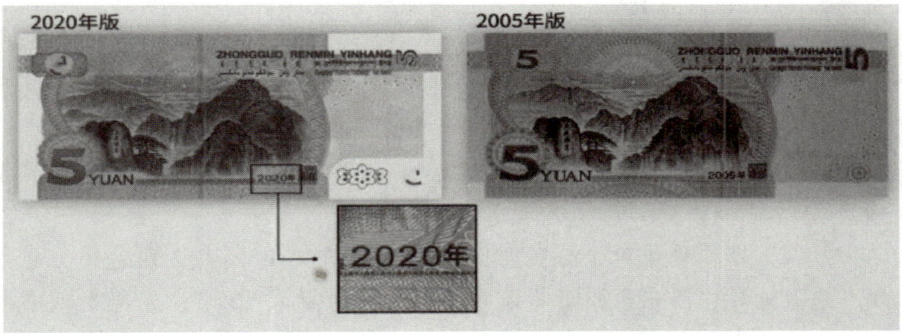

图 10－172

提示：不同的假币其特征是不同的。只有掌握人民币的防伪特征，才能更有效地提高识别假币的能力。

【课堂练习】

2005 年版第五套人民币 100 元、50 元、20 元、10 元、5 元纸币，分别有哪些防伪特征？

课后练习

1. 2015 年版第五套人民币 100 元、2019 年版第五套人民币 50 元、20 元、10 元、1 元纸币，分别有哪些防伪特征？

2. 2020 年版第五套人民币 5 元纸币，有哪些防伪特征？

活动二　鉴别人民币真伪的方法

活动小伴读

随着市场经济的发展，国内一些不法分子、海外黑社会集团及敌对分子，从制造小面额人民币假钞，转向了制造大面额假钞。在制造技术上，从过去的手工描绘、木板、石板发展到今天的照相印版，机制多次套印、拓印、利用彩色复印件复印等手段，使假钞更加逼真，欺骗性更大。为此，金融部门和从事钞票收、付款和管理工作的专业人员以及每位公民都应当具有识别真假钞票的常识，不断提高对假钞的鉴别能力。

相关链接

公安部有关负责人表示，假币犯罪不仅危害国家金融管理秩序和货币信誉，还严重损害广大群众切身利益，是社会经济生活中的一大“毒瘤”。假币是国家金融安全的威胁，是人民群众财产安全的威胁，更是人民币信誉的威胁。公安机关不断加强与人民银行等职能部门的协作配合，健全完善制度机制，推动源头管控和综合治理，持续强化打击整治力度，切实维护国家金融市场管理秩序和货币安全，保障人民群众合法权益。

为了维护国家的金融安全和群众的切身权益，公安机关采取有力措施推进打击假币综合整治行动，对纸张源头、胶版源头、技术员等环节实施全链条打击。尤其是黑龙江和广东两地警方，成功破获一起特大伪造货币案。

2020 年 2 月 27 日凌晨 4 时，公安部经侦局指挥广东、黑龙江两地警方在黑龙江省牡丹江市和广东省汕尾、广东惠州市等地共抓获犯罪嫌疑人 16 名；在黑龙江省牡丹江市捣毁 1 个大型印刷窝点和 1 个假币专用纸张储藏窝点，查封大型假币印刷机器 2 台、假币胶片 1 套 24 张和大批制假设备、原材料等，现场缴获 2005 版百元面额假人民币成品 4.22 亿元，查扣假币专用纸张 6 吨，成功破获新中国成立以来单案数量最大伪造假币案。

2019 年 12 月，广东省公安厅经侦总队在侦查中发现郑某、刘某等人从广东前往黑龙江设点印制假币的重大嫌疑，广东省公安厅经侦总队迅速将情况上报公安部经侦局。公安部经侦局特别成立专案组，经过三个月的缜密侦查，查清了犯罪团伙的人员身份及其制假币窝点。2020 年 2 月下旬，调集 400 余警力，一举捣毁假币制造窝点。

该案团伙成员彼此之间有相对固定的上、下层级，老板股东、技术员、场主等角色分工明确，部分团伙成员彼此并不知道互相的真实身份。经过公安机关侦查局的艰苦调查取证，2019 年 11 月，该团伙在广东深圳、汕头等地购买印刷设备、油墨耗材、特殊纸张到黑龙江窝点印制假币。公安机关现场抓获印制 2005 年版百元面额假人民币成品 4.22 亿元，犯罪分子无一漏网，全部假币无一流入市场。

在公安机关严厉打击下，虽然假币犯罪多发态势得到有力遏制，但是形势依然严峻。下一步，公安部机关始终保持对假币犯罪的严打高压态势，会同中国人民银行等部门持续深入开展打击假币犯罪工作，有效遏制假币犯罪猖獗势头，以实际行动维护金融管理秩序、人民币信誉和广大群众的切身利益。

一、掌握假钞的特征

目前在流通中见到的假钞主要有机制假钞和变造假钞 2 种。从我国现阶段发现的假钞来看，主要是机制假钞，以 100 元和 50 元的大面额假钞为主。随着人们对大面额票币的警惕和鉴别能力的提高，犯罪分子开始转向制造 10 元、5 元的小面额假钞。

（一）机制假钞的一般特征

（1）假钞的水印大部分是在纸张夹层中涂抹白色浆料，层次较差，图像模糊；有的是在纸张表面描绘成水印的图案，冒充水印。

（2）假钞的纸张在紫外光源下，多数有强烈的荧光反应。

（3）假钞的正反面均采用全胶印方式印制，大多墨色深浅不一，而且凹印图文平滑，无浮雕感。

（4）制造假钞的纸张，一般是普通纸，与印钞纸相比手感比较平滑、软绵，厚薄不均。

（5）假钞的安全线是在纸张夹层中放置，纸与线有分离感。有的假钞则正反两面各印制一个条状图案，仔细观察便能发现破绽。

（二）变造假钞的一般特征

变造假钞是在真钞的基础上，经过人为加工变形而成的。多采用将真钞正面或反面揭开，剪割拼凑、挖补制皮、涂改面额等手段，人为痕迹比较明显，比机制假钞易于辨别。

二、掌握假币的鉴别方法

当收到疑似假币时，鉴别人民币纸币的真伪，通常采用“一看、二摸、三听、四测”四种方法进行鉴别。

（一）一看（真假币对照法）

1. 看水印

真币：人民币各种颜色光泽鲜亮，图案轮廓清晰，层次分明，立体感强，印制精细，当迎光透视，就能看到纸币中有立体感强的水印。

第五套人民币各券别纸币的固定水印位于各券别纸币票面正面左侧的空白处，迎光透视，可以看到立体感很强的水印。100 元、50 元纸币的固定水印为毛泽东头像图案。20 元、10 元、5 元纸币的固定水印为花卉图案。

假币：一般没有水印，如有也是用印模后盖上去的，平放时有水印轮廓，迎光透视时，有的反面看不清楚，有的则特别明显，其水印图案结构简单模糊，无立体感，图案不清，票面颜色浑浊、色泽灰暗。当迎光观察时，正背面图案重合得不够完整，有线条错位现象。

2. 看安全线

真币：安全线是立体实物与钞票纸融为一体，有凸起的手感。

第五套人民币纸币在各券别票面正面中间偏左，均有一条安全线。100 元、50 元纸币的安全线，迎光透视，分别可以看到缩微文字“RMB100”“RMB50”的微小文字，仪器检测均有磁性；20 元纸币，迎光透视，是一条明暗相间的安全线，10 元、5 元纸币安全线为全息磁性开窗式安全线，即安全线局部埋入纸张中，局部裸露在纸面上，开窗部分能分别看到由微缩字符“，10”“，5”组成的全息图案，仪器检测有磁性。

假币：安全线有两种，一是在纸张夹层中放置的假安全线，与纸张结合较差；另一种是在假币表面用油墨印刷上一条假安全线，如加入立体实物，会出现与票面皱褶分离的现象。

3. 看光变油墨

真币：第五套人民币 100 元、50 元纸币正面左下方的面额数字采用光变墨印刷。将垂直观察的票面倾斜到一定角度时，100 元纸币的面额数字会由绿变为蓝色；50 元纸币的面额数字则会由金色变为绿色。

假币：光变油墨面额数字不会产生颜色变化或变化不明显。

4. 看票面图案

真币：票面花纹、线条粗细均匀，图章清晰，色彩鲜艳，颜色协调，层次分明，对接图案可以对接上。第五套人民币纸币的阴阳互补对印图案应用于 100 元、50 元、10 元纸币中。这三种纸币的正面左下方和背面右下方都印有一个圆形局部图案。迎光透视，两幅图案准确对接，组合成一个完整的古钱币图案。

用 5 倍以上放大镜观察票面，图案线条、缩微文字清晰干净。第五套人民币纸币各券别正面胶印图案中，多处均印有微缩文字，20 元纸币背面也有该防伪措施。100 元微缩文字为“RMB”和“RMB100”；50 元为“50”和“RMB50”；20 元为“RMB20”；10 元为“RMB10”；5 元为“RMB5”和“5”字样。

假币：票面图案不够清晰，色彩不够鲜艳，线条凌乱，粗细不一，图章、层次不清，水印模糊无立体感，对接图案没有对接上。

（二）二摸（手感触摸法）

真币：花纹、线条粗细均匀，图章清晰，色彩鲜艳，颜色协调，层次分明。手指触摸人民币“人像、盲文点、中国人民银行”字样等，有较明显的凹凸感，较新钞票用指甲划过，有明显阻力，挺括度好，薄厚适中，耐揉折、不易撕裂。

假币：无凹凸手感，绵软、单薄，易撕裂、撕断。线条凌乱，粗细不一，图章、色彩、层次不清，水印模糊无立体感。

（三）三听（纸张分析法）

真币：手持钞票用力抖动、手指轻弹或两手一张一弛轻轻对称拉动，能听到清脆响亮的声音。

假币：纸张发软，偏薄，声音发闷。

（四）四测（工具检测法）

真币：借助放大镜来观察票面线条清晰度、胶印、凹印缩微文字等；用紫外灯光照射票面，可以观察钞票和油墨的荧光反应；用磁性检测仪可以检测双色异形横号码。有一到两处荧光文字，呈淡黄色；在紫光灯下，票面颜色无刺眼现象。

假币：在紫光灯下，出现刺眼的蓝白光。大多不含荧光纤维，缺少荧光图案，即使有荧光图案，其颜色不正，亮度偏暗，呈惨白色。

三、假钞的处理

根据当前制造和贩卖假人民币的违法犯罪活动日趋严重，一些假币已在社会流通的现状，人民银行根据反假币工作的实际需要，明确规定了相关的处理措施，各单位和个人在收取假币后，应按规定及时处理。

真假人民币的机器检测方法

（1）单位和个人在收款过程中，一旦发现有可疑币时，应先将可疑币扣留，再及时送银行鉴别。

（2）单位和个人若能确定是假币的，应将假币送缴银行和相关机构，同时必须向持有人出具凭证，凭证上应写明该假币的面值、号码和准备将假币上缴的银行机构名称，以便日后持收据去有关银行查询。

（3）中国人民银行、公安机关发现假币，应当给予没收，加盖“假币”字样的戳记，并登记造册。金融机构发现假币，由该金融机构2名以上工作人员当面予以收缴，加盖“假币”字样的戳记，登记造册，向持有人出具统一印刷的收缴凭证，并告知持有人可以向中国人民银行或者中国人民银行授权的国有独资商业银行的业务机构申请鉴定。

（4）对于伪造、变造人民币，出售假币，明知是假币而运输的，购买假币，明知是假币而持有、使用的，均属违法行为，构成犯罪的，依法追究刑事责任。

【课堂练习】

鉴别人民币真伪的方法有哪些？

课后练习

在日常生活或实际工作中发现假钞应该怎样处理？

参考文献

[1] 黎旭坚:《会计基本技能》(第三版),中国财政经济出版社2018年版。
[2] 张方镇:《珠算与点钞》,华东师范大学出版社2008年版。
[3] 李敏:《会计账簿规范与记账技术》,上海财经大学出版社2001年版。
[4] 李国运:"会计凭证书写规范",《财会月刊》,1997年。